U0633781

湘潭大学毛泽东思想研究专项任务项目"中央苏区时期毛泽东思想研究——以《红旗》和《斗争》为中心"（编号：14MY41）、博士后面上资助项目"《红旗周报》和《斗争（苏区版）》与马克思主义中国化研究"（编号：1292）结项成果

特别鸣谢湖南省重点学科湘潭大学哲学学科　湘潭大学毛泽东思想研究中心

《红藏》中的《红旗周报》
《斗争（苏区版）》与
马克思主义中国化研究

李伏清　著

中国社会科学出版社

图书在版编目（CIP）数据

《红藏》中的《红旗周报》《斗争（苏区版）》与马克思主义中国化研究／李伏清著 . —北京：中国社会科学出版社，2017.11

ISBN 978－7－5203－0413－9

Ⅰ.①红…　Ⅱ.①李…　Ⅲ.①马克思主义—发展—研究—中国　Ⅳ.①D61

中国版本图书馆 CIP 数据核字（2017）第 109822 号

出　版　人	赵剑英
责任编辑	韩国茹
责任校对	陈　晨
责任印制	张雪娇

出　　　版	中国社会科学出版社
社　　　址	北京鼓楼西大街甲 158 号
邮　　　编	100720
网　　　址	http：//www.csspw.cn
发　行　部	010－84083685
门　市　部	010－84029450
经　　　销	新华书店及其他书店

印　　　刷	北京君升印刷有限公司
装　　　订	廊坊市广阳区广增装订厂
版　　　次	2017 年 11 月第 1 版
印　　　次	2017 年 11 月第 1 次印刷

开　　　本	710×1000　1/16
印　　　张	18
插　　　页	2
字　　　数	302 千字
定　　　价	78.00 元

凡购买中国社会科学出版社图书，如有质量问题请与本社营销中心联系调换
电话：010－84083683
版权所有　侵权必究

目　录

绪　　论

习近平同志的系列讲话多次强调"不断推进马克思主义中国化"的问题，如在中共中央党校 2010 年春季学期开学典礼上强调"努力掌握马克思主义立场观点方法"；在 2011 年纪念中国共产党成立 90 周年党建研讨会上强调"推进马克思主义中国化"，提出四个"一定要"理论，其中包括一定要以科学态度对待马克思主义，正确处理坚持和发展、一脉相承和与时俱进的辩证统一关系。马克思主义中国化的这种"一脉相承"性，首先就体现在对马克思主义中国化历史进程及其学术思想史的了解。中央苏区时期尤其是 1931—1934 年是马克思主义中国化蹒跚学步期，是毛泽东思想凝练的预备期。因此，有必要对这一时期的马克思主义中国化做深入的理论研究和实践经验的总结。而这一时期的两个典型报刊《红旗周报》和《斗争（苏区版）》围绕领导方式、群众路线、土地革命、党的领导和路线、党的宣传工作、党的思想工作和党的组织工作等问题进行过讨论。这些都有助于我们对这一时期马克思主义中国化的历史进程做一个客观真实而又深入的考察。这也正是本书的研究内容之一。

其次，国家"十二五"重大出版项目、多达四百余册鸿篇巨制《红藏（1915—1949 进步期刊总汇）》由湘潭大学出版社于 2014 年正式出版，这一工作早于 2010 年年底准备。这项恢宏的出版工程，收集了新民主主义革命时期中国共产党直接创办和在中国共产党影响、组织下创办的 140 余种红色期刊，影印、汇编成四百余册凡 2 亿余字的大型原始期刊资料集。而笔者早在 2011 年无意中查阅到《共产党》月刊、《红旗周报》和《斗争（苏区版）》时就有了兴趣，并开始着手整理这些刊物。《红藏》的正式出版，无疑在第一手文献资料的阅读整理方面提供了很多的便利。因此，《红藏》由湘潭大学出版社正式出版也是本书写作的重要原因。

其三，我们从以下对两刊的源流及其概要介绍可以发现，《红旗周报》和《斗争（苏区版）》无论是对当时的影响力还是对后来我国革命道路的辐射力，都非同凡响，在我国马克思主义中国化学术思想史、党史和中共思想上都具有很重要的历史意义和理论价值，值得学界的关注。遗憾的是，下面的研究综述显示，学术界对两刊尤其是《红旗周报》的研究只是轻描淡写，几乎被人忽视。这种本身具有重要历史地位又为学界所忽视的状况也是本书写作的重要原因之一。

学术界关于《红旗周报》的研究极为稀少，没有专著，主要集中在新闻史专著、期刊论文方面。

新闻通史方面的著作，最经典的为方汉奇教授主编的《中国新闻事业通史》（1—3卷）①。另外还有如李龙牧、白润生、丁林、陈昌凤、李彬、吴廷俊等人的著作及其他相关中国新闻史专著。另有一些地方新闻史方面的著作对《红旗周报》有过简介，如严帆的《中央苏区新闻出版印刷发行史》②和傅柒生与李贞刚合著的《红色记忆中央苏区报刊图史》③的第三章第43条目有简单介绍；朱少伟曾在《渐宜斋札记》一书的《张闻天主编〈红旗周报〉》中，简介了《红旗周报》的源流和张闻天主编《红旗周报》的一些情况④。《上海新闻史（1850—1949）》对《红旗周报》的基本情况有过介绍。⑤此外，《中国共产党章程辞典》⑥《中共党史名词解释》（上）等辞典类工具书有简短的词条说明。另日本学者峰屋亮子对于《红旗周刊》中的许多作者的真实身份问题进行了研究。⑦由于以上不是关于《红旗周报》的专著，所以这两类著作内容庞杂、重点各异，它们能够给予《红旗周报》的篇幅有限，而且很难深入。这就注定新闻史专著不会在《红旗周报》上着墨过多。可见，就著作类而言，现有的

---

① 方汉奇主编：《中国新闻事业通史》（第1卷、第2卷、第3卷），中国人民大学出版社1992年版、1996年版、1999年版。

② 严帆：《中央苏区新闻出版印刷发行史》，中国社会科学出版社2009年版。

③ 傅柒生、李贞刚：《红色记忆中央苏区报刊图史》，中国人民解放军出版社2011年版。

④ 朱少伟：《渐宜斋札记》，上海三联书店2010年版，第81～83页。

⑤ 马光仁：《上海新闻史（1850—1949）》，复旦大学出版社2014年版。

⑥ 赵博主编：《中国共产党章程辞典》，红旗出版社1991年版。

⑦ 详见峰屋亮子《〈红旗周报〉解题·总目录·索引》，东京不二出版社1985年版，第10～16页。

程度是停留在报刊简介的层面上，而这样的层面挖掘过浅。

　　论文方面，笔者仅查阅到 2 篇相关的期刊论文：唐正芒的《〈红旗周报〉的封面伪装》一文概述了《红旗周报》的封面伪装情况。① 徐有威的《中国共产党人眼中的法西斯主义——上海时期的〈红旗周报〉》一文，探析中国共产党人对法西斯主义的批判。② 该文更大的价值在于指出：《红旗周报》对法西斯主义的批判既具有不可忽略的魅力，又因其多为阶段性的评价，政论文性质的、就事论事的具体批判，所以具有局限性和可疑之处。另有 2 篇硕士学位论文。曹钦的《媒介功能视角下的〈红旗周报〉研究》一文从媒介功能的角度，对《红旗周报》的媒介功能特性和历史贡献进行了研究，在一定程度上弥补了这一研究领域的空白，具有一定的研究价值。③ 南京师范大学仲远风的《〈红旗周报〉与苏区武装斗争研究》一文，以苏区武装斗争为主题，对苏区武装斗争的国际国内背景、武装斗争的动力、武装斗争的对象及武装斗争的进程等问题进行了比较深入的分析和研究，探讨了《红旗周报》如何推进苏区武装斗争的问题。④ 以上 2 篇硕士学位论文较以往成果而言有了研究主题，这是其值得肯定的地方，但又因主题狭窄，而导致对《红旗周报》的研究难成系统，对《红旗周报》内容的挖掘还远远不够，这为本书的研究留置了很大空间。还需说明的是，本书文献内容的整理工作基本完成于 2014 年 6 月，即早于以上两篇学位论文，并于 2014 年完成论文 4 篇，并于《党史研究与教学》公开发表了 1 篇，但基于笔者身体等原因而搁置至今。

　　综上可知，学术界对《红旗周报》的研究成果比较少，仅有的研究相对比较零散，既不全面更不系统。鉴于《红旗周报》的重要历史地位及其目前研究的状况，对其思想内容进行系统研究，颇有必要也颇有价值。

---

① 唐正芒：《〈红旗周报〉的封面伪装》，《新闻研究资料》1990 年第 50 期。

② 徐有威：《中国共产党人眼中的法西斯主义——上海时期的〈红旗周报〉》，《上海党史研究》2000 年第 3 期。

③ 曹钦：《媒介功能视角下的〈红旗周报〉研究》，硕士学位论文，陕西师范大学，2014 年。

④ 仲远风：《〈红旗周报〉与苏区武装斗争研究》，硕士学位论文，南京师范大学，2015 年。

关于《斗争》的研究，目前学术界也没有专著，史学类著述中如余伯流、凌步机著的《中央苏区史》，吴葆朴、李志英著的《秦邦宪（博古）传》与程中原著的《张闻天传》等著作，对《斗争》都有所介绍。新闻史类著述中，方汉奇编的《中国新闻事业简史》与《中国新闻学之最》以及丁淦林著的《中国新闻事业史》，在介绍革命根据地的新闻传播事业时，均简要介绍了《斗争》报的来由、内容、作用及影响范围等。另傅柒生与李贞刚合著的《红色记忆中央苏区报刊图史》第三种第 5 条目等也简要介绍了《斗争》的来由、内容、作用及影响范围。严帆的《中央革命根据地新闻出版史》一书，在详尽介绍《斗争》报的来由、性质的基础上，还将其报道内容划分为几大类，认为：一、《斗争》作为党的机关报，文章观点鲜明，具有强烈的战斗性；二、不仅大力宣传苏区的成就和经验，而且注意批判工作中的缺点和错误；三、由于党中央和苏维埃领导人积极为它撰稿，使它在理论上具有较高的权威性，对苏区斗争起了指导作用；四、《斗争》贯彻了群众办刊的路线，具有广泛的群众性。

论文方面仅见数篇。李贞刚的《中共中央政治理论刊物〈斗争〉的三个版本》①和梁化奎的《"〈斗争〉事件"中的〈斗争〉版本考》②两文对上海版、苏区版和西北版三个版本进行了概要性考释。人民网曾于2011 年 6 月 3 日刊登有卢文斌《〈斗争〉是否中共中央机关报之考释》一文，对《斗争》的出版历史及其类属进行了考释。这些文章基本上属于版本出版史类的研究，没有涉及《斗争》周刊具体的理论内容。李雪的《苏区中央局机关报——〈斗争〉初探》③《中共苏区中央局机关报〈斗争〉的历史作用》④《〈斗争〉与苏区重大历史事件研究》⑤《〈斗争〉与党内

---

① 李贞刚：《中共中央政治理论刊物〈斗争〉的三个版本》，《人民政协报》2007 年 11 月29 日。

② 梁化奎：《"〈斗争〉事件"中的〈斗争〉版本考》，《徐州工程学院学报》2006 年第8 期。

③ 李雪：《苏区中央局机关报——〈斗争〉初探》，《江西师范大学学报》2012 年第 4 期。

④ 李雪：《中共苏区中央局机关报〈斗争〉的历史作用》，《重庆科技学院学报》2010 年第11 期。

⑤ 李雪：《〈斗争〉与苏区重大历史事件研究》，《前沿》2010 年第 3 期。

思想、路线斗争研究》① 几篇文章，对《斗争》的历史作用及党史上的一些党内思想斗争进行了研究。另有关于中央苏区的新闻传媒与文化教育方面研究的论文，一般性地提及了《斗争》报。如张红玲的《论中央苏区的新闻报刊》②，马于强的《试述中央苏区文化教育的特点、成绩及经验》③ 等，前者重点论述了《斗争》报等新闻报刊在中央苏区斗争中所起的舆论导向作用，后者则着重对《斗争》报在内的苏区报刊出版、文艺创作等方面对于宣传党的方针政策、传播革命思想、教育人民、鼓舞斗志等方面起的作用作了说明。郭丽萍的《〈斗争〉（苏区版）与马克思主义中国化》④ 一文重点论述了《斗争》周刊在推进马克思主义中国化进程中的重要历史作用。另有 2 篇硕士学位论文。李霞的《〈斗争〉与苏维埃革命》一文，从《斗争》的创刊、对党的建设、军事斗争、经济建设等角度进行了论述。⑤ 樊志成的《张闻天与〈斗争〉周刊（苏区版）》一文，以《斗争》苏区版为研究对象，重点就张闻天与《斗争》的创刊、《斗争》的内容与特点、张闻天主编《斗争》期间的宣传实践等进行了比较深入的剖析与研究。⑥ 综上可知，这些论文虽然对《斗争（苏区版）》的内容有所涉及，对该周刊的创刊背景、作者来源、读者群体、文章类别和历史作用进行了简要的概括与梳理，但基于篇幅及视角，更多的是党史研究，于思想内容仍缺乏深入性，尤其缺乏全面系统性。

　　总之，以往学界对于两刊的研究虽有一定的涉及，但对两刊所报道的内容尚未涉及或尚未深入系统分析，仍需进一步探讨。以上研究成果为本书的研究提供了有益的参考，同时也提供了足够的学术研究空间。

　　本书中有几个概念需要有所界定。

　　首先，《红藏》是由湘潭大学出版社承担，是国家"十二五"重点图书出版规划项目和国家出版基金项目。全书共四百余册约 2 亿余字，系统

---

①　李雪：《〈斗争〉与党内思想、路线斗争研究》，《前沿》2010 年第 14 期。

②　张红玲：《论中央苏区的新闻报刊》，《新闻爱好者》2007 年第 2 期。

③　马于强：《试述中央苏区文化教育的特点、成绩及经验》，《井冈山师范学院学报》2000 年第 3 期。

④　郭丽萍：《〈斗争〉（苏区版）与马克思主义中国化》，《江西社会科学》2013 年第 1 期。

⑤　李霞：《〈斗争〉与苏维埃革命》，硕士学位论文，赣南师范学院，2010 年。

⑥　樊志成：《张闻天与〈斗争〉周刊（苏区版）》，硕士学位论文，湘潭大学，2014 年。

整理、影印了新中国成立之前中国共产党中央及其各级机构、组织、团体主办，或在其领导下创办的进步期刊 140 余种，这些进步期刊，真实记录了中国共产党为民族独立、人民解放艰苦奋斗的历程，生动反映了新民主主义革命时期中国政治、军事、经济、文化、社会等诸多历史。本书择取其中两个刊物《红旗周报》和《斗争（苏区版）》进行研究，两刊①均由湘潭大学出版社 2014 年 6 月出版。

　　《红旗周报》的前身是《红旗》《红旗日报》，中国共产党于 1931 年 3 月 9 日在上海创刊，并由"中国共产党中央和江苏省委机关报"恢复为"中共中央机关报"，是中国共产党中央委员会第四份机关报。创刊时由罗绮园任总编，编辑有谢觉哉、冯乃超、萧保璜。1933 年 8 月 31 日，《红旗周报》迁至中央苏区继续出版，张闻天任主编。《红旗周报》初为周报，从 1933 年 8 月第 59 期起改为半月刊，改名为《红旗》半月刊，本书出现第 59～64 期之间的该刊内容引用时统一使用《红旗》。1934 年 3 月 1 日停刊，共出 64 期，另有附刊 13 期。《红旗周报》第 1～9 期，为 8 开版，从第 10 期开始，《红旗周报》改为 32 开版。

　　其次，在中国共产党的新闻报刊史上，《斗争》曾经有过三个版本。一是上海版《斗争》（1932.1.21～1935.7.5），共 79 期，32 开油印版。上海版的《斗争》，是当时的中共中央机关报《红旗周报》之《红旗附刊》的替身，所刊文章的内容基本上都是各式题材的"论文"。二是《斗争（苏区版）》（1933.2.4～1934.9.30）是中国共产党苏区中央局机关报，1933 年 2 月 4 日创刊于瑞金，终刊于 1934 年 9 月 30 日。该刊是由当时苏区中央局主办的《实话》和《党的建设》两刊合并改名而成，16 开本旬刊，铅印，重要文章用 4 号宋体字。1933 年 8 月第 22 期改为周刊。1934 年 9 月 30 日出版第 73 期后停刊。这是本书的重要研究文本。三是西北版《斗争》（1935.11.21～1937.3.19）。中国工农红军到达陕北成立中共西北局后，1935 年 11 月 21 日，《斗争》复刊，期号延续《斗争（苏区版）》为第 74 期。1937 年 3 月 19 日，《斗争》停刊，共出至第 127 期。

---

　　① 由于《红旗周报》初为周报，第 1～9 期，为 8 开版，从第 10 期开始，《红旗周报》改为 32 开版。从 1933 年 8 月第 59 期起改为半月刊，改名为《红旗》半月刊。可见《红旗周报》本身亦报亦刊，而《斗争》则为周刊，为方便表达本书在《红旗周报》和《斗争》并用时简称"两刊"。

其中，第 74～102 期，是"中共西北中央局机关报"。总体上，在本书中，涉及的内容主要是苏区版《斗争》，也有少量上海版《斗争》的相关内容，书中会特别作出说明以示区别。

其三，是关于"苏区"的定义。"苏"字来自俄语汉译"苏维埃"。"苏维埃"在俄文中是"代表会议"或"会议"之意，在俄文中指十月革命后苏联的基本政治制度。中国的"苏区"即"苏维埃区域"，指通过召开各级工农兵代表大会，选举成立的由工农大众当家做主的乡、区、县、省级工农民主政权——苏维埃政府的区域。1921 年 7 月，中国共产党第一份党纲第 3 条明确表示承认苏维埃管理制度，① 党的"二大"后又进一步提出建立"苏维埃政权"的思想。1927 年 11 月，南昌起义失败后，彭湃分别在广东的陆丰县、海丰县成立了县苏维埃政府，毛泽东也在湖南茶陵建立了县工农政权。中国苏维埃政权的建设从此开始。从 1929 年 6 月党的六届二中全会开始，将建立了苏维埃政权的区域称为"苏维埃区域"。② 1930 年 10 月，中央政治局将各"苏维埃区域"简称为"苏区"。③ 本书从《红旗周报》《斗争（苏区版）》（也会旁及这一时间段里的上海版《斗争》和《红色中华》）的角度来研究苏区，就时间上是指从 1931 年 3 月 9 日至 1934 年 9 月 30 日，就地域上主要是指中央苏区和鄂豫边苏区、湘鄂西苏区、闽西苏区、鄂豫皖苏区、赣东北苏区、湘赣苏区和闽赣苏区等，其中以中央苏区为主。

---

① 中央档案馆编：《中共中央文件选集》第 1 册（1921～1925），中共中央党校出版社 1989 年版，第 3 页。

② 中央档案馆编：《中共中央文件选集》第 3 册（1927），中共中央党校出版社 1989 年版，第 370 页。

③ 中央档案馆编：《中共中央文件选集》第 6 册（1930），中共中央党校出版社 1989 年版，第 428 页。

第一章 《红旗周报》和《斗争》概述

第一节 《红旗周报》和《斗争》的沿革与创刊

一 《红旗周报》的沿革与创刊

《红旗周报》有两个版本。一个是中共闽北分区区委机关报，称《红旗周报》（闽北版）。民国 20 年（1931 年）8 月，由闽北分区区委书记黄道为首创办，社址在福建省崇安县（今武夷山市）大安乡，孙伟哉、李娜杰等任过主编，其主要宗旨是报道国内外大事，1934 年 10 月终刊，发行量 100 份以上。该报 4 开 2 版，单面石印。后改名《红旗》，10 天出一期。其中 1931 年 12 月 27 日第 18 期刊登消息："五夫一带纷纷建立苏维埃"，"驻扎崇城白军逃窜"，"空前热闹的闽北第二次工农兵代表大会"。头条是黄道写的言论《年关到了》，文中指出："年关是穷人最难过的关头，是豪绅地主压迫穷人最厉害的时候"，"要领导群众抗租、抗债、抗捐，反对豪绅的压迫"，"将豪绅地主阶级的优裕与劳苦群众的痛苦，暴露出来，提高群众的觉悟。……在年关加紧土地革命及苏维埃意义的宣传。把群众引导到建立苏维埃政权的任务上来。"[1] 1932 年 8 月 18 日《红旗》第 15 期是肃反专号，刊登的文章有：《肃反工作与阶级立场》（黄道）、《怎样来做肃反工作》（邹奇）、《最近红军中肃反之成绩片段录》（子正）等，从报道中也可以看出"左"的倾向[2]。以下是闽北版《红旗周报》第 18 期刊头和肃反专号图片：

---

[1] 黄道：《年关到了》，《红旗周报》（闽北版），1931 年 12 月 27 日，第 18 期第 1 版。

[2] 福建省地方志编纂委员会编：《中华人民共和国地方志福建省志·新闻志》第一章《报纸》第 20 条，2002 年，第 66 页，以及《老新闻图像福建晚清民国报纸刊头集萃》，福建省档案馆 2010 年版，第 155 页。

图 1 - 1 闽北版《红旗周报》第 18 期刊头

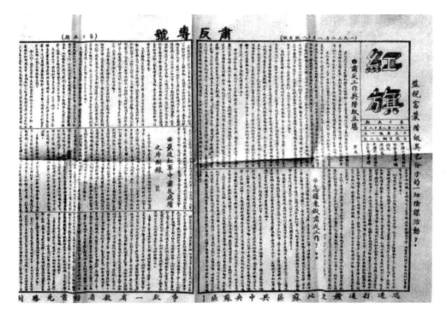

图 1 - 2 闽北版《红旗》肃反专号

第二个版本是党中央机关报《红旗周报》，也是本书的研究文本①。《红旗周报》是中国共产党 1931 年 3 月 9 日在上海创刊，并由"中国共产党中央和江苏省委机关报"恢复为"中共中央机关报"，是中国共产党中央委员会第四份机关报。《红旗周报》的前身是《红旗》《红旗日报》。

《红旗》创刊于 1928 年 11 月 20 日，由中共中央宣传部负责，由李求实任总编辑，谢觉哉、周天僇、吴永康、冯乃超等任编辑②。前 23 期为周刊，后改成三日刊。1930 年 8 月 2 日，《红旗》停刊，共出版了 126 期。第 1～4 期为 16 开版，第 5～23 期为 32 开版，第 24～126 期为 8 开版；1930 年 8 月 15 日，《红旗》与中共江苏省委主办的《上海报》合并为《红旗日报》，总编辑潘文育，编辑谢觉哉、冯乃超、吴永康、周天僇等，采访部主任任尚铖③。1931 年 1 月起，王稼祥任总编。从创刊号开始到第 161 期为止，在其报头的左侧和下侧相继注明《红旗日报》为："中国共产党中央委员会机关报""中国共产党中央机关报"。1931 年 2 月 14 日起，《红旗日报》从第 162 期开始到第 182 期为止，改为"中国共产党中央和江苏省委机关报"。1931 年 3 月 8 日，《红旗日报》停刊，共出版了 182 期。《红旗日报》，第 1～42 期为 4 开版；第 43～64 期、第 84～182 期为 8 开版；第 65～83 期为 16 开版。1930 年 9 月 30 日，第 44 期发表了"红旗日报宣言"可视为《红旗日报》的办报宗旨。该报从多方面宣传党的方针政策，受到广大群众的欢迎，问世不满一个月发行数高达 1.2 万份以上。后因美生印刷厂等连续遭到反动派破坏，该报难以正常出版。在此背景下，张闻天果断地决定将《红旗日报》停刊，改成秘密发行《红旗周报》。张闻天在上海中共中央机关工作期间，出版《红旗周报》为其重要任务之一，《红旗周报》也是张闻天回国后创办的第一份中共党报。

以下为《红旗》《红旗日报》和《红旗周报》的创刊号图片：

---

① 《红旗周报》(1931.3.9～1934.3.1)，第 1～64 期(缺第 5 期)、附刊第 1～13 期、临时附刊 1 期，收录于《红藏·红旗周报》(1～8 册)，湘潭大学出版社 2014 年版。(本书中使用《红旗周报》没有特殊注明之处，均指中共中央机关报《红旗周报》，使用版本均为湘潭大学《红藏》收录版本)

② 王健英：《中国共产党组织史大事纪实》(二)，广东人民出版社 2003 年版，第 439 页。

③ 同上书，第 562 页。

图 1-3 《红旗》创刊号（1928 年 11 月 20 日）

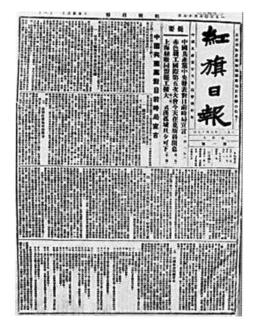

图 1-4 《红旗日报》创刊号（1930 年 8 月 15 日）

图 1-5　《红旗周报》创刊号（1931 年 3 月 9 日）

　　1933 年 8 月 31 日，《红旗周报》迁至中央苏区继续出版，张闻天继续任主编。《红旗周报》在当时只能采取秘密发行的办法。在发行方面，《红旗周报》第 39 期目录页左边刊有"每期定价大洋五分"的字样，《红旗》半月刊第 61 期的封底曾指出："定价：每期五分，每月一角，半年五角五分，全年一元，邮费在内。编辑者，中华书店，出版者，中华书店，发行者，中华书店，代售处，全国各大书局。"① 该信息囊括了该报的发行价格及优惠方案以及派送方式。《红旗周报》当时除了靠各地发行人员派送外还主要靠邮局邮递。而当时国民党于 1929～1930 年颁布了系列关于邮件审查的法律法规，形成了全国统一的邮政检查网络，导致邮局邮递时报刊经常会被没收而不能和读者见面。这也刚好合理解释了当时《红旗周报》和《布尔塞维克》等党刊为什么纷纷采用伪封面（有些甚至是低俗封面）的原因。

---

　　①　《红旗》第 61 期，第 103 页，《红藏·红旗周报》⑧，湘潭大学出版社 2014 年版，第 191 页。

《红旗周报》在创刊号上发表了《中华苏维埃第一次全国代表大会的法令草案》《劳动法草案》《土地法草案》《关于红军问题决议案草案》《经济政策草案》《击破国民党进攻红军的新计划》《本报编者给读者的信》等。

《劳动法草案》对劳动时间、工资、女工与青工、雇工方法、安全与卫生、社会保险、职工会与劳动保护以及劳动法的执行与工厂的检查等8个方面一共63条进行了规定。

王明等人起草了《土地法草案》共14条，除了继续坚持关于没收地主阶级土地分配给无地及少地农民这一重要原则之外，还规定了"地主不分田""富农分坏田"等若干过"左"的政策。如第1条"所有封建主、地主、军阀、豪绅、寺院以及其他大私有主的土地，无论自己经营或出佃，一概立即无任何代价的实行没收。……被没收的旧土地所有主，无权取得任何分地"①。主张没收这些人的一切动产与不动产等。

《关于红军问题决议案草案》中，明确了中国工农红军的任务是反对封建地主豪绅资产阶级与外国帝国主义，与一切反革命势力进行坚决的斗争，是在共产党的领导之下。认为现阶段中国的革命已经到了为苏维埃政权而斗争的阶段。认识到了自身经验的缺乏和技术的拙劣，但却有着足够的信心，明确在艰苦的战争中，中国工农群众必须以极大的努力，在数量上和质量上去巩固红军。明确指出："红军是苏维埃政权最重要的保护者，他是阶级的军队，不论在任务上和精神上，他与国民党军阀和帝国主义的军队是根本不相同的。"②后者与群众隔离，是进行侵略战争和军阀混战的，而红军与群众一体，是工农群众自己的军队，是解放工农群众的武装力量，且负有极大的国际任务：加速全世界反动统治阶级的崩溃，消灭资产阶级和帝国主义军队。

《经济政策草案》从工业、商业、财政与税收方面以及市政方面进行了规定，其目的在于促进反帝国主义与土地革命的发展，工农革命联盟的巩固。如工业方面，主张将操在帝国主义手中的一切经济命脉实行国有，

---

① 《红旗周报》第1期，第2页，《红藏·红旗周报》①，湘潭大学出版社2014年版，第2页。

② 同上书，第3页。

如租借、海关、银行、铁路、航业、矿山、工厂等,允许外国企业重新另定租借条约继续生产,但必须遵守苏维埃政府的一切法令,否则关闭企业,如有干涉苏维埃政府内政,拥护反革命的,则必须立即没收,作为国有。

《击破国民党进攻红军的新计划》一文,确定了目前最迫切的最主要的任务,并从苏区内和非苏区内两个方面,分析了具体任务,苏区内部一是建立真正的工农红军,改善现有红军成分,加紧红军中的政治工作;一是建立苏维埃政权,彻底实行土地革命,组织广大工农群众与苏区内反革命力量进行斗争。认为只有真正执行党在苏区中的政治上、经济政策上、土地政策上以及组织上、军事上的任务,才能击败国民党的进攻获得胜利。在非苏区内,坚决执行"到群众中去"的口号,强调群众路线的重要性。"党的一切组织应当利用一切可能,去接近群众,去夺取群众,去组织群众,去领导群众的斗争,使他们能帮助与拥护苏维埃和红军"①。还要重视我军在国民党军队中的工作,扩大宣传,组织兵变,瓦解国民党军队。该文认识到"立三路线"的恶果:使党与群众的联系削弱了,使党对群众斗争的领导减轻了。主张肃清之。文中还特别指出:"所以在执行这些任务时,一定要坚决的反对右倾,同时不放松反立三路线的斗争。"②

《本报编者给读者的信》一栏明确指出了中国苏维埃第一次全国代表大会的几个法令草案的意义:"这是中国革命史上一件非常重要的事。在中国革命史上,第一次宣布了代表工农兵利益的苏维埃政府的法令草案!这些法令同国民党最近宣布的土地法,工会法与工厂法比较起来,真有天地之别。这完全是两个对立的,相互仇视的,做着决死斗争的两个政权的产物!"③ 号召读者们广而传之,并鼓励读者来函发表意见。

关于《红旗周报》的办报宗旨,其创刊号上最后一篇《本报编者给读者的信》的文章文末写着:"亲爱的读者,为了拥护苏维埃政权,推倒帝国主义国民党的统治而斗争呵!"④ 明确了《红旗周报》为拥护苏维埃

---

① 《红旗周报》第1期,第4页,《红藏·红旗周报》①,湘潭大学出版社2014年版,第4页。

② 同上。

③ 同上。

④ 同上。

政权，推翻国民党统治的政治目标和宗旨。另外，在《红旗周报》第49期第一篇《自由的刊物》文章后，刊登有编者转发的联共中央及莫斯科委员会的机关报——《新闻报》对《真理报》发刊二十周年的纪念祝词所作的评价："在最黑暗的反动时代与最伟大的革命时代，在国内战争时代与社会主义大建设时代，都站在最前线，鼓动与组织千百万工农，为共产主义的胜利而斗争"①，并提出了对类似《红旗周报》的机关党报的期望，认为"该报在创造共产国际与争取世界革命的斗争中都起了特殊的作用。该报坚决地拥护列宁党中央的总路线，无情地揭破与反对各色各样的机会主义，尤其是反对目前主要危险的右倾机会主义及对他的自由主义。列宁党的战斗机关《真理报》，无论在数量上或质量上，都是共产国际下的模范的列宁主义机关报。同志们！仿效《真理报》的光荣的例子，学习他的斗争经验，发挥他的布尔塞维克主义的传统，为我们的党报而斗争，把我们中国的布尔塞维克的报纸提到应有的高度吧！"②由此可见，编者们也力图仿效《真理报》，学习其斗争经验，发挥《红旗周报》党报的作用，将其提高到应有的高度。事实上，《红旗周报》在对世界革命背景作了及时全面的报道，如对苏联建设、世界资本主义国家的经济危机、法西斯主义等方面都作了追踪报道，一方面成为党内同志了解世界的窗口，另一方面从反面凸显对苏维埃政权的拥护和宣传。同时，积极拥护苏维埃政权，为了更好地发挥自己机关报的作用，宣传中国共产党的政治主张和方针政策，刊发中央下发的各项文件以及苏维埃临时政府的政策、法律、命令、宣言及一切决议，同时也充分发挥着作为机关报的指导性作用，通过撰写与刊印相关的政策指导性文章来实现。这些文章对党和政府的各项工作进行指导，从而达到为党的各项工作服务的目的，同时，开展工作批评，传递党政信息。另外，还开辟了"蓬蓬勃勃的苏维埃运动"等各色专栏，建立以湘鄂西通信为代表的各苏区通信，为正面传播苏维埃的党政军信息发挥了党报喉舌的作用。通过苏区概况的记述，向工农群众进行正面的宣传，使白区的工农群众获取对共产党的信任，对苏区

---

① 《红旗周报》第49期，第6页，《红藏·红旗周报》⑥，湘潭大学出版社2014年版，第80页。

② 《红旗周报》第49期，第6~7页，《红藏·红旗周报》⑥，湘潭大学出版社2014年版，第80~81页。

产生向往，通过有意凸显苏区的民主与繁荣，加上对共产党政策方针路线的刊发与深入解读，由此达到吸引民众，引导民众改造思想，向往苏区的目的。

《红旗周报》初为周报，从1933年8月第59期起改为半月刊，改名为《红旗》半月刊。1934年3月1日停刊，共出64期，另有附刊13期。《红旗周报》第1~9期，为8开版，从第10期开始，《红旗周报》改为32开版。在反动派白色恐怖的严酷环境下，《红旗周报》不能公开出版发行。为了掩盖其真实面目，封面常以"实业周报""佛学研究"等假封面出现。尽管第59期至第64期是以《红旗》之名出版，但在结集出版时总封面统一为《红旗周报》，里面的单期封面第59~64期刊头为《红旗》。《红旗周报》各期由中华书店于1931~1934年分期出版，后来红旗周刊社也曾结集八册出版。中国档案馆曾于1963年影印红旗周刊社的版本，影印本分八册合订，印数三百份。1982年人民出版社影印了《红旗周报》第1~64期及附刊13期，共六册，32开红绸布面精装版，限量发行。这些影印本的发行，大大方便了研究者对相关史料的收集和研究。但这些版本都缺少了第5期。幸运的是在2013年8月，出现了中共湘鄂赣省委翻印的《红旗周报》第5期，共计7张，13面。这为《红旗周报》版本的完善提供了良好的契机。

宋应离将《红旗周报》的内容概括为五个方面：（1）社论。发布中共和中华苏维埃政府的重大决议、宣言、重大政策。先后刊登了《中国（华）苏维埃第一次全国代表大会的法令草案》《中国共产党为日本帝国主义强暴占领东三省事件宣言》。（2）以通俗形式宣传报道苏维埃政府的各项建设事业。（3）刊登中共主要领导人重要论著。如先后发表了毛泽东的《查田运动的初步总结》《粉碎五次"围剿"与苏维埃经济建设任务》，张闻天的《中国工农红军在进攻中的胜利》《苏维埃政权的文化教育政策》等多篇文章。（4）揭露日本帝国主义侵略中国的种种罪行，如《日本帝国主义占领满洲八个月》《日本帝国主义在满洲的屠杀与反日运动的高涨》。（5）揭露批判国民党反动政府卖国求荣与黑暗腐败等①。笔者将该文本的内容详细进行了分类，如对马克思列宁主义的著作和人物传

---

① 宋应离：《宋应离出版文丛》，河南大学出版社2012年版，第31~32页。

记的传播，对党的会议和党的文献的报道，对党的思想建设、组织建设相关文献的刊登等方面，并作了附录。

二 《斗争（苏区版）》的沿革与创刊

《斗争》是中共中央的政治理论机关刊物，在中国共产党的新闻报刊史上，《斗争》曾经有过三个版本：上海版（当时经常称中央《斗争》）、苏区版和西北版。

一是《斗争（上海版）》（1932.1.21～1935.7.5），共79期，32开油印版。每页的左下角均标有页码，第1期共有18页；第79期，从第205页到第262页，共有58页。在其第一期的"卷头话"中写道："《红旗周报》一直到现在因为种种印刷上的困难，始终不能按期出版，以至有很多比较重要的或带有时间性的论文，不能很快的及时的和读者相见。为补救这一缺点起见，我们曾有《红旗附刊》的发行。《斗争》就是《红旗附刊》的替身。但较之《红旗附刊》更有经常性与秩序性。此外关于党内问题的讨论，也将在这里发表。编者一九三二年一月二十日。"① 可见，《斗争（上海版）》，是当时的中共中央机关报《红旗周报》之《红旗附刊》的替身，是中共中央的党刊，所刊文章的内容基本上都是各式题材的"论文"②。

二是《斗争（苏区版）》（1933.2.4～1934.9.30）。也是本书的研究文本。王健英的《中国共产党组织史大事纪实》（三）曾记载，1933年1月30日，秦邦宪在瑞金沙洲坝下霄村主持召开"中央会议"，将"苏区中央局"机关改为中央局机关，会上推举秦邦宪仍为中央总负责人，张

---

① 《斗争（上海版）》第1期，第1页，《红藏·斗争（上海版）》①，第1页。注：《斗争（上海版）》（1932.1.21～1935.7.5），人民出版社影印版第1～78期（缺第4期），收录于《红藏·斗争（上海版）》（1～6册），湘潭大学出版社2014年版。（本书使用《斗争》没有特殊注明之处，均指《斗争（苏区版）》，使用版本均为湘潭大学出版社《红藏》收录版本）

② 1932年1月21日，中共"临时中央"机关刊物《斗争》创刊。主编张闻天。第1期卷头语称：由于《红旗周刊》印刷困难不能按期出版，《斗争》是《红旗周报》附刊的替身，党内问题在此开展讨论。［王健英：《中国共产党组织史大事纪实》（三），广东人民出版社2003年版，第703页］

闻天为常委兼党校校长，会议还决定将"苏区中央局"原来的《实话》①与《党的建设》合并为《斗争》。2月4日，中共苏区中央局机关刊物《实话》与《党的建设》合并，改称为《斗争》，改为"中共中央局（仍用中共苏区中央局名义）"机关报，主编由张闻天兼，编辑杨尚昆。当日创刊出版，该刊主要刊登中央局的决议、指示和领导人重要文章等。一般10天出一期，有时5天出一期②。

大体上，《斗争（苏区版）》是中国共产党苏区中央局机关报，1933年2月4日创刊于瑞金，终刊于1934年9月30日，16开本旬刊，铅印，重要文章用4号宋体字。1933年8月第22期改为周刊。1934年9月30日出版第73期后停刊。一般每期16页，有时20页，最多的是第24期共计32页，最少的一期也有12页。张闻天任该报报委会主任，任弼时、邓颖超、杨尚昆等为报委会委员。《斗争》从创刊到停刊，共出刊73期，发表文章356篇。其中属于：（一）中央关于时局和当前中心工作的指示、决议，宣言以及给各地的信函等38篇；（二）关于路线斗争方面的文章25篇；（三）党的工作和党的建设的文章43篇；（四）苏维埃政权建设和经济建设方面的文章57篇；（五）苏区工人、青年、妇女和农民运动方面的文章32篇；（六）红军建设和游击队活动文章28篇；（七）有关统战方面的文章3篇；（八）文教宣传方面的文章14篇；（九）各种纪念文章10篇；（十）批评与自我批评的文章14篇；（十一）反对帝国主义、国民党和法西斯主义文章31篇；（十二）共产国际的文件和介绍苏联情况的文章28篇；（十三）其他文章22篇。有64人在《斗争（苏区版）》上发表过文章，其中洛甫、罗迈、吴亮平、陈云、博古、毛泽东和凯丰等发表的文章最多。此外，还有周恩来、刘少奇、邓颖

---

① 《实话》有两个版本，一个是中共中央上海版，一个是中共苏区中央局机关报版。1930年10月30日，中共中央在上海出版《实话》，主要传达解释党中央路线方针、政策、策略，反映各地革命斗争经验教训，供各地党组织学习运用。1931年3月5日停刊，共发行13期。［王健英：《中国共产党组织史大事纪实》（二），第584页］另1932年2月9日，中共苏区中央局机关报《实话》在江西瑞金创刊，主编王稼祥，第一期刊出周恩来撰写的《帝国主义大战的危机与党的目前紧急任务》［王健英：《中国共产党组织史大事纪实》（三），广东人民出版社2003年版，第709页］。《斗争（苏区版）》由后者和《党的建设》合并而成。

② 王健英：《中国共产党组织史大事纪实》（三），广东人民出版社2003年版，第802～803、805页。

超、任弼时、刘伯承、张闻天、邓发、杨尚昆、董必武和瞿秋白等也在《斗争（苏区版）》上发表过文章。转载有马、恩、列、斯的文章共11篇①。其中刘少奇的《论国家工厂的管理》，是中共较早提出实行厂长负责制的一篇重要文献。张闻天为该刊负责人，杨尚昆也曾做过编辑工作。与当时出版发行的《红色中华》《红星报》《青年实话》并称为四大"红色报刊"，在苏区的发行量达两三万份以上，拥有广泛的读者。1982年人民出版社影印了《斗争》第1～73期，共四册，限量发行。

图1-6　中共中央苏区机关报《斗争》创刊号（1933年2月4日）

需要说明的是：一、《斗争（苏区版）》的出版日期（1933.2.4～1934.9.30）完全包含在《斗争（上海版）》的出版日期（1932.1.21～1935.7.5）之内。二、《斗争（苏区版）》，是中国共产党苏区中央局机关报，《斗争（上海版）》，是当时的中共中央机关报《红旗周报》之《红旗附刊》的替身，是中共中央的党刊，在《斗争（苏区版）》第1期的第15页刊载的"开除党籍的通知"和"关于区委对支部的领导"两文的标题下，分别有"转录中央斗争第十六期"和"转载中央斗争"的字样。这里的"中央斗争"即指《斗争（上海版）》。

---

① 周留树：《〈斗争〉简介》，《党的文献》1988年第2期，第60页。

三是《斗争(西北版)》(1935. 11. 21 ~ 1937. 3. 19)。中国工农红军到达陕北成立中共西北局后,西北版1935年11月21日《斗争》复刊,期号延续《斗争(苏区版)》为第74期。1937年3月19日,《斗争》停刊,共出至第127期。其中,第74 ~ 102期,是"中共西北中央局机关报"。

《斗争(苏区版)》的创刊号发表了《党报委员会的通知》、《追悼赵博生同志》(亮平)、《在革命与战争的前面——共产国际十二次全会的总结》(洛甫)、《苏联社会主义建设的胜利》(杨尚昆)、《实际为巩固与加强无产阶级领导权而斗争的检讨》(邓颖超)、《开除党籍的通知》、《关于区委对支部的领导》等文。

《党报委员会的通知》指出了《斗争(苏区版)》的沿革,创刊的缘由及目的与希望。文章指出:"过去苏区党中央局曾经出版《实话》与《党的建设》两种刊物,但均不能按期出版,而且内容方面还有很多缺点,以致不能完成党的机关报的领导作用,现在党中央局决定把这两种刊物并为一种,改名为《斗争》,在内容方面亦力求改良。希望全党同志给与这一刊物以各种帮助。"①

《追悼赵博生同志》一文对赵博生的生平及光辉事迹作了简介,号召全党全军学习他的革命精神,争取革命战争的全部胜利。

《在革命与战争的前面——共产国际十二次全会的总结》一文详细介绍了苏联社会主义的巩固与资本主义暂时稳定的终结这样一个时代背景,分析这一背景对中国革命的重大影响,分析当时革命所处的艰难困境,尤其是国民党四次"围剿",国民党各种虚伪欺骗的政策和宣传等,所导致的中国革命形势的严峻性和紧迫性,由此传达共产国际十二次全会在中国共产党前面指出的六大革命任务的指示,从而号召"坚决执行苏维埃中央政府一切紧急动员令,根本粉碎帝国主义国民党的四次围攻,以取得苏维埃革命在一省与数省的首先胜利与它在全中国的胜利!"②

《苏联社会主义建设的胜利》一文以详尽的数据介绍了苏联第一个五年计划社会主义建设在工业、农业、工人力量、文化教育等方面取得的惊人成绩。

---

① 《斗争(苏区版)》第1期,第1页,《红藏·斗争(苏区版)》①,湘潭大学出版社2014年版,第1页。

② 《斗争(苏区版)》第1期,第10页,《红藏·斗争(苏区版)》①,湘潭大学出版社2014年版,第10页。

分析了第一个五年计划的胜利和新的五年计划的开启对中国革命的影响和意义。认为这一"事实完全证明了党的路线的唯一正确，造成了联邦共产党内完全的一致。十月革命是列宁同志不朽的伟大杰作，列宁主义是马克思主义的向前开展，是帝国主义和无产阶级革命时代的马克思主义，是无产阶级革命（特别是无产阶级专政）的理论和策略。列宁的名字随着十月革命的成功，深印在全世界无产阶级和劳苦群众的心坎中。斯大林同志的名字，则与社会主义建设的胜利不可分离，他的各种有名的著作，特别是《给集体农庄工作同志的信》《在农业家会议上的讲演》《新的环境与新的任务》等，都是有伟大历史意义，这些不仅适用于苏联，而是对社会主义建设时期的具体指示。斯大林同志是列宁主义最坚决的执行者，是列宁主义最忠实的战士！"① 就意义而言，该文指出："第一个五年计划的成功，在'和平竞争'中社会主义制度战胜了资本主义，极大的兴奋了世界无产阶级的革命情绪，推进了世界革命运动。"② 认为"普泛的宣传和解释苏联社会主义建设的成功，解释只有苏联的道路，是无产阶级与劳苦群众解放的大道，广大的动员群众反对帝国主义进攻苏联，积极进行和开展拥护苏联的实际工作，这是与反对帝国主义瓜分中国，国民党进攻苏区与红军，不可分离的任务！"③

《实际为巩固与加强无产阶级领导权而斗争的检讨》一文认为，认识加强与巩固无产阶级领导的迫切与重要，是摆在党面前一分钟都不能忽视的战斗任务。文中以中央苏区为例，说明党史怎样为这一任务而斗争的。从具体材料中，得出在扩大红军工作、党员发展等方面所取得的成绩及其不足，尤其是对无产阶级领导权的忽视。文中就"我们怎样从实际来为巩固与加强无产阶级领导权而斗争"的问题进行了回答。"（一）先决必要的条件，是应残酷无情的打击与肃清忽视无产阶级领导权的观念，向着对职工运动的机会主义，反工人倾向开展无情的斗争。"④ "（二）更要从党的发展上，坚决的向工人雇

---

① 《斗争（苏区版）》第1期，第11页，《红藏·斗争（苏区版）》①，湘潭大学出版社2014年版，第11页。

② 同上。

③ 《斗争（苏区版）》第1期，第12页，《红藏·斗争（苏区版）》①，湘潭大学出版社2014年版，第12页。

④ 《斗争（苏区版）》第1期，第15页，《红藏·斗争（苏区版）》①，湘潭大学出版社2014年版，第15页。

农开斗，大胆的引进工人雇农干部并耐心的教育这些干部。使他们真能担任起领导工作，反对形式的引进。"① "（三）巩固与加强无产阶级领导权的任务，必须从各方面去执行要具体化与实际化。"②

《开除党籍的通知》是根据两广省委的报告，对苏文波、刘萍如、刘启村、蓝万水、廖亦通、国芳、詹行祥、陈兴国等人被捕后叛变的叛徒"一律永远开除党籍"的公告。

转载中央《斗争》（即《斗争（上海版)》）的《关于区委对支部的领导》一文，分析了区委对支部领导工作的两个大的问题，"一方面是不具体的；另一方面又是包办的"③。指出了"不具体"的多种表现，如区委对于支部厂内情形不是很了解，最多只能是一般的了解，导致不知道支部厂内的日常斗争，或者知道了只给予一般的指示，明确批评斗争发生之后的"尾巴式"的领导。这种领导不具体更表现在区委对支部情形的不了解。因此，强调领导的具体性，要落实到每一个支部，每一个支部中的每一个同志及每一个同志的工作能力等。文章得出结论："所以区委对支部的具体领导必须要区委彻底了解支部所处的环境，与支部本身的具体情形。"④ 方便党的决定变成实际。"这样，党的决定一方面会适合于一个厂的实际情形。而同时这一决定会经过支部同志来具体的执行。只有在这种情形之下，党的决定才会变成实际。"⑤ 文中同时又强调，这种具体领导同包办一切的领导完全不相同，认为家长式的包办一切的领导首先会表现为对支部同志的不信任，不肯用一切力量教育支部中的积极分子，不利于组建健全支部委员会。而具体领导是一种积极的领导方式，其"真意是在帮助支部，依靠支部，经过支部来执行党的决定，而不是代替支部。"⑥ 而我们党所需要的不是包办一切的英雄，而是千千万万执行党的路线的党

---

① 《斗争（苏区版)》第 1 期，第 15 页，《红藏·斗争（苏区版)》①，湘潭大学出版社 2014 年版，第 15 页。

② 同上。

③ 同上。

④ 《斗争（苏区版)》第 1 期，第 16 页，《红藏·斗争（苏区版)》①，湘潭大学出版社 2014 年版，第 16 页。

⑤ 同上。

⑥ 同上。

的积极分子，尤其是厂内的工人积极分子。

《斗争（苏区版）》的基本内容，自始至终与中央苏区的政治军事斗争、经济建设、文化建设、政权建设等紧密联系在一起，前后共发表了中国共产党在中央苏区时期的重要决议、指示、通告、条例以及苏区各级领导人撰写的相关文章 350 余篇，这些文章在苏维埃根据地的政权建设、经济建设、军队建设、文化建设等方面的宣传，尤其是具体到土地革命、反对国民党军事"围剿"、扩红运动等方面的宣传中，发挥了积极作用。此外，《斗争》周刊还不定期刊载一些国际、国内通讯，如第 18 期的"上海通讯"、第 26 期的"满洲通讯"、第 29 期的"江西省委通讯"、第 32 期的"莫斯科通讯"、第 39 期的"万泰通讯"、第 53 期的"国际通讯"等，在及时报道国内外局势的同时，结合具体案例指导苏区的革命斗争和生产建设发展，宣传苏维埃政权的建设。

第二节 《红旗周报》和《斗争》编委及作者简介

一 《红旗周报》编委及罗绮园被捕

关于《红旗周报》和《斗争（苏区版）》编委类的相关史料有：《中国共产党组织史大事纪实》（二）1931 年 1 月上旬及稍后载，"中央宣传部部长沈泽民；……中央党报编辑委员会主任张闻天（四中全会后才回国），秘书长王稼祥；《布尔塞维克》主编张闻天兼；《红旗日报》总编辑王稼祥；《实话》总编辑王稼祥；中央发行部负责人李子英或于昆等。"[1] 2 月 14 日载："中共中央机关报《红旗日报》从本日出版第 162 期起，改为中央和江苏省委的机关报，总编辑仍王稼祥。"[2] 1931 年 3 月 9 日记载，"中共中央和江苏省委机关报《红旗日报》本日终刊。改出《红旗周报》，为中央机关刊物，于本日创刊出版。总编辑罗绮园（易元），编辑有谢觉哉、冯乃超、萧保璜。"[3] 另有 1931 年 7 月 25 日，"中共中央设在上海东

---

① 王健英：《中国共产党组织史大事纪实》（二），广东人民出版社 2003 年版，第 606 页。
② 同上书，第 617 页。
③ 同上书，第 623 页。

有恒路 2048 号的中央宣传部及印刷机关，因叛徒出卖，被国民党反动当局破坏。中央农民部副部长杨匏安、中央宣传部副部长、《红旗周报》总编辑罗绮园等 16 人被逮捕。"①

《王稼祥年谱》记载 1930 年 12 月上旬，"经组织分配，重返中央宣传部的工作岗位，担任中央党报委员会秘书长，中央机关报主笔。"② 这时的中共中央机关报是《红旗日报》以及随《红旗日报》附送的《实话》报（每周一期）。1931 年 1 月 10 日，在中共中央政治局会议上被确定为中共中央党报委员会成员③。1931 年 1 月 13 日，列席中共中央政治局会议，会上决议由项英、任弼时、毛泽东、王稼祥、朱德、顾作霖（共青团）和苏区一人共七人组成苏区中央局④。3 月 4 日，中共中央政治局常委会议决定，由任弼时、王稼祥、顾作霖组成中央代表团，必须立即动身前往中央苏区，并决定凡去苏区的人，统由周恩来和康生（时任中共中央组织部部长）负责安排。3 月 7 日晚，王稼祥同任弼时、顾作霖在十六铺码头乘坐由上海开往香港的"麦迪逊总统号"远洋游船离开上海。沿着中央特科开辟的秘密交通线，辗转于三月底到达中共闽粤赣特委和闽西苏维埃政府所在地永定县虎岗⑤。这正是王稼祥离开中央党报委员会而不再担任《红旗日报》（后改为《红旗周报》）总编辑的原因，而且可以由此推断王稼祥不再担任《红旗日报》总编辑的时间应该是在 1931 年 2 月底到 3 月 4 日之间，因为关于罗绮园的记录中有不少称他曾是《红旗日报》（后改为《红旗周报》）的总编辑。因此，罗绮园接替王稼祥总编辑之职时，《红旗日报》仍在正常出版，直到 3 月 9 日才终版改为《红旗周报》。另外，张闻天是在 1931 年 2 月 17 日（农历正月初一）从莫斯科抵达上海，2 月 19 日任命张闻天为中央宣传部部长，3 月 2 日，以中央宣传部部长的身份列席中央政治局常委会和中央政治局会议。这时，中央宣传部秘书为罗绮园（易元），宣传干事有华少锋、潘汉年、潘文育

---

① 王健英：《中国共产党组织史大事纪实》（二），广东人民出版社 2003 年版，第 654 页。
② 徐则浩编：《王稼祥年谱》，中央文献出版社 2001 年版，第 44 页。
③ 同上书，第 48 页。
④ 同上书，第 50 页。
⑤ 同上书，第 51、52 页。

（玉）、祝延章、李一氓、朱镜我和凯丰等①。王稼祥也是在担任中央宣传部秘书长时任《红旗日报》的总编辑，由于王稼祥有党组织安排的其他重要的任务而离开中央宣传部秘书长之职，改由罗绮园接任，罗绮园接任《红旗日报》的总编辑之职也合情理。

《中共中央机关历史演变考实（1921～1949）》一书中又记载："1931年3月9日，中共中央兼江苏省委机关报《红旗日报》终刊；改出《红旗周刊》，为中共中央机关报，铅印秘密出版，本日创刊。主编张闻天（洛甫、思美），编辑华少锋（华岗）、萧保璜。"②另载，中共"临时中央"成立后，1933年2月初，成立中共中央党报委员会，主任由张闻天兼，《斗争》（中共中央局机关报。1933年2月4日正式创刊，一般每10日出1期，铅印）主编张闻天（洛甫）兼。编辑杨尚昆③。中共中央党报委员会：主任张闻天兼。《布尔塞维克》（1932年7月1日被迫停刊）和《红旗周报》的主编均由张闻天兼。中央发行部负责人于昆④。中共中央党报委员会：主任张闻天兼。《斗争》（中共中央理论刊物）主编张闻天兼。

综上可知，1931年3月9日，《红旗周报》刚创刊时由之前的《红旗日报》总编辑罗绮园接任总编辑，由张闻天任主编，这时张闻天是中央宣传部部长，罗绮园是中央宣传部秘书长，后任中央宣传部副部长。罗绮园事件后，仍由张闻天担任《红旗周报》主编，至于总编辑之职不详。

在广州起义失败后的4个多月中，中央两次委任李立三到广东做重建和恢复党组织的善后工作。1928年3月18日李立三致信瞿秋白，表示要"极力加紧工作"，他特别要求希望"恩来同志即来指导扩大会议"，"速请罗绮园回来担任《红旗》（广东省委机关刊物——笔者注）编辑"。中

---

① 见张培森主编《张闻天年谱》（1900～1976），中共党史出版社2010年版，第112、113、116页，王健英：《中共中央机关历史演变考实（1921～1949）》，中共党史出版社2005年版，第180页。另见《红色中枢深层解说中央机关和高层领袖们的风云往事》，中共党史出版社2012年版，第34页。

② 王健英：《中共中央机关历史演变考实（1921～1949）》，中共党史出版社2005年版，第172页，另见第182页。

③ 同上书，第244页。

④ 同上书，第210页。

央没有同意李立三的意见，周恩来和罗绮园也就没有去广东。中共六大后不久，李立三成为党内举足轻重的 4 位常委之一，担任宣传部部长兼党报委员会主任，罗绮园出任《布尔塞维克》编辑委员会委员。李立三接任中央宣传部部长后，为加强宣传工作，决定创办中央机关报《红旗》。此事交由中宣部下属的文化工作委员会负责人潘汉年与罗绮园、李求实筹备出版。1928 年 11 月 20 日，中共中央机关报《红旗》创刊。因工作颇有成效，1929 年 6 月在党的六届二中全会上，罗绮园改任中共中央宣传鼓动部副部长，并担任《布尔塞维克》主编。1930 年罗绮园又兼任中共中央农民运动委员会副部长。是年 6 月 14 日，他以"易元"的化名在《红旗》上发表《红军与陈独秀先生》的文章。针对当时认为陈独秀攻击红军是"土匪"的言论作了批判。1930 年 8 月 30 日，是彭湃、杨殷、颜昌颐、邢士贞四烈士被国民党杀害一周年纪念日，作为曾经与彭湃共同战斗过的战友，罗绮园以"易元"化名在中共河北省委机关刊物《北方红旗》第 29 期上发表了《彭湃同志传略》一文，歌颂了彭湃革命的一生。1931 年 1 月至 3 月，罗绮园成为南方局成员；同年 2 月任出版部负责人。1931 年 7 月，中共六届四中全会以后，他开始担任中共中央宣传部副部长，兼任中共中央机关报《红旗日报》（1931 年 3 月改名《红旗周报》）的主编。1931 年 6 月 22 日，中共中央政治局常务委员会主席向忠发被捕叛变，在供述中，他提到"经济来源"时指出，"红旗报二千元（现由罗绮园负责）"。由此暴露身份。罗绮园真正被出卖导致最终被捕也都与《红旗周报》息息相关。

罗绮园的被捕与一女子陈肖梅（又名陈筱梅，陈文昭，曾化名陈小妹、陈玉英、陈月英、王玉英、王月英、王玉瑛等）有关。陈肖梅是破坏了《红旗周报》机关和印刷厂的叛徒胡章原之妻。胡章原，又名胡长源、胡洪涛，曾是黄埔军校第四期学员，也曾留苏学习①。胡与肖早在 1927 年于杭州结婚，婚后育有一子一女。胡章原曾参与北伐战争，1928 年留苏回国后在江苏省军委会工作。陈肖梅也在军委机关住下。1929 年 5 月，陈肖梅被派到江苏省委机关负责抄写等文书工作。1930 年 5 月，胡章原被派到我党某机关印刷厂工作。同年 8 月，该印刷厂遭敌人破坏，胡

---

① 《秦邦宪的青少年时代》，江苏人民出版社 1996 年版，第 46 页。

章原被逮捕入狱，并被判刑 8 个月。这时已怀孕数月的陈肖梅接到共产党中央转来的命令，派她去和中共的另一要员罗绮园"住机关"，并于同年 10 月被调往中宣部《红旗日报》社印刷厂机关工作，与罗绮园以假夫妻的名义"住机关"①。这时，陈肖梅的小弟陈俊德（又名陈蔚如）就在《红旗日报》印刷厂的浇纸版房工作，罗绮园与陈肖梅也有亲戚关系。罗绮园的六妹罗纯珍嫁给了陈俊德。1931 年 2 月，陈在沪西红十字医院产下小女儿。1931 年 5 月，罗绮园根据组织的安排，以王姓的名义租赁了西安路 206 号作印刷厂的机关。同时，陈肖梅及其孩子、母亲搬往居住作掩护。1931 年 6 月，胡章原出狱，未经审查随即被中央派往苏区（江西）工作。在胡离开上海之前，罗绮园还将他接到这个秘密"机关处"，还让自己的妻子为其做饭饯行。6 月底，胡将乘船离开上海时，罗绮园担心苏区生活艰苦，还特意买些罐头牛肉等食品，与陈肖梅等一行人前往送行。没料到的是，胡对其妻与罗绮园以夫妻名义同"住机关"的事情怀恨在心，最终接受老同学陈绍禹（即王明）的献策："除了向国民党告密，无法救回你的妻子。"遂于离开上海那天临开船时借故"上厕所"偷偷跳下船，然后出卖罗绮园等。关于胡的叛变，有两个宗卷证明他是叛变在先，出卖在后。其一，卷宗写胡章原于 1930 年叛变革命。在南京参加中统局任秘书；其二，淞沪警备司令部（法字第 895 号）公函有这样一个记录："（二）关于罗绮园案之眼线胡长源家（即王月英家）家具零星等物，前已允其将来案结。发还……"可见，胡章原有可能在 1930 年被捕时已经叛变。立功之后，1934 年，他任上海津浦县公安局局长；1937 年任上海

---

　　① 这种假扮夫妻方法其实是当时中国共产党经常使用的用来应付国民党特务机关审查，迷惑敌人的方法。中共党史上曾经有七对"弄假成真"的革命夫妻，其中任国桢和陈少敏是于 1930～1931 年假扮夫妻协助工作时相爱成婚的。罗绮园与陈肖梅之间并非一定如有些著作所记录的存在男女私生活作风的问题，据陈肖梅交代，工作上经常来接洽的是张闻天同志，其他人来她住处的是罗绮园的妻子及陈俊德夫妇。因工作关系，罗绮园在她住的前厢房小间设有一铺位，晚间有时住在那里。况且，1931 年 6 月，胡章原出狱，随即被中央派往苏区（江西）工作。在胡章原离开上海前夕，罗绮园还把他带到陈肖梅的住处，也就是红旗日报社的秘密机关，并让自己妻子为他做了一顿饭。如果真是情敌，倒未必会如此处理。另据《罗绮园评说》《罗绮园传》等记载，罗绮园是一个极有家庭责任感的人，即便他的工作地点经常转移，但只要环境许可，如广州、澳门、香港、上海，他都把妻儿带在身边，还把他的二妹和六妹也都留在身边，帮助妻子料理家务和照看孩子。

盐务局督察，匪三青团中央团部总务组长等职。

　　1931 年 7 月 25 日深夜，上海淞沪警备司令部①"奉命搜捕共党一案"，在上海多个地方同时进行。据淞沪警备司令部公函（恭字第 4320号）载："在牯领路毓麟里 246 号灶批间内拘获共党共犯王焕章乙名，化名程馨城，抄获共党书籍多种；又在东元芳路西安路口三和里 206 号下厢房拘获共党罗绮园（曾充中央农民部长及中央宣传部长），化名王世义，及其姘妇王月英等二名，抄获……；又在东有恒路公平路景星里拘获杨匏安乙名，化名陈君复（曾充募中央农委书记、中央候委）抄获……；又在虹口庄源六弄周家咀路 11 号美生印刷局内抄获共党反动书籍铅版 7 方，拘获学徒夏锡堂、林菊生、杨士奎等 3 名，正在搜查时、适排印共党书籍《军队指挥》之送稿人共犯郭宗来局送该反动刊物校对，就之原稿一并拘获；又在爱而近路小菜场隔壁 142 号同春祥楼上拘获莫阿根（化名莫君若）、王友良、李斌、关体金昌等 4 名，并抄获'布德'（即上海市总工会）、'及西'（即沪西）重要函件多封。以上拘获之共党 12 名及证物均经分别寄押各该管捕房。"② 值得注意的是，上海淞沪警备司令部派出军警，会同公共租界政治部及捕房探捕，直扑东元芳路西安路口三和里 206号下厢房，拘捕了时任《红旗周报》主编的罗绮园。"抄获钞洋 700 元，共党宣传部活动用费账单、通告、油印文件及重要书籍二大箱"。次日，罗绮园被提审。1931 年 7 月 26 日（即罗绮园被捕后第二天）的"上海公共租界巡捕房录供单"，记载有审讯罗绮园的口供："我姓王名世义，广东人。年 33 岁，已婚……于 1919 年初次来上海人吴淞同济学堂肄业。二年后重返广东，在济文小学充当教员，月得 25 元。在职三年后，在广东农夫联合会充任书记，月薪 40 元。1927 年农会解散，我亦随之停职。1927 年至 1928 年之间赋闲无职、与内人同居广州。1928 年重莅上海找事时，在……直至 1929 年 12 月期间之生活在本埠报纸上投稿度日，月得

---

　　①　1930 年之后随着国民党收回租界法庭并且与租界巡捕房达成的共识，法租界内的共产党嫌疑犯都会在法租界法庭受审确认之后移交到国民党的淞沪警备司令部，法租界警察 1930 年逮捕了 190 名共产党，1931 年逮捕了 92 名共产党，1932 年逮捕了 184 名共产党，1933 年逮捕了 55名共产党。由于租界警察和国民党警察的严厉打击，中国共产党在上海的活动于 1934 年以后进入冬眠期。

　　②　据国民党淞沪警备司令部公函（恭字第 4320 号）。

40元。得病数月，重以营业失败。于1929年12月再返广东，重与内人同居。至1930年5月身体颇觉复原，遂决意再来上海，当于5月5日抵申。其时因与本埠各报已经熟悉，故谋事比较便当，因得一月入40元之工作……"西安路206号是当时《红旗周报》的一个工作机关，关于夜深人静他与陈肖梅仍一起待在此处的问题，罗绮园的口供称："我于第二次到上海时，遇姘妇陈月英，于本年5月在西安路206号租屋同居。"关于抄获的共党宣传部活动用费账单、通告、油印文件及重要书籍二大箱的问题，罗供词上称："本人从未加入共产党，亦从未有所活动，我房内之各种书籍是友人张天成之物。彼于6月间赴北平时留在我处者也。"为了保护陈肖梅，罗在供词中说："与我一同被拘之姘妇陈月英并非共产党员，亦从无与共党有何联络，伊不识字亦不能写字，听供是实。"① 让罗绮园没有料到的是，在罗绮园被捕的那个晚上，陈肖梅、陈俊德也同时被捕，后来姐弟俩被胡章原保释，姐弟俩也背叛了革命成为国民党"中统"人员。新中国成立后三人都因历史问题被关押，胡章原1952年因病死于狱中，陈肖梅、陈俊德获释后居住在江苏镇江，后亡故。

当然，针对于胡的这次叛变，不是简单的吃醋事件，实际上，正如曾是国民党中统特务头子徐恩曾在其《我和共产党战斗的回忆》中所指出的："罗绮园和杨匏安都是共产党中央委员，在共产党的地位，仅次于陈独秀、李大钊，而和瞿秋白、毛泽东等相等，在所谓'国共合作'的跨党时期，他们又是国民党的中央委员，当时是属于瞿秋白、李立三的一派，而与留俄派的陈绍禹（即王明——笔者注）等不睦，所以就被出卖了。"② 因此，这一事件的背后反映的是中国共产党内部两个不同派别不同路线的一种政治斗争。

类似的斗争，还反映在《斗争（苏区版）》与《红色中华》两刊上。卢文斌认为："《红色中华》与《斗争》之间，应是发生过某种形式的'斗争'。这个斗争，反映出因执行王明'左倾机会主义路线'导致上海中共中央遭到严重损失后，被迫转移到中央苏区来并继续执行极左路线的'临时中央'，与建立起了中央苏区革命根据地并在四次反'围剿'斗争

---

① 穆芷：《罗绮园的悲情人生》，《广东党史》2002年第6期，第32页。
② 转引自李庆刚《罗绮园其人其事》，《纵横》2009年第2期，第43页。

中取得连续胜利的毛泽东正确路线之间的激烈斗争。这个执行王明极左路线的'临时中央'，导致了中华苏维埃共和国的毁灭；导致了第五次反'围剿'的失败及中央红军的被迫长征；导致了红军在长征初期的军事上的极度被动和人员上的极大损失，而这一切直到遵义会议重新确立了毛泽东的正确路线，重新确立了毛泽东在党和军队中的领导权后才结束。"①此外，《斗争（苏区版）》关于反"罗明路线"等历史事件的记录也都清楚地呈现为党内路线的斗争，即王明"左"倾路线与毛泽东路线的斗争。

　　总体上，就罗绮园事件②笔者认为，目前还没有足够的证据说明罗绮园曾自首叛变，但也不能就此得出罗绮园未曾自首叛变的结论，就此历史事件，笔者本着实事求是的精神主张存疑。但能肯定的一点是，不管有没有自首叛变，我们都不能否认他在前期所作出的历史贡献。

　　《红旗周报》的编委会成员简介如下。

　　罗绮园③（1894～1931），广东番禺人，中共早期领导人，农讲所第 2 届主任，第 1 届、第 5 届、第 6 届教员，曾任中共广东区委农委书记、中共中央宣传部副部长，有丰富的办报经验。1916 年考进同济大学，立救国救民之志，持爱国爱民之论。1919 年五四运动期间，他担任了同济大学学生会委员，参与了会刊《自觉周报》的编辑工作，并为该报撰稿，揭露当时中国社会的种种弊端，抨击政府对人民的残暴统治。1921 年年底在同济大学参加了社会主义青年团。1922 年年底加入中国共产党，是广东早期的共产党员之一。1923 年 5 月，他担任了社会主义青年团广东区委候补委员，负责编辑团的机关刊物《青年周刊》。6 月 17 日，由阮啸仙等负责的粤区社会主义青年团的外围组织"新学生社"成立，罗绮园

---

① 卢文斌：《〈斗争〉是否中共中央机关报之考释》，人民网，2011 年 6 月 3 日，http：//media. people. com. cn/GB/192301/192303/192699/194310/14815861. html。

② 关于罗绮园被捕及所涉及的与陈肖梅之事，不少著作都有记录，如《红色中枢：深层解说中央机关和高层领袖们的风云往事·罗绮园自首也没有保住生命》，中共党史出版社 2012 年版，第 34～36 页；曾锋、骆田茵编著：《南粤红色逸闻·罗绮园霸占同志妻子》，广东人民出版社 2011 年版，第 66～68 页；潘震坚：《罗绮园小传》，收录于《广州农讲所纪念馆论丛》（第三辑），中国档案出版社 2008 年版，第 170～174 页；穆芷：《罗绮园的悲情人生》，《广东党史》2002 年第 6 期，第 32 页；另见李庆刚《罗绮园其人其事》，《纵横杂志》2009 年第 2 期等。于罗绮园事件，现在学术界总体上认为罗绮园被捕后自首并叛变，也有极微弱的声音表示对其叛变一事存疑。

③ 参考李庆刚《罗绮园其人其事》，《纵横杂志》2009 年第 2 期。

又担任了该社社刊《新学生》的编辑。1925 年 5 月，广东省第一次农民代表大会在广州召开，宣告广东省农民协会成立，罗绮园、彭湃、阮啸仙 3 人被选为广东省农民协会常务委员。省农民协会的会务多为罗绮园处理。报告、宣言、文电多由他执笔起草。他担任国民党中央农民部机关刊物《中国农民》的主编，还经常为广东省农民协会的刊物《犁头周报》和中共广东区委机关刊物《人民周刊》撰写文章。1927 年 11 月，党中央在上海召开临时中央政治局扩大会议。接着，罗绮园接替瞿秋白任中共中央宣传部部长，并任党报委员会委员。1929 年在中共六届二中全会上，改任中共中央宣传鼓动部副部长，担任过党的机关刊物《布尔塞维克》的编辑。1930 年又兼任中共中央农民运动委员会副书记。1930 年 6 月 14 日，他曾以"易元"的化名在《红旗》上发表《红军与陈独秀先生》的文章。针对当时认为陈独秀攻击红军是"土匪"的言论作了批判。又以"易元"的化名在中共河北省委机关刊物《北方红旗》第 29 期上发表了《彭湃同志传略》一文，记述了彭湃革命的一生。1931 年 1 月至 3 月，罗绮园成为南方局成员；同年 2 月任出版部负责人。1931 年 7 月，在中共六届四中全会以后，担任中共中央宣传部副部长。7 月 25 日，罗绮园遭国民党反动派逮捕，党的机关刊物《红旗日报》美生印刷厂遭到敌人破获，党组织遭到严重损失。罗绮园被国民党反动派枪杀时，年仅 37 岁。

张闻天（1900 年 8 月 30 日～1976 年 7 月 1 日），原名应皋（也作荫皋），字闻天，曾长期使用化名洛甫等。江苏南汇县（今上海浦东新区）人，1920 年至 1923 年，先后到日本东京、美国旧金山学习和工作。1925 年加入中国共产党，同年冬前往苏联，先后在莫斯科中山大学、红色教授学院学习、任教、翻译，是当时在莫斯科中山大学二十八个布尔什维克之一，同时兼任共产国际东方部报道员，具有非常扎实的马克思主义理论素养。1930 年回国，1933 年 1 月到达中央革命根据地瑞金，担任中央政治局委员、中央书记处书记。2 月回到上海，不久担任中共中央宣传部部长。同年夏，共产国际决定成立临时中央，他被指定为临时中央政治局委员及政治局常委。曾担任《布尔塞维克》《红旗周报》《斗争（上海版）》《斗争（苏区版）》及其后的《解放》周报、《共产党人》等重要报刊的总编辑或主编或主要负责人。1938 年 5 月，曾兼任延安马列学院院长，新中国成立后到外交战线工作。1951 年 4 月出任驻苏联大使。1954 年年底回国任外交部第一副部长，1956 年在中共八届一中全会上当选为中央政治局候补委员。他还是第一届、第二届全国人大常委会委员。1976 年 7 月 1 日因心脏病病逝。主要著作编为《张闻天选集》，另有《张闻天年谱》《张闻天传》等资料可供参考。

谢觉哉（1884 年 4 月 27 日~1971 年 6 月 15 日），字焕南，别号觉哉，亦作觉斋，湖南宁乡人。早年曾在湖南省立第一师范学校任教。1918 年至 1919 年受进步思想影响，积极参加五四运动，1921 年参加新民学会。曾主编《通俗日报》和《湖南民报》。1925 年加入中国共产党。1928 年春到上海，负责编辑《红旗报》和《上海报》。1931 年秋到湘鄂西革命根据地，先后任中共湘鄂省委政治秘书长、《工农日报》主编、省委党校教务长。1933 年到中央革命根据地，任毛泽东秘书、中央工农民主政府秘书长、内务部长。1933 年，他在中央苏区任内务部长时，主持和参加起草了中国红色革命政权最早的《劳动法》《土地法》等法令和条例。1934 年参加长征。新中国成立后，曾任内务部部长、最高人民法院院长、中国政法大学校长等职，是中国共产党的优秀党员、"延安五老"之一、著名的法学家和教育家、杰出的社会活动家、法学界的先导、人民司法制度的奠基者。主要著作收入《谢觉哉文集》，另有《谢觉哉家书》（生活·读书·新知三联书店 2015 年版）、《谢觉哉日记》（人民出版社 1984 年版）等资料可供参考。

冯乃超（1901 年 10 月 12 日~1983 年 9 月 9 日）革命活动家、教育家，中国现代诗人、作家、文艺评论家和翻译家，翻译作品常用笔名冯子韬。出生于日本横滨华侨家庭，是日本著名侨领、横滨兴中会主干冯镜如、冯紫珊的后裔，李书城的女婿。中学和大学时代的冯乃超，受到国内北伐战争与日本马列主义运动发展的影响，参加了日本革命学生组织的马克思主义读书会和艺术研究会，通过日文、德文阅读了许多著作。1927 年发表组诗《红纱灯》，应成仿吾之邀弃学回国，在上海参加重振创造社工作。1928 年大量创作和发表革命文学作品。同年 9 月经潘汉年介绍加入共产党。曾历任《创造月刊》《文化批判》编辑，上海艺术大学、中华艺术大学教师，1929~1931 年联合鲁迅等筹建左翼作家联盟（"左联"），起草"左联"《理论纲领》，任"左联"第一任党委书记，兼宣传部部长。《红旗报》《战争旬刊》编辑。1932~1936 年跟随湖北省政府委员兼建设厅厅长李书城工作，化名隐蔽，为党做情报工作。曾任香港华南局文委书记，政务院文化教育委员会副秘书长，国家人事部副部长，中山大学副校长，北京图书馆顾问等，1953年加入中国作家协会。全国第一届人大代表，中共八大代表，中国作协全委会委员。1983年9月9日，在北京医院病逝。代表作有《冯乃超文集》（上集）（中山大学出版社1986年版），《红纱灯》（诗集）（创造社1928年版），《傀儡美人》（小说、散文集）（上海长风书店1929年版），《抚恤》（短篇小说集）（上海沪滨书局1929年版），《论中国文学革命》（论文集）编选（香港海洋书屋1947年版），《毛泽东颂》（诗集）编选（香港海洋书屋1948年版）及对日本芥川龙之介著的《河童》等作品的翻译。

萧保璜（1904～1931），号棘父，化名昌年、长玲、陈玄，萍乡县（今萍乡市）人，生于书香世家。1924年，入北京大学预科语文系，接受马列主义，经常撰写抨击时政的文章，在鲁迅等主编的《语丝》《晨报》副刊上登载。1926年加入中国共产党。曾创办《萍乡工农》报。1927年2月，组织领导了萍乡第一区农民协会，下乡开展农运工作，向地主豪绅开展减租减息、清仓平粜斗争，并任人民审判委员会委员，审判杀害农会干部的豪绅地主。8月1日，参加南昌起义，任政治保卫处秘书。1928年4月到上海，任上海总工会秘书兼《工人日报》编辑。1929年调中共江苏省委宣传部工作，负责省委刊物《白话报》。1931年任中共中央机关报《红旗报》主编。同年被国民党政府逮捕后遭杀害。

华少锋（1903年6月9日～1972年5月17日），又名华岗、华冈、延年、少峰，字西园，曾用名刘少陵、林少侯、潘鸿文，笔名林石父（一作林石夫）、华石修、晓风、方衡等。1924年加入中国社会主义青年团，任青年团宁波地委宣传部长，参加编辑进步刊物《火曜》。1926年4月，任共青团浙江省委书记；8月，任江苏省委书记。1928年5月，去莫斯科出席中国共产党第六次代表大会和中国共产主义青年团第五次代表大会，同时参加共产国际第六次代表大会和少共国际第五次代表大会。回国后任青年团中央宣传部长、团中央机关刊物《列宁青年》主编、中共湖北省委宣传部长、党中央华北巡视员。1930年，翻译出版了《共产党宣言》，是中国出版的《宣言》的第二个全译本，结尾处第一次准确译出了"全世界无产阶级联合起来！"1931年在鲁迅帮助下出版《1925～1927年中国大革命史》一书，对当时和以后的革命斗争起了很大鼓舞作用。1932 年 9 月，因叛徒告密，华岗与交通员张永祥一同被国民党当局逮捕，判刑 5 年，关押在山东第一监狱。华岗化名刘少陵，并未暴露身份。1937 年 10 月，经组织营救出狱，任中共湖北省委宣传部长，筹办武汉《新华日报》，任总编辑，兼《群众》周刊主编。曾任职于山东大学校长兼党委书记，创办《文史哲》杂志任社长，出版《社会发展史》《五四运动史》等，1954 年，他当选为第一届全国人民代表大会代表，同时还兼任中国史学会理事、《哲学研究》编委，次年出版《辩证唯物论大纲》和《辩证唯物论和物理学》。1955 年受"胡风反革命集团"案株连被捕，1972 年 5 月 17 日于济南市山东省监狱去世，1980 年平反后，骨灰安放于济南英雄山革命公墓。华岗的狱中遗著有《美学论要》《规律论》等 16 部，论文 218 篇，未发表文稿 4 部。前两部遗著由人民出版社相继于 1981 年和 1982 年出版。山东大学出版社于 1998 年和 2003 年先后出版了《华岗文集》和四卷本《华岗选集》。

《斗争（苏区版）》创刊时，张闻天任该报报委会主任，任弼时、邓颖超、杨尚昆等为报委会委员。

任弼时（1904 年 4 月 30 日～1950 年 10 月 27 日），名培国，号二南。湖南省湘阴县（今属汨罗市）塾塘乡唐家桥人。曾就读长沙明德中学、湖南第一联合县立中学。1920 年 8 月加入中国社会主义青年团。1921 年 5 月赴莫斯科东方劳动者共产主义大学学习。1922 年年底转为中共正式党员。1923 年 6 月 30 日主持召开中共旅莫支部六月常会。1924 年 1 月 25 日参加为列宁守灵等葬礼活动。1924 年 9 月开始参加中国社会主义青年团中央局会议，担任江浙皖区委委员，并被聘为编辑员，负责编辑《中国青年》及为《团刊》《平民之友》等刊物供稿。1924 年 10 月 9 日遵照团中央局决定担任团中央俄文翻译。开始在《中国青年》《新青年》《团刊》以及《中国工人》等杂志撰文宣传马克思列宁主义，介绍十月革命和青年团情况等。1933 年任弼时发表的主要文章有：《什么是进攻路线》（《斗争》1933 年第 3 期）、《目前党组织上的中心工作》（《斗争》1933 年第 5 期）、《到处都"扯开了两条战线上的斗争？！"》和《标本式的官僚主义》（《湘赣斗争》，中共湘赣省委和共青团省委机关报，1933 年第 1 期）等数篇，阐述了全国和湘赣的政治形势。此外，任弼时一生积极参与革命事业，土地革命期间，曾先后担任中共苏区中央局代理书记、湘赣苏区省委书记，领导红六军团、红二方面军参加长征。抗日战争期间，担任中国共产党驻共产国际代表，并任中共中央秘书长、中共中央书记处书记。解放战争期间，曾担任中共中央政治局委员、中共五大书记之一。之后因病在陕北、北京、苏联等地调养，1950 年因脑溢血逝世。

邓颖超（1904～1992），曾用名邓玉爱、邓文淑，广西南宁人，伟大的无产阶级革命家、政治家，著名社会活动家，坚定的马克思主义者，党和国家的卓越领导人，中国妇女运动的先驱。1920 年后，邓颖超先后在北师大附小、天津"达仁女子小学"任教。1923 年她和觉悟社社员李峙山成立"女星社"，继续从事妇女社会活动；还于 1924 年加入中国社会主义青年团；1925 年 3 月，加入中国共产党，并出任中共天津地委妇女部长。1928 年，她出席了在莫斯科召开的中国共产党第六次全国代表大会。在中共领导人顾顺章、向忠发相继叛变后，邓颖超协助周恩来和中共机关度过了危险，两人先后辗转到达江西瑞金。在瑞金期间，邓颖超历任中共中央局秘书长、中共中央政治局秘书、中华苏维埃共和国中央执行委员、中央机关总支书记等职。1934 年，她带病随部队参加长征。邓颖超曾先后任中共第七届中央候补委员，第八届至第十二届中央委员，第十二届中共中央政治局委员，还曾任全国妇联副主席、名誉主席，中纪委第二书记，第五届全国人大常委会副委员长，第六届全国政协主席等职。

杨尚昆（1907～1998），1926 年，由共青团团员转入中国共产党，同年 11 月，赴苏联，入莫斯科中山大学学习。1931 年回国后任中华全国总工会宣传部部长、中共党团书记，中共江苏省委宣传部部长，中共中央宣传部部长，同时积极参与组织上海工人运动和抗日救亡运动。1932 年 9 月至 10 月任红中社主编。1933 年到瑞金，先后任中共中央局党校副校长，中国工农红军第一方面军政治部主任，中央军委总政治部副主任。1934 年 1 月，接任红三军团政委。参加了中央革命根据地反"围剿"和长征。遵义会议上支持毛泽东的主张。曾是中共第六届中央候补委员，第八届、第十一届、第十二届、第十三届中央委员，第十二届、第十三届中央政治局委员。曾任中华人民共和国国家主席，中央军委第一副主席等职，是坚定的马克思主义者，是伟大的无产阶级革命家、政治家、军事家，为党领导的革命、建设、改革事业作出了重大贡献。

我们从以上主编和编辑的简介可以看出，他们都有以下共同点：一是都有非常好的马列主义的素养，理论基础扎实。如华少锋曾于1930年，翻译出版了《共产党宣言》，是中国出版的《宣言》的第二个全译本，结尾处第一次准确译出了"全世界无产阶级联合起来！"而任弼时精通俄语，曾担任团中央俄文翻译。1924年起，开始在《中国青年》《新青年》《团刊》以及《中国工人》等杂志撰文宣传马克思列宁主义，介绍十月革命和青年团情况，如早在1924年就翻译有列宁著的译文《中国的战争》等。罗绮园早在五四运动前的大学时代就在上海接触了《共产党宣言》《哲学的贫困》等书籍。二是都有非常丰富的中国革命实践，是职业革命家。但其革命实践大都局限于中国的城市尤其是大城市的工人运动，而对中国的农村情况并不熟悉，对少数熟悉中国革命实践的罗绮园等担任要职的领导人，又被王明等留俄派排挤，被国民党所清除。这一形势为当时中国共产党内对革命道路的探索出现冒进的"左"倾化如"争取中国革命在一省与数省的首先胜利"，城市中心论等埋下了种子。三是都曾先后担任过多个刊物的主编或编辑或主笔，有丰富的办报经验，便利于之后的刊物编辑工作的开展和深化。这也是在实践层面上马克思主义中国化的宝贵财富。四是都处于风华正茂、书生意气的年龄，如此一方面有利于把满腔的热情和充沛的精力投入革命工作和地下党刊的秘密编辑发行流通工作；另一方面也容易导致经验不足，自我把控、全局分析能力不够，从而为国民党所利用，如罗绮园就是典型的例子。当然，即便是罗绮园事件导致杨匏安等人的被捕和牺牲，但我们仍不能否认他在此之前在革命事业方面所作的贡献。

二　《红旗周报》和《斗争》可考作者群分析

通过对《红藏》收录的《红旗周报》和《斗争》文篇的整理，发现《红旗周报》的主要撰稿人有张闻天、博古、瞿秋白、刘少奇、华岗、凯丰、王稼祥、吴亮平、毛泽东等。许多中共领导人如张闻天、李维汉、博古、刘少奇、杨尚昆、陈云等都曾为《斗争（苏区版）》撰写文章。特从《红旗周报》中析取作者26人，《斗争（苏区版）》中析取作者27人为样本列表分析，制表如下：

表 1−1 　　《红旗周报》和《斗争（苏区版）》作者样本分析

序号	姓名	笔名或化名	籍贯	生卒年份	教育背景	时任职务	《红旗周报》文章篇数	《斗争（苏区版）》文章篇数
1	张闻天	思美、斯勉、洛夫、洛甫、平江、刘云、歌特等	江苏南汇	1900～1976	留学日本、美国、苏联	中共中央宣传部部长，中共中央党报委员会书记	76①	33
2	李维汉	罗迈	湖南长沙	1896～1984	留学法国、苏联	江西苏区中央组织部部长	1	22
3	瞿秋白	史铁儿、何史文、范亢、狄康	江苏常州	1899～1835	俄文专修馆	中共中央临时政治局常务委员会委员兼中央宣传部部长	18	3
4	秦邦宪	博古、伯虎	江苏无锡	1907～1946	曾于苏联留学并任教	中央政治局委员和常委，中央苏区临时政府代理书记	10	10

---

① 据统计，他在《红旗周报》共发表文章 76 篇，其中正刊 63 篇，附刊 13 篇，平均每期 1 篇。能轻易判断的有 51 篇。有些是以无署名的形式发表的，根据《张闻天年谱》《张闻天传》以及其他史料佐证。如于《红旗周报》第 16 期发表了《我们在转变中的困难》一文，该文根据《张闻天年谱》等史料证实作者为张闻天。

续表

序号	姓名	笔名或化名	籍贯	生卒年份	教育背景	时任职务	《红旗周报》文章篇数	《斗争(苏区版)》文章篇数
5	陈云	曾用名廖陈云	江苏青浦	1905～1995		中央常委、全国总工会党团书记，兼中共中央白区工作部部长	3	12
6	何克全	凯丰	江西萍乡	1906～1955	留学苏联	中央苏区团中央宣传部长和书记	4	10
7	毛泽东		湖南湘潭	1893～1976	湖南省立第四师范学校	中华苏维埃共和国主席、中共中央政治局委员	3	8
8	刘少奇	仲箎	湖南宁乡	1898～1969	留学苏联	中共中央职工部部长、中华全国总工会组织部长、中共福建省委书记	7	4
9	周恩来	伍豪、陈广	浙江绍兴	1898～1976	留学法国、德国	中共苏区中央局书记，中国工农红军总政委兼第一方面军政委，中央革命军事委员会副主席	3	3
10	吴亮平	亮平	浙江奉化	1908～1986	留学苏联、法国、德国	中共中央宣传部长，红军学校宣传部部长、政治总教员、中华苏维埃共和国国民经济部部长	3	1

序号	姓名	笔名或化名	籍贯	生卒年份	教育背景	时任职务	《红旗周报》文章篇数	《斗争（苏区版）》文章篇数
11	王稼祥	王稼蔷	安徽宣城	1906~1974	留学苏联	中华苏维埃共和国外交人民委员会会员，中央革命军事委员会副主席	1	2
12	华少锋	华冈、华岗	浙江龙游	1903~1972	浙江省第八师范	共青团中央宣传部长	9	
13	康生	谢康曾用名赵溶、张溶，笔名鲁赤水	山东胶南	1898~1975	上海大学	中央组织部部长、中央职工部部长	9	
14	李敬永	史琪、泗淇、乐思	浙江临海枕溪	1902~1987	上海交通大学、留学苏联	中共中央宣传部干事	5	
15	应修人	丁九	浙江慈溪	1900~1933	留学苏联	中共江苏省宣传部长	4	
16	王海萍	卢哇利	海南海口	1904~1932	上海沪光大学	中共福建省委书记兼军事部部长	2	
17	潘汉年	仁	江苏宜兴	1906~1977	留学法国、苏联	中央组织部干事	2	

序号	姓名	笔名或化名	籍贯	生卒年份	教育背景	时任职务	《红旗周报》文章篇数	《斗争（苏区版）》文章篇数
18	李一氓	民治	四川彭州	1903～1990	留学法国	中国左翼文化界总同盟的负责人之一	1	
19	向忠发	忠发	湖北汉川	1880～1931		中共中央政治局常委，中共中央总书记	1	
20	刘子超	苏华	广东兴宁	1906～1941	上海艺术大学	中共沪西区委宣传部长，闸北区委书记	1	
21	陈昌浩	常昊	湖北武汉	1906～1967	留学苏联	西北革命军事委员会副主席	1	
22	沈泽民	泽民	浙江桐乡	1902～1933	留学日本、苏联	鄂豫皖省委书记、鄂豫皖中央分局委员	1	
23	阮啸仙	小山	广东河源	1898～1935	广东甲种工业学校	全国互济总会救援部长	1	
24	片山潜		日本	1859～1933		日本共产党创始人之一	1	
25	孔原	铁卒	江西萍乡	1906～1990	留学苏联	江苏省委组织部长	1	
26	谢名仁		江西兴国	1907～1935		兴国县委书记	1	

续表

序号	姓名	笔名或化名	籍贯	生卒年份	教育背景	时任职务	《红旗周报》文章篇数	《斗争（苏区版）》文章篇数
27	陈寿昌		浙江镇海	1906～1934		任中共福建省委书记、任中共湘鄂赣省委书记兼湘鄂赣军区政委		8
28	杨尚昆		重庆潼南	1907～1998	留学苏联	曾任中华全国总工会宣传部部长、中共党团书记，中共江苏省委宣传部部长、中共中央宣传部部长、中央局党校副校长，中国工农红军第一方面军政部主任，中央军委总政治部副主任		6
29	贾拓夫	拓夫	陕西神木	1912～1967	绥德省立第四师范学院	时任中华苏维埃共和国中央执行委员会候补委员		5
30	邓颖超		河南光山	1904～1992		中共中央局秘书长、中央政治局秘书、中华苏维埃共和国中央执行委员、中央机关总支书记		4

序号	姓名	笔名或化名	籍贯	生卒年份	教育背景	时任职务	《红旗周报》文章篇数	《斗争（苏区版）》文章篇数
31	顾作霖	作霖	江苏嘉定			中共闽赣省委书记		4
32	李富春		湖南长沙县	1900～1975	留学法国	中共江西省委书记		4
33	邓发		广东云浮	1906～1946		中华苏维埃共和国临时中央人民政府国家政治保卫局局长、中央政府主席团成员，国家政治保卫局局长		4
34	任弼时		湖南湘阴	1904～1950	留学苏联	红六军团和后来的红二方面军的最高政治领导		3
35	刘伯承		四川开县	1892～1986		中央军委总参谋长		2
36	葛耀山		江苏高邮	1904～1933	莫斯科中山大学	江西省苏维埃政府政治保卫局局长		1
37	王盛荣	盛荣	湖北武汉	1907～2006	留学苏联	1931年任共产主义先锋队总队长，11月任中华苏维埃共和国中央革命军事委员会委员		1
38	毛泽覃	泽覃	湖南韶山	1905～1935		任中共苏区中央局秘书长		1

续表

序号	姓名	笔名或化名	籍贯	生卒年份	教育背景	时任职务	《红旗周报》文章篇数	《斗争（苏区版）》文章篇数
39	张爱萍		四川达县	1910~2003		少年先锋队中央总队部训练部部长、参谋长、总队长，中央反帝拥苏大同盟青年部部长，中华苏维埃共和国中央执行委员会候补委员		1
40	董必武		湖北黄安	1886~1975	曾留学日本、苏联	临时最高法院主席、最高法院院长		1
41	王观澜		浙江临海	1906~1982	留学苏联	《红色中华》报主编		1
42	陈绍禹	王明	安徽金寨	1904~1974	曾留学苏联	任中共驻共产国际代表团团长，不久当选为共产国际执委会主席团委员，负责亚洲、拉美各国共产党事务		1

资料来源：参考《红藏》收录的《红旗周报》和《斗争（苏区版）》及李云、凌步机《中央苏区人物志》，中共党史出版社 2004 年版；王明哲等主编《中央档案馆馆藏革命历史资料作者篇名索引（个人部分）》，中央文献出版社 1990 年版；中共党史人物研究会编《中共党史人物传》（第 1~50 卷），陕西人民出版社 1984 年版；陈玉堂《中共党史人物别名录（字号、笔名、化名）》，红旗出版社 1985 年版；柏柳《苏区英风录》，百花洲文艺出版社 1992 年版；王健英《中共中央机关历史演变考实（1921~1949）》，中共党史出版社 2005 年版；石仲泉《群英荟萃会昌》，中共党史出版社 2009 年版等相关著作。

另有不少无从可考者，如署名为杜人的曾在《斗争（苏区版）》上发表文章 11 篇，署名阳春的也曾在该刊发表文章 3 篇。但杜人、阳春究竟为何人，到目前仍无考证结果。列宁和斯大林没有计入其中。

我们从以上表格可以看出，从成分和目的来看，与五四运动之前马克思主义在中国的传播状况截然不同，这一时期促进马克思主义中国化的主角的成分都比较单一，大都是中国共产党内部的一些重要的领导人物和积极参与工人运动的先进的工人代表。20 世纪 20 年代前后，当时参与介绍马克思主义的人员成分非常复杂，目的也是各异。参与介绍马克思主义的教会人士、资产阶级改良派、资产阶级革命派、无政府主义者等，他们从各自立场出发，为政治活动的需要，从不同角度、以不同方式接触和介绍马克思主义，有的甚至是以诋毁、批评的语调来引介马克思以突出自己政党纲领的优越之处。因此，他们在引进西方纷繁庞杂的各种学说的过程中，将马克思主义作为其中的一派介绍过来的。也就是说，只是在传播西方进化论、天赋人权说等理论时附带涉及马克思主义的，因此这一阶段呈现明显的碎片式、零星式的特点。而在蹒跚学步期，就其马克思主义中国化过程中的主体而言，大都为苏区时期革命家，也是苏区的重要领导人，呈现典型的党性特征，其目呈现的是党报的典型的政治立场。

在党报性质的影响下，自 20 世纪二三十年代起，中国共产党的革命家与中共重要的领导人等成为在中国促进马克思主义中国化的主体。无论是在理论上的深化、学习与宣传、影响，还是在实践层面的推进与实施，这些主体无疑是马克思主义中国化这一事件的主要担当者。而这群主体几乎都有一些共同的特点。一是都有较高的文化修养和理论素养。如以上作者群体中，主要撰稿人除陈云外几乎都受过高等教育，并且都有出国学习的经历，其余作者也基本上受过高等教育。如毛泽东是湖南省立第一师范学校毕业，李敬永是上海交通大学毕业，阮啸仙是广东甲种工业学校毕业，康生、秦邦宪都是上海大学毕业等，两刊总的可考证的作者群体中，67％的人有过留学背景，主要以留学日本、法国、苏联为主，有些甚至是在多国留过学，如张闻天、李维汉、吴亮平、潘汉年、沈泽民和董必武。就留学地而言，其中以苏联为最，苏联又以莫斯科中山大学为最。其中应修人、何克全、刘少奇等人都留学苏联，张闻天、秦邦宪、王稼祥、何克全、陈昌浩、沈泽民等都于 1927 年年底在苏联莫斯科中山大学学习而成为"二十八个半布尔什维克"成员。另外，我们从上表可以看出，这一阶段党报的主编、编辑和作者群体，普遍都是处于中青年时期，除向忠发年龄稍许偏大外，其余都是出生于 1890～1908 年，正值风华正茂、意气风发之时。在新旧思想的交糅碰撞中，年轻人容易接受新思潮，于革命事业容易激发满腔热情，精力也很充沛，人也很机灵，便利于应对当时白色恐怖统治下地下党刊工作的开展。

另外，这一编辑作者群体，基本上是清一色的职业革命家，或者是中央各机关的重要领导，如张闻天当时担任中共中央宣传部部长，中共中央党报委员会书记；周恩来担任着中共苏区中央局书记，中国工农红军总政委兼第一方面军政委，中央革命军事委员会副主席；瞿秋白担任过中共中央临时政治局常务委员会委员兼中央宣传部部长；陈云担任着中央常委、全国总工会党团书记；华少锋担任青年团宣传部长；刘少奇此时担任着中共中央职工部部长、中华全国总工会组织部部长等。或者是各省市地区负责人，例如沈泽民是鄂豫皖省委书记、鄂豫皖中央分局委员；刘子超担任过中共沪西区委宣传部部长、闸北区委书记；王海萍是中共福建省委书记兼军事部部长等。在所有职位中，又以宣传部各级机关的书记居多。

基于这些编辑群体和作者群体的特殊性：一群意气风发的具有较高理论素养的职业革命家，这点有利于作者们能较快地了解国际国内革命形势和动态，运用其深厚的理论素养，对国内革命发展态势作出自己的判断并以之来指导革命实践，这正是马克思主义中国化在实践层面上推进的一种表现。不能否定的是，在这一实践推进过程中，又基于其年轻化、学理化以及苏联留学经历容易导致的教条主义化的特征，容易导致对革命形势的实际情况把握不准，甚至容易出现年轻人普遍的急躁冒进的社会心理结构，从而出现"左"的倾向。这也是《红旗周报》和《斗争（苏区版）》两刊中不容忽视的一部分。

此外，作者群体还包括以下几个方面。

另外，两刊刊载了大量马克思、恩格斯、列宁、斯大林关于中国革命的论述。如《斗争（苏区版）》而言，第 11 期、第 13 期刊登了斯大林的《列宁和联合中农问题》，第 17 期刊载了列宁的《新的任务与新的力量》，第 68 期刊登了马克思的《中国革命与欧洲革命》、恩格斯的《波斯和中国》等著作，论述了马克思主义的策略思想，及其对中国革命问题的分析。详见后文。

两刊还有大量共产国际对中国革命运动的决议、指示，共产国际和中共领导人传达和论述共产国际与中国革命的文章。如《红旗周报》一共刊载了11篇关于共产国际的文章，而《斗争（苏区版）》传达共产国际指示方针方面的文章也不少，如张闻天在创刊号上发表的《在革命与战争的前面——共产国际12次全会的总结》，第22期刊登的米夫的《中国革命危机的新阶段》。而第55期成为《共产国际第十三次全会特刊》，一共刊登了4篇文章，第56期又有相关内容的文章。这些刊录文章涉及的部门或机关有共产国际政治秘书处、共产国际六次大会、共产国际支部、赤色职工国际欧洲书记局、少年共产国际西欧局、共产国际执委、共产国际执委西欧部、共产国际执行委员会第十二次全会等。

关于中共中央和中共苏区中央局的重要决议、指示。如《红旗周报》和《斗争》刊登中共中央和中共苏区中央局的重要决议、指示分别为44篇、28篇，内容涉及军事斗争和党的重要会议方面等，涉及的具体单位有中共中央、中央政治局、中央常委、中国共青团中央、中央发行科、中央职工部、中央宣传部等机构。笔者在本书中将这部分内容分为两个部分，一部分是关于中共中央的重要决议和指示，另一部分是关于中共苏区中央局的重要决议和指示。详见附录B。

另外，在两刊的作者群体中，还有两个特殊的群体，一个是中国工农通讯社，另一个是红中社。

《红旗周报》中出现有共有12篇署名为工农通讯社、工农通信社或中国工农通讯社的文章。如第6期发表的文章《京汉路上红军的胜利》，第17期的《国民党政府财政的破产》，第14期发表的《六月份中国白色区域群众斗争概观》等。这一通讯社的标准名称为中国工农通讯社，对外挂过"时间通讯社"的牌子①。

《张闻天年谱》曾记载：1931年春"在上海领导成立'中国工人通讯社'（英文简称CWC）。由李一氓代表中宣部召集林电岩（负责人）、童我愉、朱伯深、冯达举行成立会议。1932年春季以后又有潘企之参加。CWC每周或十天发稿一次，中文为复写稿、英文为打印稿。党中央

---

① 白润生：《中国新闻通史纲要》，新华出版社1998年版，第224页。

1933 年初迁往江西后，CWC 仍坚持活动，直到 1935 年上海地下党遭到破坏时才停止发稿。继林电岩后任该社负责人的是朱镜我、董维键、李少石。它每周或 10 天左右发稿一次，中文稿只复写七八份。由朱伯深负责翻译英文，打字油印，发行约八十多份，分寄国内外。"① 该通讯社于 1935 年因负责人的被捕而停止发稿。在《红旗周报》中共有 12 篇文章署名为中国工农通讯社，内容涉及多方面，如关于红军的最新战况，关于群众的革命斗争，揭露国民党政府的黑暗、软弱与期盼，抨击日本在中国的暴行及宣传中国人民的抵抗等。另外还有以中国工农通讯员的身份所刊发的反映工人农民生活以及苏区概况和真实的红军生活的文章，如第 28 期署名望晨的文章《赣东北苏区的印象》和第 55、第 56 合刊的署名红色战士良木发表的文章《百战百胜的铁的中国工农红军第四方面军》等。

不过在中国工人通讯社之前，就已存在工农通信员。早在 1929 年 6 月 25 日的《中央政治局工作报告纲要》中就写道："工厂小报与工农通信员的训练，在上海亦已开始进行，马克斯列宁主义书籍的编译〔译〕，也已开始出版，因此党在群众中的政治有相当的扩大。"可见，早在 1929 年就有意识地开始了对工农通信员的训练，重视借助这一群体扩大党在群众中的政治影响，既扩大受众，又增强话语权和凝聚力。而《江苏省委关于党报的决议》中也对工农通信员深入群众在群众中树立党报领导，扩大政治影响力有专门的论及。《决议》指出：

"（5）红旗日报的采访员是群众日报本埠消息最主要的来源，上海各级党部必须努力发展工农通信员的运动，这不但能使采访部的工作能够很好的建立起来，充实本埠新闻的内容，而且是使党报深入群众在群众中树立党报领导作用的重要工具。

……

"上海的工农通信员在最近 3 个月内至少需发展到 200 人，各区人数分配如下：

一 沪东——45 人 二 沪西——45 人 三 沪中——20 人 四 闸北——30 人 五 法南——25 人 六 吴淞——5 人 七 浦东——5 人

---

① 张培森主编：《张闻天年谱》，中共党史出版社 2010 年版，第 122 页。

　　"各区具体执行的办法，由各区区委与采访员共同计划进行。"①

　　可见，当时一方面充分重视对工农通信员的作用。重视其对采访部工作的协助性和对新闻内容的充实，更重视其在群众中的影响力，认为这是使党报深入群众在群众中树立党报领导作用的重要工具，充分肯定工农通信员在整个宣传工作中占有重要的作用，有助于扩大党在工农群众中政治领导影响力，让更多的工农群众了解党，从而支持党。另一方面，还加强对工农通信员的训练，在数量方面设定有具体的执行目标和执行方法。

　　另一个与两刊相关的是"红中社"。

　　1931 年 11 月 7 日至 20 日，因报道江西瑞金召开了中华苏维埃第一次全国工农兵代表大会，在开幕的当天，红中社以 CSR（即 ChineseSoviet Radio，中华苏维埃无线电台的缩写）开始了新闻文字广播，成立红色中华通讯社（简称"红色中华社"或"红中社"）。同年 12 月 11 日，中华苏维埃共和国临时中央政府机关报《红色中华》创刊。据记载，《红色中华》社主笔先后为周以栗、梁柏台、王观澜、李一氓。② 据红中社早期工作人员王观澜回忆："当时，报与社是一回事，一个组织机构，叫红色中华社，简称红中社。先有通讯社，后有报纸。"③ 只是由于历史的特殊原因，《红色中华》报创刊后，实际上报纸与通讯社是一个机构、一套人马。"报纸与通讯社是合一的。因此，说'社'是'报'兼差的，或者说'报'是'社'办的，都可以。反正，报与社是一家。"④ 红中社播发的第一批新闻，是"一苏"大会通过的《中华苏维埃第一次全国代表大会告全中国工人与劳动民众书》《中华苏维埃共和国临时中央政府对外宣言》和大会召开的消息。经整理查证，1931 年 11 月 27 日出版的中共中央机关刊物《红旗周报》第 24 期上，就刊登有红中社 11 月 7 日成立当天播发的《中华苏维埃第一次全国代表大会告全中国工人与劳动民众书》和 11 月 9 日播发的《中华苏维埃共和国临时中央政府对外宣言》。而这

---

　　① 江苏省委：《江苏省委关于党报的决议》，《红旗周报》第 3 期，第 3 页，《红藏·红旗周报》①，湘潭大学出版社 2014 年版，第 11 页。

　　② 王健英：《中共中央机关历史演变考实（1921～1949）》，广东人民出版社 2003 年版，第 213 页。

　　③ 王观澜：《红中社的创建》，原载《新华社回忆录》，新华出版社 1986 年版，第 13 页。

　　④ 任质斌：《回忆红中社》，原载《新华社回忆录》，新华出版社 1986 年版，第 15 页。

时，《红色中华》报还没有创刊，《红色中华》报刊登的上述消息的日期是 12 月 18 日。任质斌曾在《回忆红中社》回忆，红中社广播："我知道上海中央局是抄收的。上海地下党出版的《斗争》上刊登的关于苏区的材料，很多是红中社发的。"① 此外，其他革命根据地报纸也刊登了不少红中社电讯，如在《红色湘赣》《红色东北》《工农报》等报纸上，共刊登的 50 多条署名"红色中华社电"的消息，仅 1933 年 9 月 8 日出版的《红色湘赣》第 6 期第四版采用"红色中华社"电头的新闻就有 5 条②。此外，红中社还以英文发报关于苏维埃政策、苏区建设的新闻稿件，如以海外华侨为主要受众对象的《救国时报》于 1936 年 1 月 29 日就曾刊登有红中社播报的新闻稿，可见红中社的社会影响。1937 年 1 月，红中社在延安改名为新华社。

第三节 《红旗周报》和《斗争》停刊原因探析

《红旗周报》和《斗争》的停刊与国民党的白色恐怖统治和严格的审查制度离不开。

一 国民党的白色恐怖统治

1927 年 4 月 12 日，蒋介石发动了"四·一二"反革命政变，使得轰轰烈烈的大革命以失败告终。同时颁布"秘字第一号命令"，指使国民革命军大肆捕杀共产党人和工农群众，实行"清党""分共""绝俄"的政策。据统计从 1927 年 3 月到 1928 年上半年，被杀害者达 31 万之多。

大革命失败后，蒋介石、汪精卫等国民党右派一面屠杀共产党人，一面以孙中山信徒自居，以"三民主义"来蛊惑人心，欺骗民众，谋求思想界的统一，试图将一切非党因素统一在三民主义的旗帜下。蒋介石曾在 1928 年《三民主义为中国唯一的思想》的演讲中，明确将三民主义视为国民党的精神核心，主张要拿三民主义来统一全国的思想，确定三民主义

① 任质斌：《回忆红中社》，原载《新华社回忆录》，新华出版社 1986 年版，第 14 页。
② 分别为：《红军东方军又击溃十九路军一团》《红军中路军两次击溃了敌人》《新泉地方武装击溃团匪的胜利》《红军消灭万安寨匪》。

为中国唯一的思想，再不许有第二个思想来扰乱中国，确定凡是违反三民主义的人，在党治之下，是不容许他活动的。他还直白地指出，要三民主义真正实现，我们只有承认中国国民党为领导中国革命唯一的革命党，不能让第二个主义如共产主义，无政府主义出来，也不能让第三个、第四个主义和国家主义派出来捣乱。① 并从教育机关、宣传手段等方面入手，通过政治的或经济的力量来排除异己。正如瞿秋白在《布尔塞维克》发刊词中一针见血指出的，"国民党的领袖一批一批的背叛革命，背弃他们自己的三民主义"，"把孙中山先生的革命精神完全抛弃，而捧着孙中山学说中的反动思想以及陈死人的偶像，来笼罩全国。他们如此将改组后的国民党送终了"②；"此后民众所看见的国民党，已经不是从前的革命的国民党，而是屠杀工农民众，压迫革命思想，维持地主资本家剥削，滥发钞票紊乱金融，延长乱祸荼毒民生，屈服甚至于勾结帝国主义的国民党！"③这也是《布尔塞维克》中为什么有如此之多的关于三民主义的辩论的原因。

1928 年 2 月国民党的二届四中全会通过了《制止共产党阴谋案》，宣布"共党之理论、方法、机关、运动者，均应积极铲除，或预为防范"④。而一切宣传马克思主义的书籍报刊及其出版发行机构，都在严禁捕杀之列。另外，国民党还将刑事犯罪与反革命目的联系起来并加重惩罚。如 1928 年 3 月 9 日，南京国民政府颁布《暂行反革命治罪条例》，其对象主要是针对共产党问题制定的刑事特别法，使用"反革命"之罪名，把国民党的"清党"运动推广到全社会。该《条例》规定，任何意图颠覆中国国民党及国民政府，或破坏三民主义而起暴动者，利用外力或外资勾结军队而破坏国民革命者等情况，均得处以死刑。凡以反革命为目的，而破坏交通，引导敌人，侵入国民政府领域等均可处以死刑、无期徒刑，或二

---

① 参见蒋介石《三民主义为中国唯一的思想》，北京师范学院：《中国现代政治思想史教学参考资料选辑》 （出版社、出版日期不详，扉页注：校内用书，内部交流，注意保存），第 5~6 页。

② 《布尔塞维克》第 1 期，第 1 页，《红藏·布尔塞维克》①，湘潭大学出版社 2014 年版，第 3 页。

③ 《布尔塞维克》第 1 期，第 2 页，《红藏·布尔塞维克》①，湘潭大学出版社 2014 年版，第 4 页。

④ 《中国国民党历次代表大会及中央全会资料》（上），光明日报出版社 1985 年版，第 526 页。

等（即 10 年）以上有期徒刑。1931 年 1 月，又颁布《危害国民紧急治罪法》（共 11 条）对《暂行反革命治罪条例》进行修正。另外，《防制共产党案》甚至搬出了相当严厉的连坐法，规定：区分部发现共党，事前无报告者，解散区分部并查办其执委及介绍人；县党部所辖有两个区党部以上发现共党，将县党部解散①。此外，还制定了各种防制共产党的具体方法。每逢红色节日，如"五一"劳动节、"八一"反帝日，包括广州起义纪念日（12 月 11 日）等，国民党中央和相关省市，会专门发布一些临时性的防共训令。如 1930 年 11 月 17 日，国民党"中央即密令下级党部工作人员及全体党员，严密注意与防范共党十二月十一日之事件（按：指广州起义）"。为此作出了针对学生、各铁路管理局、各关口、旅店、车站和码头等方面的具体要求②。与此同时，还相继颁布了《共产党人自首法》③ 和《反省院组织条例》等法规，如《共产党人自首法》规定，于发觉前自首者，得减本刑三分之一或二分之一。如检举其他共产党人，因而查获人犯及证据者，或未犯各该条之罪而自首者，均得免除其刑。自首人犯执行刑期已逾二分之一，行状善良，后悔有据者，应准保释。免刑的共产党人得由法院交保，或移送反省院，并在国民党所控各省先后设立反省院或感化院专门关押、收容被认为有自首表现的共产党人。事实证明，国民党这些《共产党人自首法》等新法规的实行，取得了国民党理想的效果，这点我们在《中国共产党之透视》的第四篇《铲共工作之史的进展》中有详细的说明④。

1930 年 9 月《关于政治状况和党的总任务议决案》的《六、国民党的屠杀和帝国主义的出兵干涉中国革命》指出："中国国民党就用发狂的白色恐怖和屠杀政策，企图挽救帝国主义军阀地主资本家的统治。"⑤

早在蒋介石发动"四一二"反革命政变之前，开始在赣州、九江、

---

① 见《国闻周报》第 5 卷第 42 期，1928 年 10 月 28 日。

② 《防范共党办法》，1930 年 11 月 17 日，南京中国第二历史档案馆藏档，一（2）468。

③ 1928 年 10 月 24 日公布，1930 年 4 月 26 日修正，台北中国国民党党史馆藏档，特 009/19。

④ 中国国民党中央组织部调查科编：《中国共产党之透视》，文海出版社 1982 年版，第 416～423 页。

⑤ 中央档案馆编：《中共中央文件选集》第 6 册（1930 年），中共中央党校出版社 1989 年版，第 280 页。

安庆等地屠杀工农运动领袖时，郭沫若曾写有《请看今日之蒋介石》的檄文，以大量的事实义愤填膺地指斥："蒋介石已经不是我们国民革命军的总司令，蒋介石是流氓地痞、土豪劣绅、贪官污吏、卖国军阀、所有一切反动派——反革命势力的中心力量了。他的总司令部就是反革命的大本营，就是惨杀民众的大屠场。他自己已经变成一个比吴佩孚、孙传芳、张作霖、张宗昌等还要凶顽，还要狠毒，还要狡狯的刽子手了。"①

　　1927 蒋介石发动"四一二"政变之后，郑超麟曾撰有《惨无人道之中国白色恐怖》一文，称当时"中国要算是全世界最悲惨的白色恐怖的国家了。中国的工人农民及共产党员，整千整万的受南北新旧军阀所屠杀，整千整万的被通缉逮捕拘禁及失业！"并历数当时各种大屠杀事件。"这几个月以来，中国革命的领袖及群众死于南北军阀刽子手之下的，连数也数不清。我们且约略举几个例来看：三月三十一日刘湘在重庆屠杀游行群众数百人，四月十三日蒋介石在上海屠杀游行的工人亦数百人，四月十五日以后李济琛在广州以中山舰运载'赤化分子'数千人生沉海底，五月十七日夏斗寅在鄂南屠杀农民群众数千人，五月二十一日许克祥在湖南各处屠杀工农亦至数千人，七月间冯玉祥在河南焚洗数县村，死农民七千余人，……至于零星的枪毙杀头腰斩则尤不可胜数，举其最著者，如北京之李大钊等十七人被张作霖绞杀，上海之赵世英、陈延年等被蒋介石严刑酷打然后枪毙等等……其他死者及现仍禁锢或被通缉及失业者之苦痛，我们简直没有那样忍心为之叙述了。中国近数千年来革命努力的成绩便这样随着数万工农及其领袖的血漂流而去！"②

　　1931 年 10 月 9 日，苏广曾作《打倒国民党白色恐怖的统治！》一文，对国民党的白色恐怖统治进行了批判，指出国民党因苏维埃地区土地革命的深入，惧怕苏维埃运动的突飞猛进，动员了一切反革命阶级力量，集中了三四十个师的军队，向各苏维埃地区及红军展开全方位的"围剿"。随着三次"围剿"的失败和群众运动的高涨，国民党以更疯狂的手段展开

---

　　①　《近代史资料》1954 年第 2 期，另见《郭沫若选集》第 2 卷，四川人民出版社 1982 年版，第 3 页。

　　②　郑超麟：《布尔塞维克》，《惨无人道之中国白色恐怖》，《布尔塞维克》第 3 期，第 69 页，《红藏·布尔塞维克》①，湘潭大学出版社 2014 年版，第 75 页。

白色恐怖统治。如 "对红军因战略关系暂时退出的城乡，常全城全村的将民众杀光，房屋烧光，在白军经过的区域，骚扰抢掠得鸡犬不安……"，对群众施行极残酷的军事戒严，"群众的一切自由剥削净尽"，野蛮残酷的刑罚，经常上演，"十几岁的青年男女，可以随便被杀，斩首示众，破腹裂胸，已经成为任何大城市中对于革命群众的常刑。在乡村则一经斗争，常是整村的屠洗。尤其残酷的，是对于领导中国革命的共党员或被视为共产嫌疑的人，一经逮捕，不必审问便可砍头。对于一切群众组织，都是尽量的摧残"①，尤其是针对国民党对灾区群众及反日运动等方面所展开的残酷而悲惨的白色统治予以抨击，并号召 "全中国的工农兵贫民及革命学生群众，应坚决的起来，抓紧目前逐渐成熟的革命危机，更广大的发展斗争，来冲破目前的白色恐怖，以推动全国革命斗争走向更高阶段——直接推翻反动统治的最后决战的阶段。"②

1931 年，抗议国民党反动派的血腥屠杀政策，鲁迅和茅盾等发表了《为国民党屠杀大批革命作家宣言》。国民党反动派杀害柔石、白莽等烈士的暴行，激起了国内外人民的愤怒。国际上，当时苏、法、德、美、英、日等国家的进步作家以 "国际革命作家联盟" 的名义，发表了《为国民党屠杀中国革命作家宣言》，揭露国民党反动派的法西斯暴行。国内，中国左翼作家联盟冲破封锁，于 4 月 25 日秘密出版了《前哨》第一卷第一期《纪念战死者专号》，在上面发表了《中国左翼作家联盟为国民党屠杀大批革命作家宣言》和《为国民党屠杀同志致各国革命文学和文化团体及一切为人类进步而工作的著作家、思想家书》。鲁迅在此专号上发表了《柔石小传》和《中国无产阶级革命文学和前躯的血》，揭露敌人的卑劣和凶暴。同年 5 月，鲁迅又写出了《黑暗中国的文艺界现状》一文，由美国记者史沫特莱女士译成英文，寄到美国进步杂志《新群众》上发表，激烈地抨击揭露国民党反动派的滔天罪行。

1931 年胡章原叛变后，张闻天和中宣部等机关人员幸亏转移及时。16 人被捕给党在上海白区的工作带来了巨大的损失。不久，国民党南京

---

① 《红旗周报》第 21 期，第 7 页，《红藏·红旗周报》②，湘潭大学出版社 2014 年版，第 145 页，注："共党员"原文中在"共"与"党"之间有空格，疑为漏字"产"。

② 《红旗周报》第 21 期，第 10 页，《红藏·红旗周报》②，湘潭大学出版社 2014 年版，第 148 页。

政府发出通缉令，悬赏 2 万元缉拿瞿秋白、周恩来，1 万元缉拿王明、罗登贤、沈泽民、张闻天、博古。《中共中央机关历史演变考实》曾载："1932 年 10 月 26 日，因叛徒告密住在上海爱文义路（今北京路）平和里27 号的共青团中央机关被国民党反动当局破坏。共青团中央书记胡鎏鹤、经济斗争部部长胡大海等被捕，不久叛变。住于该处的中共'临时中央'常委张闻天转移于摩律斯新村（今重北公寓）匿居月余，离开中央日常工作。"①

据杨奎松统计，仅在 1931 年间，国民党特务机关破获的涉及中共中央最高领导层的重大案件，就有 5 起之多。1931 年 1 月 17 日，国民党特务机关在上海东方大旅社破获共产党人的一个秘密集会，逮捕了包括何孟雄、李求实、胡也频、柔石、冯铿、殷夫等 20 多位共产党重要领导人，并于 2 月 7 日将他们杀害。4 月 25 日，中共中央政治局候补委员兼中央特科负责人顾顺章在武汉被捕，随即叛变，造成了中共安插在上海国民党特务机关的重要线人杨登瀛等人被捕以及中共重要领导人恽代英和蔡和森的被害。6 月 15 日，共产国际执委会联络局派驻上海的负责人牛兰夫妇被捕。6 月 22 日，中共中央总书记向忠发被捕，3 天后被杀。7 月 25 日，中共中央宣传部领导人罗绮园、杨匏安等被捕，杨于 8 月上旬被杀。8月，中共中央军委委员、江苏省军委书记李超时被捕，并于 9 月 19 日被杀。1932 年 10～11 月，国民党特务机关在上海接连破获共产党机关赤色互济会、上海区委、江苏省委、省军委、失业工人委员会和纺织工会等机构十几处，逮捕中共各相关负责人等 60 余人。从 1931 年年底到 1933 年夏，国民党又接连逮捕了中共中央政治局候补委员兼全国总工会执委会党团书记徐锡根等；苏区中央局委员余飞等；全总宣传部长黄平；中共中央政治局委员兼全总党团书记卢福坦等；少共中央总书记胡鎏鹤、少共江苏省委书记袁炳辉、反帝大同盟组织部长朱爱华等；新任少共中央总书记王云程、组织部长孙际明、秘书长陈卓闻、发行部长范迅赤、交通科主任蒋平等；中共新任全国总工会党团书记罗登贤、全总秘书长王其良、海员总工会党团书记廖承志等；中共中央秘书长杨天生、江苏省委委员赵林、苏

---

① 王健英：《中共中央机关历史演变考实（1921～1949）》，广东人民出版社 2003 年版，第207～208 页。

华、李默农等；赤色互济会全国总会党团书记邓中夏以及中国共产党非常委员会负责人罗章龙等①。《中共中央机关历史演变考实 1921 ~ 1949》记载，"1931 年 7 月 25 日，设于上海东有恒路（今东余杭路）2048 号的中共中央宣传部及印刷厂机关，因叛徒出卖被国民党反动当局破坏。杨匏安、罗绮园等 16 人被逮捕。杨匏安等 8 人于 8 月间遇害。"② 另有 "1933 年 1 月，中共'临时中央政治局'委员、常务委员兼全总党团书记卢福坦在上海被捕叛变。2 月，中共'临时中央政治局'委员、常务委员兼共青团中央局（'少共中央局'）书记王云程在上海被捕叛变，共青团中央机关遭到彻底破坏。"③

总之，国民党千方百计要把共产党消灭于襁褓之中，在国民党血腥屠杀的"反共""清党"反革命政变下，共产党几乎遭到了灭顶之灾。为了应对国民党的白色恐怖，中国共产党领导人不得不经常使用化名，不时更换住所来得以保全性命。如当时任《红旗周报》和《斗争》（包括上海版和苏区版）主编的张闻天就曾使用过思美、斯勉、洛夫、洛甫、平江、刘云、歌特等多个化名，并多次变换寓所。如在 1932 年，他大部分时间居住于上海爱文义路（今北京西路）平和里 27 号；到 11 月，转移到坐落于跑马厅西南侧的"摩律斯新村"（今人民公园附近的重北公寓）。

二 日趋严苛的审查政策④

在 20 世纪初，宣传共产主义思想的马克思、恩格斯的著作最初只是作为西方社会主义思想流派的一种被引介到中国，并只在少数知识分子中

---

① 以上史料和数据都是杨奎松教授根据台北"国史馆"藏蒋中正档案整理而成。详见杨奎松：《国民党的"联共"与"反共"》，社会科学文献出版社 2011 年版，第 311、313 页等。

② 王健英：《中共中央机关历史演变考实（1921 ~ 1949）》，广东人民出版社 2003 年版，第 178 页。

③ 同上书，第 236 页。

④ 关于国民党政府"查禁"活动档案史料的披露，可参考阴法鲁的《国民党反动政府查禁刊物的几件密令》（《历史研究》1956 年第 5 期），张克明的《国民党政府查封上海华兴书局案》（《历史档案》1981 年第 1 期）和《国民党中宣部 1930 年 7 至 9 月份出版物总报告（节录）》（《民国档案》1991 年第 3 期），倪墨炎的《三十年代反动派压迫新文学的史料辑录》（《新文学史料》1985 年第 3 期、1988 年第 3 期、1989 年第 1 期）。另参见张新强《1927 ~ 1937 年的"禁书"：马克思主义著作的出版和流通》（《党史研究与教学》2015 年第 5 期）等。

流传。俄国十月革命以后，在李大钊等中国先进知识分子的宣传介绍下，马克思主义在中国得到了迅速传播，并与中国工人运动相结合，促成了中国共产党的诞生。不过那些宣传马克思主义先进思想的进步书刊，在传播之初就被清政府和北洋政府视为洪水猛兽，扣上"煽惑人心"的帽子，加以严格检查和控制。1906年，晚清政府颁布了《大清印刷对象专律》，以法律的形式开启了中国现代新闻及书刊审查的先河。其后又颁布了《报章应守规则》（1906年10月）、《报馆暂行条规》（1907年9月）、《大清报律》（1908年1月）、《钦定报律》（1911年12月）等一系列的法律法规，只是迫于形势，这些法规没能真正执行。1914年12月4日，北洋政府颁布了《出版法》，明文规定出版物出版前需由相应的警察官署送内务部备案，同时明确地规定了书刊出版前审查的基本模式和具体措施，其中第11条，规定了"文书图画"有八种情况不得出版。据统计，在1913年11月到1916年3月间，查禁了近60种报刊杂志（其中有部分传单布告），1920年2月到7月五个月间，查禁了"宣传过激主义"的书刊"达八十三种之多"①。

　　而到1927年蒋介石在南京另立国民政府后，中国共产党和马克思主义更被视为心腹大患。武力方面，力图"围剿"共产党领导的革命根据地和工农红军，实行白色恐怖统治；文化专制管制方面，先后颁行《出版法》等一系列文化专制法规，组织图书杂志审查委员会等专门机构，对宣传马克思主义的进步期刊与书籍，进行全面查禁和扼杀。

　　为实施"以党治国"的基本模式，国民党迅速抓紧"军事"上的"统一"和政治上的"清党"，在文化界，制定了系列书刊审查制度的法律法规。1927年12月20日，国民党南京政府大学院颁布了四条文的《新出图书呈交条例》。1928年开始，南京市政府成立市府组织出版物审查会，开始有组织地审查市内的"书册报章"，以"言论荒谬""诋毁党国""诱惑青年"之类的理由审查书报著作，称"万恶"的共产党，"不能公然行使其破坏之伎俩，于是乃潜匿各处……发行各种刊物及小册子，

---

① 以上参见中国第二历史档案馆编《中华民国史档案资料汇编》第五辑《文化》，江西古籍出版社1991年版，第434～435、506～511页。

寄托各书局代卖，甚且自设小书店出售。"① 1929 年 1 月 10 日，由国民党中宣部制定、国民党中央执行委员会第 190 次会议通过了《宣传品审查条例》，该条例从法律条文的角度，围绕宣传品的审查范围、方式、标准、内容、处理办法等部分共十五条作了明确规定。其中第五条就内容方面被判定为反动宣传品的第一条即为"宣传共产主义及阶级斗争者"②。1930 年 12 月 16 日，《国民政府出版法》规定：所有的新闻纸、杂志、书籍及其他出版品不得有"意图破坏中国国民党或三民主义者"，一经发现，省市政府均可扣押。对登载有违禁内容者，对发行人、编辑人、著作人及印刷人处以一年以下有期徒刑、拘役或一千元以下之罚金，但其他法律规定有较重之处罚者，还要依其规定处以重罚。规定出版品发行时，需"二份寄内政部"，如有涉及党义或党务的，"并应以一份寄送中央党部宣传部。"③ 1931 年 10 月 7 日，国民党政府又颁布《出版法施行细则》，对出版物做了更严格的限制。1934 年 6 月 1 日，国民党中宣部又出台了《修正图书杂志审查办法》，将审查重点放在文艺及社会科学方面，出版物的书刊名、稿本页数、附件、申请人姓名与住址、编著人姓名与住址等，皆须列举清楚，呈送审查④。至此，国民党的书刊审查制度以法律条文形式正式确立。

就专门针对共产党的书报销售方面的审查条例而言，1929 年 6 月 15 日，一封国民党中央秘书处的公函《取缔销售共产书籍各书店办法》，该公函称共产党类书籍颇多，"大都在租界内各小书坊寄售，彼辈只知惟利是图，罔为销售。推其结果，因销售愈多，阅者愈众，而流毒亦愈深，无志之青年，每为诱惑，幼稚之工农，更易煽动"⑤。而对于销售共产书籍的"小书坊"，国民党政府防之甚严。因此，明确规定，要求各书店必须实行登记，并提出取缔共产党书籍的三项办法，要求上海特别市政府及临

---

① 《南京市府组织出版物审查会》，《南京特别市市政公报》1928 年第 16 期，第 4 页。

② 参见张静庐《中国现代出版史料》（乙编），上海古籍出版社 2003 年版，第 522～525 页。

③ 同上书，第 513 页。

④ 宋原放主编：《中国出版史料（现代部分）》第一卷下册，湖北教育出版社 2001 年版，第 580 页。

⑤ 中国第二历史档案馆编：《中华民国史档案资料汇编》第五辑第一编《文化》（一），江苏古籍出版社 1994 年版，第 287 页。

时法院、各级党部宣传部、各地党员随时注意各书店销售之书籍，按周报告，遇共产书籍时，随时处分或报告高级党部，由高级党部会同当地政府予以严厉之处分。同时，要求加强对印刷所和印刷工人的管理。该公函所附的《抄取缔办法》，要求"各地党部宣传部随时审查该区域内书店销售之书籍，如发现有共产书籍时，会同该地政府予以严厉之处分"，"请求中央训练部通告各省市印刷业商会及工会，转告该地印刷所及印刷工人，令其不得代印共产书籍及印刷品，并通令全国各党政机关严密注意各印刷所之印刷"。并通令"印刷所及印刷工人，如私印共产书籍及宣传品，一经发觉即行予以严厉之处分。"①

此外，国民党还加强了对书报的流通渠道的管制与审查。1929 年 8 月 29 日，国民党中央第 31 次常务会议通过了《全国重要都市邮件检查办法》。9 月 27 日，国民党中央决定在南京、上海、汉口、广州、天津、青岛、北平、哈尔滨 8 个特别市设立邮政检查所。1930 年 4 月 24 日，国民党中央又出台了《各县市邮电检查办法》，进一步扩大了邮件检查的范围，形成了自上而下的邮政检查网络。对邮政网络的控制，更加大了共产党进步书刊的流通与销售的难度。

在严格的书报审查制度下，国民党对共产党的进步书刊从出版、发行到销售、传播都实行史无前例的苛刻检查。1929 年 4 月，发出《查禁伪装封面的书刊令》，1930 年 4 月 19 日，国民党中执委通令"查毁共党假名刊物"，令"各省市党部并函国民政府转令各省政府及所属机关，对于寄递各刊物，一体注意检查，一经查出，即予扣留烧毁，以遏反动"②。

1931 年 7 月，《中国国民党安徽省党务整理委员会一年来之工作报告》中说，"一年来经查获呈送本部之反动刊物，计一百三十七种，一万

---

①　《国民党中央秘书处抄送〈关于取缔销售共产书籍各书店办法〉致国民政府文官处函》（附《抄取缔办法》）（1929 年 6 月 15 日），中国第二历史档案馆编《中华民国史档案资料汇编》第五辑第一编《文化》（一），江苏古籍出版社 1994 年版，第 287～292 页。

②　参见王煦华、朱一冰合辑《1927～1949 年禁书（刊）史料汇编》第二册，北京图书馆出版社 2007 年版，第 244 页等。1929 年 4 月的《查禁伪装封面的书刊令》为："各级党部并函国民政府转令各省政府及所属机关对于寄递各刊物一体注意检查，一经查出，即予扣留烧毁，以遏反动。"《中国新文学大系 1927～1937》第十九集《史料索引一》，上海文艺出版社 1989 年版，第 568 页。

零六十五件，除择其重要者，留存一份，交编审科，分别著述驳斥外，其余悉数焚毁①。

中国国民党中央执行委员会西南执行部西南出版物审查委员会 1933 年年底的工作报告称，该会自 1932 年 12 月 22 日成立以来，共审查书籍刊物七百七十六种，中经本会审定呈奉核准查禁者三百一十七种②。

《上海市公安局查禁反动刊物统计表》（中华民国 18 年度、19 年度）显示，在 1929 年和 1930 年两个年度，上海市查禁的书籍、报纸、传单等有 1876 种、2796 种。③ 在 1936 年编制的《查禁社会科学 676 种书刊目录》中，"1929 年至 1931 年的共 367 种，其中陆续通令'各省市宣传部及各地邮政检查所查禁扣留''通令各地邮检所扣留焚毁'者达 182 种"④。

在上海市公安局的档案中有该局 1931 年 7 月至 1932 年 6 月关于书刊查禁的要务日记，记载了在这一年间查禁书刊的情况，显示查禁密度很大⑤。

以上呈现的是国民党严格的书刊审查制度。我们从《布尔塞维克》《红旗周报》等刊物使用假封面等情况可以以真实的案例探析共产党对国民党查禁制度的应对措施，再现马克思主义传播的艰难图景，尤其呈现夹缝中求生的艰难处境以及由此导致的各种进步期刊的直接停刊。

这一时期，中国共产党的报刊书籍都是在极端困难的条件下出版。一方面，由于党的活动处于秘密活动，解决报刊的纸张、印刷、发行十分困难；另一方面，国民党勾结帝国主义组建庞大的军警特务组织，实现白色恐怖统治，中共创办的报刊又是国民党重点破坏的对象之一。军警特务到处搜捕编辑印刷发行人，一经查出就遭逮捕、监禁或杀头。如《红旗周报》的前身《红旗日报》出版后不到一个月，被搜查队先后搜查了 40~

---

① 王煦华、朱一冰合辑：《1927～1949 年禁书（刊）史料汇编》第二册，北京图书馆出版社 2007 年版，第 211 页。

② 王煦华、朱一冰合辑：《1927～1949 年禁书（刊）史料汇编》第一册，北京图书馆出版社 2007 年版，第 509 页。

③ 王煦华、朱一冰合辑：《1927～1949 年禁书（刊）史料汇编》第二册，北京图书馆出版社 2007 年版，第 198～199 页。

④ 倪墨炎：《现代文坛灾祸录》，上海书店出版社 1996 年版，第 239～240 页。

⑤ 王煦华、朱一冰合辑：《1927～1949 年查禁书（刊）史料汇编》第一册，北京图书馆出版社 2007 年版，第 341～344 页。

50 处，拘捕了 40～50 人，印刷所连续遭到四次大的破坏。第一次是 1930 年 9 月 8 日，出版发行 20 余天，印刷所就遭到严重破坏。第二次是相隔不到 20 天，再遭破坏，全体工人被捕，报纸停刊两天。第三次是同年 12 月 7 日，印刷所再次遭查封，报纸再次被迫暂时停刊。第四次是 1931 年 1 月 8 日，印刷厂工友被捕，已印好的报纸全部被没收。尤其毒辣的是，不仅逮捕、监禁或残杀编辑印刷发行人等，而且搜查《红旗日报》的订户，制造恐怖气氛，威逼利诱逼迫读者拒绝订阅。据载，有一次特务在闸北某处发现了一份《红旗日报》，便捕风捉影地对附件 20 多户居民逐家搜查掠夺，形成严重的白色恐怖①。1931 年 9 月 28 日《红旗周报》的第一期附刊的《编者附白》中指出："《红旗周报》最近付印了好几期，但刚印好又发生了问题，以致又不能与读者见面。真是糟糕到万分，尤其在现在这时候。所以我们现在把大家所想到的，所看到的，所经验到的，随手写一些下来，随时用油印印一些出来，作为同志们的参考。"②

　　1932 年 1 月 21 日，张闻天主编的《斗争（上海版）》创刊。《斗争》作为中共中央机关报，在其创刊号上写有"卷头话"说明发刊缘由时指出：铅印的《红旗周报》"因为种种印刷上的困难始终不能按期出版，以致有很多比较重要的或带有时间性的论文，不能很快的及时的和读者相见"，为了补救这一缺点，曾发行《红旗周报》附刊，《斗争》就是取代《红旗周报》附刊的。这样刊物"更有经常性与秩序性"③。此外，关于党内问题的讨论，也将在《斗争（上海版）》上发表。

　　1931 年 6 月《湖南民政刊要》第 21 期的《训令各县政府查禁反动刊物由》记载：

　　　　为令遵事。案据常德县长方新呈称，呈为呈请查禁事项，据属府邮件检查员李锦文报称，查获邮寄反动刊物一束，请察阅等情前来。

---

① 马光仁主编：《上海新闻史（1850～1949）》修订版，复旦大学出版社 2014 年版，第 643 页。

② 《红旗周报附刊（一）》，第 2 页，《红藏·红旗周报》①，湘潭大学出版社 2014 年版，第 397 页。

③ 《斗争（上海版）》第 1 期，第 1 页，《红藏·斗争（上海版）》①，湘潭大学出版社 2014 年版，第 1 页。

县长核阅包面,上寄湖南衡阳第三师范学校郑宏大收,下署上海胡寄等字样。后以该校无此收件人,又改寄常德。其书之种类,计有《选举运动大家要讲的话》、《你要什么》、《朋友阿四》、《卫生常识》(内题《赤色职工国际五次大会对殖民问题的决议案》)、《建设的ABC》(上海世界书局印行)、《文治教育概要附东方最古之印度教育》(内题《武装暴动概要附一九二三年的汉堡暴动》)、《暴动区域图》、《红旗日报》、《红旗周报》等多种。察其内容,均系诋毁本党及宣传赤化,鼓吹阶级斗争种种谬说。值此铲共紧张之际,该匪党犹敢散发此种麻醉民众刊物,于清剿前途大有(防)[妨]碍。除《红旗日报》业经奉令查禁,已由属府留毁外,理合检同该项反动刊物九种,备文呈赉钧厅察核,恳予通令各地一律查禁,以遏乱萌,并候指令只遵。谨呈。等情;计赉反动刊物九种。据此,除指令准予通令查禁并分令外,合行令仰该遵照,转饬所属一体遵照,对于该九种反动刊物严为查禁,以遏乱萌,毋稍疏懈。切切此令。

厅长曹伯闻[①]

另外,1932 年的广东省政府公告刊登了《查禁红旗周报布尔塞维克两种反动刊物》一文。下有"广东民政厅训令","第三九伍八号""廿一·八·十七""令本厅所属各机关"字样,"为令遵事:现奉省政府文字第一五伍四号训令,开:现准内政部警字第八三一号咨,开:准行政院秘书处第二四九号函,开:'奉院长谕河南省政府呈据省会公安局呈报查获《红旗周报》等反动刊物。请通令查照一案,应交内政部审核办理。等因,相应抄检原件函达查照。'等由,计抄送原呈一件检送《红旗周报》第二十五期,《布尔塞维克》第四卷第四期各一份,准此。除将该反动刊物两种留部,仅抄同原送抄呈分别咨令饬属一体查禁并函复外,相应抄送原呈咨请贵省政府查照,转饬所属严行查禁,以杜流传,为荷'等由,计抄原抄呈一件,准此。除分令外,合就抄同原抄呈令仰该厅遵照,转饬所属一体查禁为要,此令。'等因,计抄发原抄呈,奉此。除分令

① 《湖南民政刊要》1931 年 6 月第 21 期,收录于黄林编《近代湖南出版史料 2》,湖南教育出版社 2012 年 12 月版,第 1872 页。

外，合行抄发原抄令仰该〇长即便遵照，并饬。"① 《红旗周报》第 25 期使用的伪封面为《时时周报》第 2 卷第 45 期，出版日期为"民国二十年十二月二日出版"，封面上还出现了"本期要目"，该"本期要目"与《红旗周报》的内容没有关系，在封二第 2 页宣传页，推销中央党部宣传部特准发行的几部新书：《婚姻问题》《青年问题》《苏俄一瞥》和《苏俄东方侵略》以及每部书的出版社、作者或编者及售价。页面底部有：总发行所上海光陆印书馆（圣母院路庆顺里第四弄）。第 3 页才为《红旗周报》第 25 期的目录。可见，本期伪装页有两页，并且封二的中央党部宣传部也似乎表明了该本小册子的立场，尽量取得书报检查官的信任，所以给国民党的书报检查官的迷惑性更强。根据考证，《红旗周报》第 18 期、第 23 期、第 24 期、第 25 期，都是使用的一样的封面，而且连日期内容都不变。可见，这种伪装方法还是取得过一定的效果，前面三期都成功逃过检查。另外第 25 期别于以往期卷，没有注明出版时间，随后如第 26 期也没有出版时间，其目的在于让敌人无从下手去审查、破获。《红旗周报》第 25 期前 3 页见下图：

图 1 - 7　《红旗周报》第 25 期封面

① 《查禁红旗周报布尔塞维克两种反动刊物》，《广东省政府公报》1932 年第 197 期，第 67 ~ 69 页。

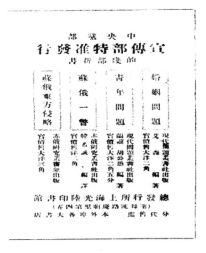

图 1-8 《红旗周报》第 25 期第 2 页

图 1-9 《红旗周报》第 25 期第 3 页

由此也就说明，国民党对书刊的查禁越来越严格，《红旗周报》从第 10 期开始使用伪装封面，而且经常更换封面。可见，伪装工作越来越难。这才有了伪装技术的改良，不仅仅伪装封面和版权页，而且还有在内容上进行部分伪装的，如有一本伪装题名热情小说的《满园春色》的书，封面画有一个妖娆的舞女，翻过封面，保留了小说的全文，但内中夹印了毛泽东著作《新民主主义论》全文。前半部或许确实是一本小说，后半部就变为货真价实的革命内容了，由此逃脱检察官查"禁书"的法眼。

三　中国共产党期刊刊发的应对措施：以《红旗周报》为例

面对国民党日益严重的白色恐怖和日益严格的书刊审查制度，中共地下报刊为坚守宣传阵地，同敌人周旋进行针锋相对的英勇斗争。

首先，经常变换编辑、印刷的地址。各地下报刊的编辑工作地址只有少数人才知道，所有稿件也是几经周折才能传递到编辑手中。各报刊的编辑人员往往都极为精明能干，对外往往以其他名义或居民处打掩护。在当时国民党的白色统治和严格的审查制度下，为保证《红旗周报》按期出版，中共中央机关曾在上海东百老汇路（今东大名路）1180 号设立专门的秘密印刷所。这是幢临街的单开间三层楼房，底层开有"萃丰祥"烟杂店作为掩护，二楼是工作人员卧室，三楼是印刷工场。在印刷工场里，安放着排字架和圆盘印刷机，为了让开印时不会传出较大声音，地板和墙壁都以棉毯等物隔音。每次印完的《红旗周报》，均以烟杂店送货的名义传递到有关联络地点。印刷地址也经常变更，有时同时觅几处或托私人印刷，以应对国民党警察特务等突然的袭击和彻底破坏。一处遭到破坏，于其他处迅速开印，尽量缩短报刊的停刊时间。如前面提及的罗绮园案里就曾涉及《红旗周报》的秘密印刷地周家嘴路 11 号等。如 1931 年年初中共中央出版发行部经理毛泽民与钱之光在齐物浦路元兴里（周家嘴路 998 弄 146～148 号）筹建的中共中央秘密印刷厂，原本位于黄埔区新昌路 99 号（原梅白克路）的一幢坐西朝东，砖混结构沿街三层公寓建筑。同年 4 月，由于中共中央负责保卫工作的顾顺章在汉口被捕叛变，秘密印刷厂为避免暴露，转移到梅白克路的一幢新建红砖三层公寓内，底楼开设烟纸杂货铺，铺面紧靠街道，时刻为楼上秘密印刷厂的工人提供信息；二楼三个小房间作为钱之光（化名为徐之先，隐身为烟纸店老板）等负责人的住房，三楼是印刷厂，排字、印刷、装订等设备都隐藏于此。该印刷厂利用周边繁华闹市区作掩护，秘密印刷出版来自苏区的文件、文章，印制有关宣传形势、罢工斗争情况的传单，同时还印刷《党的建设》《红旗周报》《布尔塞维克》《实话》等革命期刊。运送印刷品也相当隐蔽。为掩人耳目，印刷厂的工人们有时扮为运送货物的，有时把印刷品藏在藤箱、网篮内带出。1932 年夏，为避免引起邻居怀疑，印刷厂又搬到麦特赫斯脱路（今泰兴路），后又转移至武定路、张家宅路等①。

其次，各报刊往往采用各种伪装封面，以逃避敌人的搜查和没收。如《红旗周报》从第 10 期开始，直到最后一期，经常变换使用假封面作掩护发行。前后共计 16 种假封面：

第 10 期至第 17 期、第 19 期至第 22 期和第 26 期，封面均为《实业周报》，佯称"上海实业周报社出版社"并注有"中华邮政认为新闻纸类特准挂号"字样，以表其合法性。第 18 期和第 23 期至第 25 期，封面为《时时周报》第 2 卷第 45 期，日期均为"民国二十年十二月二日出版"。封面背面注明为"中央党部宣传部特准发行的几部新书"，第 27 期封面和第 28 期、第 29 期的封底都为《平民》，并配有少许图案。第 30 期至第 40 期封面为《光明之路周报》封面上的刊期与出版日期均随《红旗周报》的刊期和出版日期的改变而改变。第 41 期和第 42 期封面为"月里嫦娥牙膏"广告图案，并注有"上海永和实业公司出品"和"机联会刊第 43 期"字样。第 43 期封面为《现代生活》，并注为"李石曾著，现代生活社出版"。第 44 期封面为"上海工人号"飞机图案。第 49 期和第 51 期封面为《大潮》，并配以大海涨潮的图案。第 52 期封面为"晨里"，画面为一大钟，一农民荷锄去劳动。第 48 期和第 53 期为《新生活》，改注由"逸民编辑"，"上海生活社印行"。第 54 期至第 58 期封面为《摩登周报》配出版上半身女人像，佯作"摩登周报社"。第 59 期延期 5 个月至 8 月出版。"编者的话"称是"因为技术上的关系"。可能与党中央机关被迫从上海迁到中央苏区有关。第 59 期封面为《大众文艺》，并注有"新中华文艺丛书"，书内的《红旗周刊》刊名从这一期起改为《红旗》，由月刊改为半月刊。第 60 期至第 62 期封面为《佛学研究》注有"叶恭绰题""上海佛学研究会印行"字样。第 63 期封面为《新医药刊》由"上海新医药刊社出版"，并把《新医药刊》的目录载于封面。第 64 期封面为《建筑界》杂志的封面，印有房屋图案，注为"中国建筑学会出版"。红色刊物的伪装比较复杂多变，《党的建设》用过《建设半月刊》名义，《中国工人》用过《漫画集》《红拂夜奔》《南极仙翁》和《爱的丛书》

---

① 中共上海市委党史研究室、上海市文物局编：《中国共产党早期在上海史迹》，同济大学出版社 2013 年版，第 110～111 页。

等名义，《列宁青年》用过《青年之路》《何典》《美满婚姻》等名义，《少年先锋》用过《闺中丽影》《童话》等名义。《上海工人》曾用《劝世友》《时新毛毛雨》《春花秋月》《滑稽大王》《散花舞》《佛祖求道记》《苏东坡走马看花》《好妹妹》《观音得道》等伪刊名。同时，报刊开本也从 16 开版改为 32 开版，与书籍大小一致，这样伪装名称更像书名而不似刊物，易于保密。如《红旗周报》第 1～9 期，为 8 开版，从第 10 期开始，改为 32 开版。另外，版权页上所印的出版社和印刷厂有时也是假托的。可以说，伪装封面的红色"禁书"，是特殊年代的特殊出版物，是传播革命思想的一种有效手段，也是马克思主义中国化在宣传方面的一种睿智尝试，见证了特殊年代下革命者们的革命智慧和勇气，也为后人留下了丰富的精神遗产。

针对《红旗周报》等报刊使用假封面伪装的策略，唐弢曾指出：这种书刊封面名称和内容毫不相干，进步的政治内容，往往用了个一般的甚至是十分庸俗的名称。作为反动统治下斗争的一个特色，尖锐的形势促使革命刊物和政治小册子蒙上一层足以瞒过敌人的保护色，就像战士在前沿阵地用草叶和树枝来伪装自己一样①。而这种伪装的策略取得了不错的效果。据史料记载，共产党于 1929 年、1930 年，被南京国民政府查禁的刊物分别为 148 种和 312 种，而到了 1932 年，被查禁的共产党刊物仅为 40余种，1933 年下降为 34 种，1934 年随着审查制度日益严格，略升高到60 种②。值得说明的是，从 1930～1934 年，共产党的刊物数量蓬勃发展，仅《红旗周报》上出现的共产党刊物就有《火花》《斗争》《布尔塞维克》《实话》《党的建设》等。由此可见，采用伪装封面的策略取得了不错的效果，这也是马克思主义中国化过程中在实践方面对党的方针、政策等方面的宣传工作方面取得的宝贵经验。

最后，改进和健全发行工作。如《红旗日报》依靠党的各级组织和各革命团体建立发行网。动员大家订阅和推销。采取鼓励发行工作。如《红旗日报》曾刊出征求代购处启事。"凡愿意负责建立本报代派处，无

---

① 唐弢：《晦庵书话》，生活·读书·新知三联书店 2007 年版，第 109 页。
② 中国第二历史档案馆：《中华民国史档案资料汇编》第五辑第一编《文化》，江苏古籍出版社 1994 年版，第 246～247 页。

论个人、团体，请填写本报所印就的表格，'代办处申请书'，经本报认可后，即可正式成立本报代派处。"并出具了对代派者实行优惠的具体办法。另外，健全发行机构，加强发行工作的领导。如《红旗日报》曾成立了发行部，制定了《本报代派处条例》，具体规定了代办处成立的手续、条件、职责和权利等。

另外，为应对国民党的严厉审查制度所造成的突然停刊，或即便印好也不能和读者见面的情况，中央党刊还采用了出增刊和附刊的办法。革命根据地报刊出增刊，最早的当属《红旗周报附刊》。该附刊于 1931 年 9 月 28 日开始刊印第一期，先是油印，后改为铅印，1933 年 1 月出至 13 期，由上海中国书店发行，编辑的单位是中共中央宣传部，其目的就是为了应对国民党的审查导致停刊的情况，满足党内学习的需要，同时面向群众宣传。《红旗周报附刊》曾刊登有不少有价值的文章，如第 26 期附刊发表的《怎样去领导"上海民众反日救国联合会"?》一文，就"反日会"的地位、作用、工作、党的领导等方面提供了指导性意见；1931 年 12 月 16 日刊发的《十三日示威的经验》一文，对反日会公开召集的有 200 个团体，近万群众参加的十三日的群众大会与示威游行进行总结，在肯定其"利用公开路线以争取群众"而获得成功的同时，也指出了存在的一些问题。1932 年 1 月 11 日刊登的《美国的通牒与国际形势》和《美国通牒对于反革命的"帮助"》两文，前文分析美国通牒是每日矛盾的扩大与紧张，分析了英、法、日对美国通牒的态度，认为这是由于它们在中国的利益和地位的不同。后一篇评论揭露了美国通牒对吞并中国，扶植南京国民政府的真实面目，要求"我们的党，必须更尽量地揭开美国这一欺骗行动的意义，反对国民党一切派别利用美国这一行动，欺骗群众"。这一办附刊的经验在当时推动中国革命的发展起了重要的作用，也直接为之后的华北《新华日报》等党刊沿用，该报前后出过的增刊或附刊多达近十种，如文艺增刊《新地》《新年文艺》，还有《中国人周刊》等。

迫于当时反动派白色恐怖的严酷环境，《红旗周报》时常不能公开出版发行。尽管采取了不少应对措施，如改成期刊样式，从第 10 期开始，《红旗周报》改为 32 开版。如为了掩护其真实面目，封面常以"实业周报""佛学研究"等假封面出现，后来更是发展为不断更换不同的假封面的形式出现，如采用附刊形式，有时还采用合刊形式如第 37 期、第 38 期合刊等，如更改出版周期，如第 59 期封面为《大众文艺》，并注有"新中华文艺丛书"，书内的《红旗周刊》刊名从这一期起改为《红旗》，开始改为半月刊等，最终还是经常因印刷厂遭到国民党破坏而不能按期出版，尤其是第 58 期与第 59 期之间竟间隔 5 个月之多。1933 年 8 月 31 日第 59 期出版后，《红旗周报》改为半月刊，但仍然不能按期出版，半月刊实际上变成了月刊。尽管如此，《红旗周报》最终还是于 1934 年 3 月 1 日，出完第 64 期而终刊。而《斗争（苏区版）》一方面因为国民党的白色恐怖统治和书刊审查制度；另一方面则因 1934 年红军和中央机关撤离中央苏区，在 1934 年 9 月 30 日出版第 73 期后被迫停刊。

第二章　两刊对当时中国革命
所处的大背景的介绍

　　1930 年 9 月，《关于政治状况和党的总任务议决案》一文在《苏联社会主义建设的兴盛和全世界的经济危机》部分指出，当时世界的主要矛盾是建设社会主义国家的日益兴盛和资本主义制度的日益动摇，因此帝国主义列强，更加加紧对苏联的侵略，积极准备进攻苏联的战争。而世界经济危机，又引起无产阶级更进一步的反攻和殖民地革命斗争的兴起。经济危机已经引发政治危机。资本主义世界的经济危机已经导致全世界的工人运动和殖民地劳动群众的革命高涨的开始。在这样一个国际背景下，清楚地认识世界主要矛盾即认清革命形势的高涨，有助于中国革命对革命前途的认识，打碎国际的和中国的托洛茨基派和党内右派对于世界革命的悲观的取消主义的估量。

　　就《红旗周报》和《斗争》的创刊外围背景而言，简单来说，一是世界形势格局呈两极化趋势，一方面，世界资本主义经济危机出现并不断蔓延，从经济危机发展为政治危机，各帝国主义纷纷谋求外侵之路。如1930 年经济危机波及日本，日本为了转移国内日益激化的经济矛盾，加快了武力侵华的步伐。另一方面，苏联社会主义建设蓬勃发展。二是国内外围环境方面，国民党的统治危机也不断加剧。这种两极格局既是两刊的创刊背景，又是两刊报道的重要内容。

第一节　世界资本主义经济危机的蔓延

一　经济危机

世界资本主义社会在经历了两次工业革命之后，生产力得到飞速发展，社会分工也越来越细，要求各个生产部门必须密切协同、步调一致，进而形成社会化大生产。但在资本主义社会，生产资料归私人所有，少数垄断资本家占有大部分生产资料，而他们的目的是最大限度地追求利润。因此，基于对利润的最大限度的追求，他们不断扩大再生产，如此势必打破平衡，引发恶性竞争，激化社会生产各个部门之间的矛盾，进而导致经济危机。1929 年至 1933 年，资本主义世界社会化大生产和生产资料私人占有之间的矛盾的不断尖锐化，导致爆发了空前严重的经济危机。经济危机引起了政治危机，由此形成连锁效应，导致政局动荡，资产阶级国家纷纷寻找出路。关于世界资本主义空前严重的经济危机，我们以张闻天、秦邦宪和华少锋的几篇文章为依据，加以说明。

表 2 - 1　　《红旗周报》和《斗争（苏区版）》关于经济危机的记载

篇　名	作者	本名	刊卷	刊出时间
1930 年是世界资本主义危机加深的一年	莫斯科通讯		《红旗周报》第 4 期	1931.1.5
今年的五一节			《红旗周报》第 6 期	1931.4.18
世界罢工浪潮之新的开展	华岗	华少锋	《红旗周报》第 9 期	1931.5.30
今年的世界经济恐慌情形	伯虎	秦邦宪	《红旗周报》第 10 期	1931.6.20
论目前的政治形势	思美	张闻天	《红旗周报》第 11 期	1931.6.27
今年的红色战斗节	思美	张闻天	《红旗周报》第 12 期	1931.7.1
资本主义的危机与社会民主党的危机			《红旗周报》第 13 期	1931.7.1
资本主义世界经济危机的尖锐化	黄卷		《红旗周报》第 51 期	1931.11.1
在革命与战争的前面——共产国际十二次全会的总结	洛甫	张闻天	《斗争（苏区版）》第 1 期	1933.2.4

资料来源：《红藏》收录的《红旗周报》和《斗争（苏区版）》。

《红旗周报》第 4 期刊载的莫斯科通讯《1930 年是世界资本主义危机加深的一年》一文，以翔实的数据记录了当时世界资本主义美、德、英、法四个主要的国家经济危机发展状况，认为 1931 年是世界经济危机恶化的一年，是帝国主义一切矛盾尖锐化的一年。

张闻天曾在《在革命与战争的前面——共产国际十二次全会的总结》一文中指出："两个世界的对立是到了一极度的尖锐与紧张。苏联的社会主义经济正因为五年计划的四年完成已经得到了最后的巩固……而在资本主义国家内，则是资本主义生产的不可收拾的降落，工厂大批的倒闭和停顿，生产力空前的破坏，几千几百万工人，被抛弃到街道上而流离死亡，农村群众的生活陷于极度艰难与困苦中。资本主义国家的经济恐慌是更加尖锐化了。资本主义制度内部矛盾的紧张，使这一制度更加衰弱起来。"[①]资本主义世界的经济危机主要表现在工业和农业等方面。

《今年的世界经济恐慌情形》一文，详细介绍了经济危机产生的原因、特点，还用具体的数字分析得出结论：这种恐慌还将继续。就工业方面，以当时世界五金的生产为例，该文指出："从（笔者注：1931 年）5月 1 日起，铅的生产，再缩小 15%。英国'锌公司'宣言，从（笔者注：1931 年）4 月 4 日起，澳洲断山的锌矿，每月只开工 3 星期。美国最大的费德铜公司，因为世界铜价继续下降，宣告于 5 月 21 日，开始停工。各国其他五金的出产，也是这样的缩小。"[②]就工业生产品而言，与之前相比，"德国跌落了 33%，英国 21%，波兰 24%，美国则为 35%"[③]。

资本主义的经济恐慌不仅仅表现在工业上，而且在农业方面也有很大影响。秦邦宪在《今年的世界经济恐慌情形》一文中列举了详细的数据，从小麦和棉花的种植和产量的缩减来进行说明。当时农业上的主要生产品是棉花和麦子。小麦方面，在经济危机的冲击下，由于工业纺织业行业的纷纷倒闭和需求的不足，世界农业会议提出意见，各国都应当减少小麦的出口，缩小麦田。以当时世界资本主义头号国家的美国为例，已经规定1931 年比 1930 年再缩小 15% 的麦田。棉花的种植方面，1931 年各国棉田比 1930 年还要减少 10%～13%，而且预备减少肥料，使棉花的生产量

①　洛甫：《在革命与战争的前面——共产国际十二次全会的总结》，《斗争（苏区版）》第 1 期，第 2～3 页，《红藏·斗争（苏区版）》①，湘潭大学出版社 2014 年版，第 2～3 页。

②　《今年的世界经济恐慌情形》，《红旗周报》第 10 期，第 25 页，《红藏·红旗周报》①，湘潭大学出版社 2014 年版，第 63 页。

③　思美：《今年的红色战斗节》，《红旗周报》第 12 期，第 5 页，《红藏·红旗周报》①，湘潭大学出版社 2014 年版，第 119 页。

减少。就世界棉花的销量而言，1931 年春季与 1930 年冬季比较，1931 年春季为 177.5 万吨，而 1930 年冬季为 257.7 万吨，总共减少了 79.2 万吨，或 30% 以上。由于棉田的缩小，春季棉花收成也有减少，1930 年世界棉花收成为 2630 万包，1931 年世界棉花的收成为 2550 万包，减少了 3%，而埃及两年棉花的收成同比减少 17%。秦邦宪通过数据分析后得出结论，1931 年经济危机的这种恐慌还将继续下去[1]。另外，《红旗周报》第 24 期、第 25 期 "宣传资料" 一栏刊有《世界经济恐慌状况》（上、下），用详尽的数据给大家呈现了资本主义世界经济恐慌的现状，如在生产与市场方面的缩小，引用了商业研究院生产指数表，具体生产部门如汽车生产的生产量，批发价格指数表，对外贸易的暴跌等方面，呈现了德国、英国、美国和法国生产的萧条状况，分析了各国财政的重重困难，介绍了山穷水尽的德国经济与信用恐慌，1931 年农业生产品的丰收过剩导致的农业恐慌以及贫穷、失业与资本的大举进攻。如就失业而言，据劳动统计局的调查，1931 年 7 月美国失业工人为 1000 万人，较 1930 年 4 月，同比有 200% 的增加，德国有失业工人 500 万，英国有 300 万，日本有 150 万，意大利有 100 万。据波兰官方报告，在规模 20 人以上的工厂中，登记的失业者就有 37 万，比 1930 年 3 月增加了 7 万。在资本主义国家的工业中心，合计有 3500 万失业工人，其中部分失业的还不算在内。由此得出结论：全世界的无产阶级与劳动民众是世界经济恐慌的唯一担负者。[2]《红旗周报》第 6 期的《今年的五一节》一文介绍了当时近期内经济危机冲击下，法国、英国等国家发生的在业的和失业的工人运动。

因此，正如共产国际十二次全会所指出的："资本主义的暂时稳定已经过去了，资本主义的总危机已经走到了一个新的阶段。"[3]

---

①　《红旗周报》第 10 期，第 24 ~ 25 页，《红藏·红旗周报》①，湘潭大学出版社 2014 年版，第 62 ~ 63 页。

②　参见《世界经济恐慌状况》（上、下），《红旗周报》第 24、25 期，第 51 ~ 60、61 ~ 68 页，《红藏·红旗周报》②，湘潭大学出版社 2014 年版，第 349 ~ 358、421 ~ 428 页。

③　洛甫：《在革命与战争的前面》，《红藏·斗争（苏区版）》第 1 期，第 3 页，《红藏·斗争（苏区版）》①，湘潭大学出版社 2014 年版，第 3 页。

二　政治危机

世界资本主义经济危机不可避免地要扩大和深入。而经济决定政治，政治植根于经济，"经济危机将不可避免地要转变到政治危机"[①]。不断激化的资本主义基本矛盾所导致的日益严峻的恐慌的经济危机，促进了帝国主义国家内部的革命运动的发展。在波兰，在德国，在西班牙，经济的恐慌已经转变成革命危机，如工人阶级斗争有了很大发展，并且很多地方采取了进攻的形式。为了转移国内民众的注意力，各帝国主义国家纷纷向外扩张，将国内的社会矛盾转嫁于国际关系之上。为了继续争夺新的市场和转嫁经济危机，帝国主义之间的矛盾空前尖锐，具体表现为：英美冲突、英法冲突和法意冲突等，同时更加剧了各帝国主义国家与各殖民地、半殖民地国家的矛盾。如各帝国主义国家对中国的瓜分，《红旗周报》第25期的《巴黎会议和瓜分中国的阴谋》等文有详细的分析。正如《斗争（苏区版）》第1期的《在革命与战争的前面——共产国际十二次全会的总结》中指出："帝国主义内部的矛盾也正在经济恐慌的进程中加强起来。世界大战之后所建立起来的帝国主义间的剥削制度与帝国主义内部的平衡，如凡尔赛条约，华盛顿九国公约以及开洛格非战公约，已经随着资本主义暂时稳定的终结，而完全破产了……各国正在疯狂般的准备着战争，满洲问题使帝国主义间矛盾，尤其是日美与英美间的矛盾，在新的基础上开展起来，太平洋上的战云正密布着。"[②]

两刊创刊时正值中日民族矛盾不断升级的时候。日本为了转嫁国内经济危机，把魔爪伸向了中国，发动"九一八"事变，强占东三省。1853年，日本遭到美国等西方列强入侵后被迫沦为半殖民地半封建社会。但经过明治维新后，逐渐走上了"脱亚入欧"的资本主义道路。由于岛国客观条件的掣肘，日本制定了侵略扩张的"大陆政策"。甲午中日战争后，日本强迫袁世凯签订灭亡中国的"二十一条"。1927年，日本通过"东方会议"，进一步提出攫取满蒙的计划。1929年，世界经济危机爆发，日本

---

① 华岗：《世界罢工浪潮之新的开展》，《红旗周报》第1卷第9期，第2页，《红藏·红旗周报》①，湘潭大学出版社2014年版，第34页。

② 洛甫：《在革命与战争的前面——共产国际十二次全会的总结》，《斗争（苏区版）》第1期，第3～4页，《红藏·斗争（苏区版）》①，湘潭大学出版社2014年版，第3～4页。

为了尽快摆脱困境，借以转移国内人民的视线，缓和阶级矛盾，步步逼近，急切扩张对中国的侵略，日本关东军开始陆续制定《扭转国运的根本国策——满蒙问题解决决案》《关东军满蒙领有计划》《对满蒙占领地区统治的研究》《处理满蒙问题方案》等一系列以占领中国东北为目标的方案，并于1931年多次挑衅制造万宝山事件和中村事件，借机增兵满洲，为武装侵略东北大造舆论。1931年9月18日，发动"九一八"事变，全面侵华开始。两刊对这一历史背景多有记录，如1931年10月18日的《红旗周报》第19期，可以说是专刊，分别刊有《中国共产党为日本帝国主义强暴占领东三省事件宣言》《中国共产党为日本帝国主义强占东三省第二次宣言》《中国日本共产党为日本强占东三省宣言》《中国苏维埃共和国中央工农革命委员会宣言》《中国各地苏维埃政府为日本帝国主义抢占东三省宣言》《中国关于日本帝国主义强占满洲事变的决议》等文章。

《斗争（苏区版）》第36期刊载的《中国经济的和财政的破产》一文以详尽的具体数据说明了帝国主义在中国的经济侵略，如贸易、投资、借款等情况，尤其是日本大量收购中国纱厂，夺取东北四省后继续向内蒙古和华北进攻所导致的农业产品的锐减等。由于日本的侵略，"这样一来，中国出口之农业品减少了三分之一以至二分之一，这是对外贸易入超大增之主要原因，海关，盐税被夺，使南京政府的财政更形恐慌，同时日本帝国主义除抢夺离满洲的华人的财物和随时侵占农民的土地外，经过朝鲜银行发行一亿元金券经过正金银行发行1400万元银券，名义上是兑现的，可是你若去兑现，银行虽给你兑换，但你一到家中，日兵便马上来捉你去，治你扰乱金融之罪。……所以三千万工农都成为饥寒交迫的奴隶了！"① "总之从以上一些不完全的数目字中，就可以看出最近帝国主义，尤其是美、英、日、德帝国主义进攻中国的残酷，国民党卖国的毒辣和中国工农劳苦群众因帝国主义的剥削压迫屠杀的加强而陷于饥饿死亡之深渊中。"②

---

① 《斗争（苏区版）》第36期，第6页，《红藏·斗争（苏区版）》①，湘潭大学出版社2014年版，第610页。

② 同上。

在诸多矛盾冲突中，更明显地表现为两种社会制度的矛盾冲突：苏联社会主义国家与世界资本主义国家之间的根本冲突。各帝国主义国家纷纷发动反苏战争，在经济上、政治上、文化上包围苏联。苏联也不断号召社会主义国家进行反包围斗争。我们从《红旗周报》和《斗争（苏区版）》中能很轻松地获取相关的信息。如1932年2月15日的《日本帝国主义的占领中东路与反苏联战争的迫近》和1932年4月1日的《对满洲的武装干涉与反苏联大战的准备》等文中都能较清楚地看出两种政治制度之间的角逐。

第二节　苏联社会主义建设的蓬勃发展

正如《红旗周报》第6期的《今年的五一节》一文所介绍的，与世界资本主义不断扩大的恐慌局面截然相反的是，苏联的工农建立了苏维埃政权，实行集体化，苏联工业和生产大踏步前进，苏联社会主义建设繁荣发展。

1927年联共（布）第十五次代表大会通过了关于制定国民经济的第一个五年计划的指示，决定把苏联从农业国变为工业国，从由输入机器和设备的国家变成生产机器和设备的国家。苏联在1928年10月开始实施第一个五年计划。经过四年零三个月的时间，苏联超前完成最佳方案的第一个五年计划，在苏联历史上首次出现了飞机制造、重型机械、拖拉机、汽车、机床制造、精密仪器制造、化学合成工业等新兴的工业部门。

两期刊创刊时苏联社会主义建设正在繁荣发展，经济势头大好。

1931年4月18日《红旗周报》第6期的主题为：世界资本主义经济恐慌严重的发展，苏联社会主义建设蓬勃发展。恰逢五一纪念节，号召群众起来向资本主义及其政府作斗争，反对帝国主义战争，反对帝国主义国家干涉中国工农革命。该期的《五一节的礼物——社会主义决胜的一年》一文，以翔实的数据表明了苏联社会主义建设取得的卓越成绩，尤其是五年计划在四年内实现的决议，直接反击了嘲笑怀疑"布尔什维克的空中楼阁"一说。列宁称："社会主义等于苏维埃政权加电气化。"社会主义——苏维埃政权之下的工业建设所取得的伟大成绩，尤其是五年计划的成功，无产阶级的世界革命有最大的意义。

《五一节的礼物——社会主义决胜的一年》一文中，介绍了苏联在农业方面取得的成绩，尤其是解决了社会主义苏联的"面包问题"。文中指出：粮食的"种植的面积单在 1930 年就由 113 兆黑克突（中国二亩半）增加到 127 兆 70 万黑克突"。由于进行农业集体化，农业在五年计划中超额完成，如"糖萝卜的种植面积比五年计划原定的超过 11%，棉花的超过了 23%，五谷收成在 1929 年为 71 兆 70 万吨，1930 年则为 86 兆 50 万吨——在一年中增高 26%。——农场的五谷比计划的数字大 32.6%。按此事实，苏联的五谷面包问题是解决了"①。

在工业方面，苏联以极高的速度蓬勃发展，一次次刷新世界纪录。1931 年"国家工业的全部生产比较起 1930 年要增高 45%。工业生产的提高在一年之内就 45% 呀！一次又一次的世界纪录，任何资本主义工业国家所未曾梦想过的呵！……在过去 4 年中，苏维埃工业每年平均增加 23.6%。德国的工业在过去 16 年中平均每年增加 5% ~ 7%。美国的工业在欧战前平均每年增加 3%"②。整个苏联的工业，从 1930 ~ 1931 年达到了欧战以前的两倍。

表 2 – 2　　　　　　1930 ~ 1931 年重要工业部门增长速度表

工业部门	煤油	粗钢	铸铁	机械制铁	电气工业
增长幅度	17%	6.7%	12%	26.3%	39%

资料来源：《五一节的礼物——社会主义决胜的一年》，《红旗周报》第 6 期，第 2 页，《红藏·红旗周报》①，湘潭大学出版社 2014 年版，第 18 页。

与世界资本主义社会大规模的工人失业的状况截然不同，苏联在农业和工业方面取得斐然成绩的同时，不断改善了工人阶级与千百万的集体农民群众的生活水平，提高了工人和农民生产的积极性。我们以工人的工作时间和工作环境为例，1931 年 5 月 25 日《红旗周报》第 7 期刊登的《两个世界里的工人》一文，比较了在苏联的工人和在中国的工人的两种截然不同的情形，形成天堂和地狱的对比。"苏联的工人，每天做七点钟工作。重难的工作，例如像矿工，每天只做六小时；火炉旁做工的，每天只做四点半钟。所有工人做四天工，就可以休息一天。凡是做有害于身体的工作的工人，工厂每天送

---

① 《红旗周报》第 6 期，第 2 页，《红藏·红旗周报》①，湘潭大学出版社 2014 年版，第 18 页。

② 《五一节的礼物——社会主义决胜的一年》，《红旗周报》第 6 期，第 2 ~ 3 页，《红藏·红旗周报》①，湘潭大学出版社 2014 年版，第 18 ~ 19 页。

给工人们两瓶牛奶喝……好填补工人们的身体。"① 正是工人们环境的改善，工作时间的缩短，生活水平的提高，大大激发了工人的生产积极性。因此，在工业化的快速进程中，工人的队伍不断扩大，不仅没有工人失业，而且还缺乏工人。《今年的红色战斗节》一文指出，在 1931 年一年内就要增加二百万新工人。工人的实际工资也在大幅度增加，"在 1930 年增加了 12.1%，在 1931 年工业工人再要增加 6%，铁路工人 8%"②。

《斗争（苏区版）》创刊号刊登的杨尚昆撰写的《苏联社会主义建设的胜利》一文，在工人队伍的建设、工人待遇的提高、教育和提拔新的工人干部等方面都有具体的数字记载。如苏联的第一个五年计划取得伟大胜利时，苏联工人的数目有了大大的增加。"在 1929 年共有 1150 万工人，到 1932 年则有 2100 万，差不多是增加了一倍，女子在生产中的成份，也大大地增加。在全世界资本主义国家中有 3000 万以上的失业工人的今天，在苏联是完全消灭了失业，而且在去年一年内吸收了 200 万以上的新工人加入生产。"③ 在工人的福利与待遇方面也显著提高。"普通工人的工资，在 1929 年平均每月的收入，为 89 个卢布，1931 年便增加到 146 个卢布，要是以中国大洋计算，差不多等于 280 元大洋，工人的社会保险金，在 1929 年为 14 万万卢布，1932 年则已增至 35 万万卢布，工人因工作致病残废或年老的，都由国家给以抚恤金养老金。新建设的工人住宅，都是极美丽，极完善的高大洋房。1932 年的建筑费，已经增加了 19 万万卢布，至少可容 300 万工人居住，苏联的工人，工人作 7 小时工作，每 5 天休息一次，每一个工人，在一年内有两星期的休养，由国家出钱送到专门的休养所去，有病的则送往疗养院。1932 年送到休养所去的工人共有 230 万，在休养期间，工资全部照给。"④ 第一个五年计划中，"社会主义竞赛和突击运动的发展，使许多重要的建设，都超过了五年计划的预定。煤油计划

---

① 《两个世界里的工人》，《红旗周报》第 7 期，第 2 页，《红藏·红旗周报》①，湘潭大学出版社 2014 年版，第 26 页。

② 思美：《今年的红色战斗节》，《红旗周报》第 12 期，第 5 页，《红藏·红旗周报》①，湘潭大学出版社 2014 年版，第 119 页。

③ 《红藏·斗争（苏区版）》第 1 期，第 10 页，《红藏·斗争（苏区版）》①，湘潭大学出版社 2014 年版，第 10 页。

④ 同上。

两年半完成，电气三年完成，机器制造三年造成，农村集体化两年半完成，结果，使煤的产量超过原定计划的 20%，煤油超过 28%，机器制造超过 43%，耕种机超过 47%"①。

《斗争（苏区版）》第 35 期刊登了莫斯科通讯《苏联文化建设伟大的成功》一文。该文从幼稚园、普通义务教育等方面，用详尽的数据来说明苏联文化建设所取得的惊人的成绩。我们以初小和高小的学生为例。

表 2 - 3　　　　苏联第一个五年计划中初小教育取得的成绩

年　份	1927 ~ 1928	1929	1930	1931	1932
初小 学生实数	11. 503. 000	11. 595. 000	15. 447. 000	17. 412. 000	19. 001. 000
初小 五年计划预定数	10. 564. 000	11. 499. 000	12. 547. 000	13. 744. 000	15. 108. 000

表 2 - 4　　　　苏联第一个五年计划中高小教育取得的成绩

年　份	1928	1929	1930	1931	1933
高小 学生实数	1. 436. 400	1. 611. 000	1. 981. 000	3. 058. 400	4. 684. 800
高小 五年计划预定数	1. 292. 100	1. 520. 300	1. 664. 000	1. 941. 700	1. 843. 000

资料来源：1933 年 11 月 19 日莫斯科通讯：《苏联文化建设伟大的成功》，《斗争（苏区版）》第 35 期，第 15 页，《红藏·斗争（苏区版）》①，湘潭大学出版社 2014 年版，第 603 页。

总之，苏联无论是农业、工业还是文化，诸多方面的建设都取得了惊人的成就。正如《斗争（苏区版）》第 40 期刊登的《真理报》1933 年 7 月 22 日的社论《在高涨中》（刊登文章题目：《苏联第二个五年计划第一年上半年计划执行的总结》）的题目所表现的，一切都在"高涨"中，苏联各方面建设的成绩高涨与资本主义世界各方面的恐慌，正如斯大林所说，"这两种事实显然证明着，'资本主义的经济制度是不行的和不巩固的，他已经奄奄待毙了……'"②

---

① 《斗争（苏区版）》第 1 期，第 11 页，《红藏·斗争（苏区版）》①，湘潭大学出版社 2014 年版，第 11 页。

② 《苏联第二个五年计划第一年上半年计划执行的总结》，《斗争（苏区版）》第 40 期，第 16 页，《红藏·斗争（苏区版）》①，湘潭大学出版社 2014 年版，第 680 页。

而关于世界两大格局发展形势的宣传与报道，对于马克思主义中国化的意义重大。这一阶段马克思主义的中国化最主要体现在，在中国革命实践的艰难探索中，将马克思列宁主义与中国的革命实际相结合。对两大制度两大世界截然不同的发展态势的宣传与报道，有助于中国共产党对革命的性质（反对帝国主义、反对国民党或反帝反封建）、道路（坚持无产阶级革命的道路）、依靠力量（无产阶级和广大劳苦群众）以及革命前程的认识；将中国革命置身于世界革命的视角，有助于使广大工农群众对革命充满必胜的信心，从而使其革命热情高涨。正如杨尚昆在《苏联社会主义建设的胜利》一文中所指出的，这是关乎两种制度的斗争。"资本主义制度在社会主义制度的强大和巩固面前，暴露了它不可挽救的没落。"① "第一个五年计划的成功，在'和平竞争'中社会主义制度战胜了资本主义，极大的兴奋了世界无产阶级的革命情绪，推进了世界革命运动。第二个五年计划的世界意义，就是将帮助全世界的无产阶级获得自己的解放。"② 同时，"中国革命是在世界革命的这一阶段上开展着，这一世界革命的形势对于中国革命是极端有利的。……把中国革命推到了世界革命特别显著的地位"③。而对于资本主义世界经济危机导致的社会没落的报道和宣传与对苏联社会主义建设取得的成功的普泛的宣传与解释，让中国的无产阶级清楚地看到，"解释只有苏联的道路，是无产阶级与劳苦群众解放的大道，广大的动员群众反对帝国主义进攻苏联，积极进行和开展拥护苏联的实际工作，这是与反对帝国主义瓜分中国，国民党进攻苏区与红军，不可分离的任务！"④

第三节　国民党的统治危机

外围背景除了世界形势格局的两极对立与分化外，还有国内视域下国

---

① 《斗争（苏区版）》第1期，第11页，《红藏·斗争（苏区版）》①，湘潭大学出版社2014年版，第11页。

② 同上。

③ 洛甫：《在革命与战争的前面——共产国际十二次全会的总结》，《红藏·斗争（苏区版）》第1期，第5页，《红藏·斗争（苏区版）》①，湘潭大学出版社2014年版，第5页。

④ 《斗争（苏区版）》第1期，第12页，《红藏·斗争（苏区版）》①，湘潭大学出版社2014年版，第12页。

民党的统治。世界资本主义世界的经济危机犹如炸弹般，旋即将中国经济推入恐慌并进一步地扩大与深入。经济上的破产推动着中国革命运动的进一步发展。在城市，大量的工人失业和物价飞涨，促使工人斗争发展不断；在农村，广大农民的赤贫化，空前的饥荒和各种灾难，逼迫农民起来吃大户、分粮、抗租、抗税、抗捐等，不断发生农民暴动。加上苏维埃区域的巩固与红军的胜利，革命运动的向前发展，加速了国民党的统治危机的日益加剧。这种加剧即表现为《红旗周报》第 11 期的《论目前的政治形势》一文所指出的反动统治内部进一步崩溃：经济恐慌、国民会议、广东政府的成立。

一　国民党统治下的财政危机

国民党的统治危机首先表现为经济恐慌，财政危机的加剧。我们以《红旗周报》第 10 期刊发的南京通讯《国民党统治下的财政》，第 17 期的《国民党政府的财政的破产》，第 24 期的《国民党政府明年上半年的财政预算》，第 43 期的《国民党政府的财政危机与对于民众的加紧剥削》，第 62 期柯孚的《宋子文的辞职与国民党的财政破产》，《斗争（苏区版）》第 36 期、第 39 期、第 40 期连刊的《中国经济的和财政的破产》等文略做说明。《国民党统治下的财政》（工农通讯社：南京通讯）一文引用国民党的机关报《民国日报》《申报》《时事新报》以及各地政府报告中的详尽的数据分析了中央政府和地方各省如安徽、湖北、江西、河南、山西、福建、广东、东北三省、江浙、上海、天津等各处的财政困境。南京国民政府财政部部长宋子文曾在一个国家财政报告中指出："在 1929 年 6 月 30 号止的经济年度，短拙总数为八千万元，而借为中央银行之资本用的二千万元，尚未包括在内。在去年经济年度（1930 年），短拙总数为一万万零一百万元。……"过了几天，宋子文向中央政治会议上一说帖，在那说帖上指出本年度大概短拙 143 000 000 元。[①] 由此可见，在巨额的赔款、负债及军费的重重压迫之下，国民党的财政早已陷入恐慌之中。

"这表现国民党统治之下的财政，完全破产。而在这样的破产之下，

---

① 《红旗周报》第 10 期，第 30～31 页，《红藏·红旗周报》①，湘潭大学出版社 2014 年版，第 68～69 页。

国民党也就唯有一方面更加紧的剥削工农劳动群众以至于小商人，他方面积极向帝国主义要求大批借款来维持一时。"① 为了缓解财政赤字的恐慌，国民党政府采取了增加苛捐杂税和滥发公债的措施加以补救。如 1932 年 8 月以来，新增进出口救灾附加税，1933 年 4 月 1 日起实行进口糖税增加税率，邮资加价，还有所谓的"爱国捐""剿共捐"等，还有盐税、棉纱面粉等税，捐税种类至少有三十种，多至百种，可见名目之多。② 如"福建省于今年（1933 年）一月初，卷烟，棉纱，麦粉，洋灰，煤油，火柴六项，再附特税一倍；又将织物，五金，煤炭，锡箔，药材，生油，邮包，除按照贸易额征营业税外；再在沿海出入口岸，征收通过税性质之营业税，然而福建省府还亏空一百五十余万"③。此外，浙江省、安徽省、皖赣湘三省等省府尽管横征暴敛，甚至放开鸦片公卖等，还是亏空巨大。只好一方面不断开拓内外公债，另一方面设法征税加税。以田赋为例，除正税不断增加外，附加税多如牛毛。"现在附加税比田赋正税要大几倍至几十倍。"尤其令农民不堪负重的是国民党政府沿袭了北洋军阀的预征制，少则一年，多者达四十年，1932 年四川军阀刘存厚竟将田赋预征至1972 年。④ 如此，农民将所有收获统统拿来完税还是不够。"国民党政府的理财方法除借内外债外，天天只想用种种名义来加捐加税……四川重庆到成都相距一千里，大小关卡竟有三百余处之多，由重庆时买一百元杂货，运往成都，统计税捐得在一百元左右。"⑤ 同时由于国民党的经济浩劫，工业、农业、商业的破产，全国普遍的水灾、旱灾、风灾、蝗灾等，使得绝大多数居民陷入赤贫化。再加上东北三省的沦陷，苏区与红军的扩

　　① 《红旗周报》第 10 期，第 36 ~ 37 页，《红藏·红旗周报》①，湘潭大学出版社 2014 年版，第 74 ~ 75 页。

　　② 参见平江《国民党政府的财政危机与对于民众的加紧剥削》，《红旗周报》第 43 期，第 13 ~ 14 页，《红藏·红旗周报》⑤，湘潭大学出版社 2014 年版，第 209 ~ 210 页；《中国经济的和财政的破产》，《斗争》第 39 期，第 8 页，《红藏·斗争（苏区版）》①，湘潭大学出版社 2014 年版，第 656 页。

　　③ 参见平江《国民党政府的财政危机与对于民众的加紧剥削》，《红旗周报》第 43 期，第 14 页，《红藏·红旗周报》⑤，湘潭大学出版社 2014 年版，第 210 页。

　　④ 《斗争》第 39 期，第 8 页，《红藏·斗争（苏区版）》①，湘潭大学出版社 2014 年版，第 656 页。

　　⑤ 同上。

大与发展等，使国民党政府的收入更加减少。

与此同时，在革命形势不断尖锐化的情况下，国民党为了维持其统治，不得不动用全部财力，购买尖端武器，扩充陆军、空军，以镇压一切革命运动，加强加大对工农红军与苏维埃的"围剿"。据《申报》1933年5月14日汉口通讯载："国民党政府现在的主要费用，都是用来向苏区与红军进攻的。然在江西一省，南京政府的军队就有二十师，照过去每师发饷二十五万计算，每月就需洋五百万元。现状因财政困难，每师只发六万元，亦须一百二十万元。总计现在全国在南京政府下所有军队用于'剿共'者不下六十师，即每师发十万元，每月亦须六百万元。如'鄂省清乡促进会'，最近因为要向苏维埃与红军进攻，规定筹集'剿匪善后费用'为一千万元，筹款来源会决定为（一）征收盐附；（二）增加田赋；（三）发行善后公债；（四）征收保商捐；（五）各县禁烟罚款，然而一直到现在，用尽种种方法，所筹到者还不到百万元。"①

财政收入的锐减与军务费用的骤增，导致国民党财政赤字短拙日渐。《斗争（苏区版）》第39期连载的《中国经济的和财政的破产》一文分析了"中国农村空前的破产连国民党刽子手都公开地承认了"。该文将农村破产的情况概括为四个方面，并从三个方面分析了导致农村破产的原因，其中之一就是"国民党军阀官僚的榨取"。

二　国民议会的破产

国民党的统治危机的日益加剧还表现在国民会议的破产。

1923年8月，中国共产党在《第二次对时局的主张》中提出召集国民会议的主张。次年11月10日，孙中山发表《北上宣言》，提议召集国民会议以解决中国的政治问题，谋国家的统一与建设。在国共两党的共同努力下，国民会议口号迅速为社会各界接受。1930年7月，汪精卫扩大会议派提出召集国民会议，并制定了《太原约法》。蒋介石不甘示弱，也于1930年10月3日发表江电，提议召集国民会议。源于孙中山的国民会议主张，最终却成为个人的政治手段。汪精卫是为了争取政治资本，增加

---

① 《红旗周报》第43期，第16~17页，《红藏·红旗周报》⑤，湘潭大学出版社2014年版，第212~213页。

同南京政府谈判的分量，蒋介石则为其独裁披上合法外衣。汪、蒋的举动使得1930年掀起了关于国民会议的讨论热潮，社会各界从国民会议的职权、代表如何选举、约法的制定等方面对国民会议提出了主张。1930年11月15日，国民党第三届中央执委会第八次会议通过《召集国民会议案》。1931年5月5日，国民会议在南京召开，通过《中华民国训政时期约法》①。在这次会议中，通过了《中华民国训政时期约法》，从法制上加强其对政权的垄断。蒋介石还以国民会议为工具通过了《严重警告陈济棠促其悔悟以保和平统一案》《慰勉国民政府蒋主席中正案》《拥护和平统一案》，假借民意打击反蒋的异己势力，维护其独裁统治。国民会议通过了《国民政府剿灭赤匪报告》，把消灭红军作为"当前最急要之工作"。而为了应付全国舆论的呼声，会议发表的《废除不平等条约宣言》，最终不过是一纸空文。②

　　蒋介石伪装民主失败，国内各种政治矛盾激化，国民党内部分裂更加严重。针对其伪装民主、伪装爱国的行为，一些中间党派如第三党、人权派、中国青年党和社会人士邓演达、胡适、罗隆基等人对南京国民会议及其通过的《约法》进行了批评。中国共产党借助《红旗周报》《红色中华》等中央机关报等媒介，对汪精卫和蒋介石等倡导召开的南京"假"国民会议予以痛击，无情地揭露了蒋介石的南京政府所玩的一切把戏。

　　1931年3月10日第3期的《南京国民党政府最近的对内对外政策》，1931年4月6日第4期的《改组派与国民会议》，1931年5月27日第8期的《关于目前政治形势及中国共产党的紧急任务决议案》，1931年5月31日第9期的《国民会议后南京政府的中心任务》，1931年10月6日第21期的《国民党反革命所号召的和平统一与一致对外内幕》，第39期的《国民会议—国难会议—国民代表会》等文都对国民党国民会议的破产有过揭露。

　　如1931年5月27日《红旗周报》第8期刊发的《关于目前政治形势及中国共产党的紧急任务决议案》无情揭露了国民会议的召开更好地暴

---

　　①　关于国民会议的由来、经过、内容和评议等方面，请详参张雪《1931年国民会议述论》，硕士学位论文，吉林大学，2014年；张文秀：《论1931年国民会议代表的选举与产生》，硕士学位论文，吉林大学，2009年。

　　②　以上可参见《蒋主席在中央纪念周报告》，《民国日报》1931年5月12日，《国民会议第六、七、八次会议记录》，《国民会议实录》正编（会议记录）等。

露了国民党的本质，也一一暴露了国民党对群众的欺骗策略之真相：裁厘结果变成征收统税、特种消费税，各地苛杂更多；领事裁判权的撤废宣言为帝国主义在华特权增加保障，更方便其干涉中国内政。

张闻天在《国民党的秘密外交与大拍卖》（《红旗周报》第26期）一文中，揭露了国民党同日本帝国主义的直接谈判和请求列强共管中国的丑恶行经。而在对苏区的"围剿"进攻中，不仅没有减少国民党各派、各系军阀之间内部的矛盾与冲突，反而更加加重了，这一结果与国民会议统一和平的画面相背离。文中还指出国民会议后国民党新部署，除"围剿"外，还有"长追""堵击""会剿""预备"等。

1931年5月31日《红旗周报》第9期刊登的《国民会议后南京政府的中心任务》一文，更是全面地无情地揭开了国民会议虚伪欺骗的面纱。文中指出，国民议会的召开，国民生活恶化的现实证明，国民会议丝毫也不能解决绝大多数民众的生活问题。正如当时的第三党的代表邓演达所抨击的，国民会议的代表"只是一些被邀请的客人，是一种被南京统治者装饰'太平'的玩具"[①]。张闻天也如此讥讽国民会议不过是："许多地主资产阶级的代表们，聚集在一起吃了一阵，闹了一阵，空喊了一阵，胡编了一阵，散了，回家去了，什么东西也就完了。剩下来的，是全中国工农群众生活的恶化，失业，饥饿与贫穷。"[②] 张闻天在文中认为国民会议通过的系列法案"只是在欺骗民众，除了欺骗民众外它们只能当草纸用！"[③] 认为南京政府"训政时期"有两大任务："剿灭共匪""确谋和平统一"。围绕这两大问题，国民会议通过了"剿灭共匪案""确谋和平统一案"。他认为国民会议的实质无非就是以此来反对苏维埃政府、欺骗民众、反对其他军团。由此也进一步说明：反革命势力与革命势力的根本矛盾，不能消灭反革命内部的矛盾，而且这种矛盾因南京政府不能消灭苏维埃与红军而更加紧张并呈现西北、东南新的军阀混战。国民会议后，国民党所谓的"训政"工作在于：更积极地屠杀工农群众，更积极地反对革

---

① 邓演达：《南京钦定的国民会议和我们主张的国民会议》，《邓演达文集》，人民出版社1981年版，第136~157页。

② 《国民会议后南京政府的中心任务》，《红旗周报》第9期，第1页，《红藏·红旗周报》①，湘潭大学出版社2014年版，第33页。

③ 同上。

命运动，更严密地捕杀共产党员，更起劲地开展军阀战争，这些恰好暴露出南京政府、改组派与取消派等的所有所谓决议的欺骗民众性。

《红旗周报》第 10 期的《动员群众扩大反帝运动》一文认为，国民会议上，南京蒋介石与广东陈济棠、汪精卫的战争，实际上是英、日、美在华利益的冲突；痛斥国民党所谓的外交，"完全是投降帝国主义的政策"，并以国民会议宣言取消不平等条约为例，揭露这不过是一部滑稽剧，不仅给予当时帝国主义在华特权一层新的保障，而且正式规定帝国主义可以在顾问、咨议等名义下干涉中国内政，正式规定未曾开放的领空、领海与内河可由列强任意宰割，如中美、中日航空协定，日渔可在中国内河捕鱼等，甚至南京国民政府抢占民地替美国公司建筑煤油池等。面对帝国主义掀起的一件件惨案，国民党不仅不反抗，反而当民众起来斗争反抗时，国民党还用尽一切可耻的方法来和缓取消群众的反帝运动。如此的国民会议，也难怪会遭到一些中间党派和社会人士的坚决反对和批评。如国家主义派在《反对国民党御用的国民会议》一文中坚决反对，称"全国国民共同否认此御用的国民会议，否认此钦派的党人代表，并坚决反对所谓国民会议的一切决议"①。此外，《四中全会为反对国民会议宣言》一文也揭开了国民会议改良欺骗的虚伪面纱，"国民会议是反动的旗帜"，"国民会议是反革命地主资产阶级及其走狗的反革命会议"。将"打倒国民会议""打倒国民党""打倒帝国主义"联系起来，号召民众积极参加苏维埃革命斗争。②

三 汪精卫广州政府的成立

1928 年，张学良东北易帜之后，南京国民政府名义上消灭了旧的军阀割据，统一了中国。1929 年至 1930 年的军阀混战，特别是中原大战之后，国民党新旧军阀之间的力量对比发生了很大的变化。1931 年 2 月底，蒋介石、胡汉民因召开国民会议、制定约法问题而引起纷争，蒋介石将胡

---

① 《反对国民党御用的国民会议》，引自中国第二历史档案馆编《中国青年党》，档案出版社 1988 年版，第 172 页，另见《政治：国民党历次会议与党内派系斗争，第三党的崛起与社团活动》，第 909 页。

② 《中共中央文件选集》第 7 册（1931 年），中共中央党校出版社 1991 年版，第 42 ~ 45 页。

汉民软禁于南京汤山，全国哗然。1931 年 5 月 5 日的南京国民会议成为蒋介石排除异己，打击反蒋力量的工具，自然引起了汪精卫、陈济棠等反蒋各派的强烈不满。

1931 年 5 月 1 日，汪精卫通电国民党海内外各党部，称蒋介石祸党祸国，号召奋起讨蒋，依据总章，召集临时全国代表大会，解决一切。3日，国民党广东第八路军总指挥陈济棠和师长余汉谋、香翰屏、第四舰队司令陈策等联名通电响应 4 月 30 日古应芬等弹劾蒋介石的通电，要求蒋引退。11 日，国民党粤桂军将领李宗仁、白崇禧、张发奎、李品仙等通电指斥蒋介石利用南京国民会议"窃党祸国"，表示决心讨蒋。27 日，反蒋各派在胡汉民亲信古应芬等串联下，出于各自利益的考虑，聚集广州，在陈济棠武力保护下，召开中国国民党中央执监委员会非常会议，决定另组国民政府，公布了国民政府组织大纲，否定蒋介石南京政府的合法性，与蒋对抗。会议决定发起召开国民党"四大"。5 月 28 日，广州国民政府举行成立典礼，各委员宣布就职。在他们联名发表的就职通电中，进一步申明他们的政治主张：反对武力统一、中央集权；当以建设求统一，以均权求共治；不主张以武力解决时局，如有以武力相压迫者，亦所不畏①。宁、粤分裂局面至此正式形成。"九一八"事变后，民族矛盾转化为主要矛盾，全国人民掀起了要求"停止内战、一致抗日"的怒潮，形势逼迫蒋介石和反蒋势力从武力争战转入和平谈判。宁粤合流，双方分别召开国民党"四大"，选举中央委员，然后改组南京政府，蒋介石下野，广州取消国民政府。1931 年 12 月 15 日，蒋介石发表下野通电，次日，广州召开"粤中委"临时会议，决定"粤中委"李宗仁等 18 人北上，由唐绍仪主持广州政府，等统一政府成立后即取消广州中央及国民政府。对于宁粤分立的这一段历史，我们从《红旗周报》中也能获取信息。

1931 年 4 月 6 日《红旗周报》第 4 期刊发的《改组派与国民会议》一文，无情揭露了汪精卫所代表的改组派的一系列行为的实质：要救中国反动统治于灭亡，消灭中国的革命运动。他反对蒋介石，反对蒋介石的国民会议不过是个骗局，不过是由于对蒋介石个人独裁的不满而发出的一种威胁。他对蒋介石的反对不过在于蒋介石不能消灭"自己开会自己决议"

---

① 　《国府委员就职通电》（1931 年 5 月 28 日），《为什么讨伐蒋中正》，第 49～52 页。

的苏维埃政府（第一次"围剿"就是实例）。

第 10 期刊发的《动员群众扩大反帝运动》一文认为，南京蒋介石与广东陈济棠、汪精卫的战争，实际上是英日美在华利益的冲突，痛斥国民党所谓的外交，"完全是投降帝国主义的政策"。

如《红旗周报》第 11 期《论目前的政治形势》分析国民党统治内部进一步崩溃的三个方面的表现：经济恐慌、国民会议、广东政府的成立。文中指出：广州国民政府的成立，无情地揭示蒋介石"和平统一"的武断宣传，更明显地表示出统治阶级内部的崩溃。本来不统一，而勉强以统一的油漆粉饰起来的"统一"，现在已经谁也不能否认这是不统一了。对于国民党内部的这种分裂与对立，1931 年 10 月 6 日第 21 期的《国民党反革命所号召的和平统一与一致对外内幕》，第 26 期《国民党的两个四全大会》分析了南京派和广东派各自的第四次全国代表大会。分析其实质不过是反革命的竞赛，如卖国、屠杀、欺骗，等等。

《红旗》第 27 期附刊（1931 年 12 月 14 日）刊登了《国民党的丑态百出》（柏生），《赶快揭破汪精卫的遮眼法——国民救国会议》（子华），《"国民救国会议"还是"党官救党会议"》（丁九）等文章，集中揭露国民党"国民救国会"欺骗民众的实质。

不管是国民会议还是广州政府的成立，都暴露了国民党内部各派之间尖锐的利益矛盾和各派"反革命"的狰狞面孔。这种利益矛盾的冲突不过是英日美在华利益的冲突，在反帝的革命浪潮下，这也就意味着"民众反国民党的斗争，将不限止于反对国民党的一派一系，而将是反对整个国民党的统治"①。

另外，1931 年年底，蒋介石被迫下台，以孙科为首的国民党新政府上台。《红旗周报》第 28 期刊载的《"民主"的半个月》一文，揭露了这一打着"民主"旗号的政府在短短半个月内，所做的事情和蒋介石政府相比如出一辙，认为："'民主'改良决不能解决任何的危机！现在是血的时代。各派国民党永远不会停止对帝国主义的磕头，永远不会停止对工农革命群众的屠杀（无论扫射，轰炸，枪毙，斩头，活埋，监禁的直接

---

① 《红旗周报》第 27 期，第 13 页，《红藏·红旗周报》③，湘潭大学出版社 2014 年版，第 105 页。

屠杀，或是经过军阀混战，大水旱灾，关厂停业，加租催欠的间接屠杀）。……民主派半个月的当国（南京的屠杀，锦州的撤兵，军事领袖的三分鼎立），丝毫没有减轻，反而从各方面更加紧了经济和政治的危机！"①

　　一览《红旗周报》各篇目及其内容，其中《今年的世界经济恐慌情形》《资本主义的危机与社会民主党的危机》《国民党统治下的财政》《国民党政府财政的破产》《德国的破产正式开始了》《国民党反革命所号召的和平统一与一致对外内幕》《国民党"实施"所谓工厂法》《蒋介石的下野》《国民党的秘密外交与大拍卖》《国民党"救济上海失业工人的计划"》《四次"围剿"中国民党的"开源节流"》《国联大会与国民党的出卖中国政策》《半年来中国国民经济崩溃的路》《国民党的三中全会》《中国经济的与财政的破产》《国民党在"剿匪区"内的土地政策》《宋子文的辞职和国民党的财政破产》等都是揭露和批判国统区的黑暗腐败、国民党政策的虚伪与帝国主义国家的经济危机与恐慌的文章。这种揭露性和批判性的文章，刚好有利于支持苏区共产党的正面宣传教育工作，有利于辅佐党报发挥喉舌领导的作用。

　　总之，世界资本主义经济危机影响到中国造成经济的恐慌，经济恐慌推动革命高涨：大量的工人失业和物价飞涨，促使工人斗争发展不断；广大农民的赤贫化，空前的饥荒和各种灾难，逼迫农民发动暴动。南京政府财政恐慌，统治阶级内部加速崩溃，导致民众对整个国民党的不满，又从侧面体现革命的高涨。苏维埃政权的巩固，工农红军的扩大和反"围剿"的胜利，一起说明当时整个革命形势的高涨。"在中国革命危机的前提，正在生长着，正在成熟着。每一革命的艺术家，可以从中国社会的空气中间，听到革命的暴风雨的渐渐接近！"② 也体现了中国革命与世界革命之间的关系。两刊的内容大体上呈现了两刊创办时的外围的历史背景。而世界两大格局的对立和截然不同的发展状况，国民党财政的破产和国民党内部的分裂等方面都与当时的中国革命息息相关。世界两大格局的形成不仅

---

① 《红旗周报》第 28 期，第 16 页，《红藏·红旗周报》③，湘潭大学出版社 2014 年版，第 232 页。

② 《红旗周报》第 2 卷第 11 期，第 22 页，《红藏·红旗周报》①，湘潭大学出版社 2014 年版，第 104 页。

体现为两大社会制度的对立，而且还体现了国际上国家利益的角逐。经济危机的加剧导致各帝国主义纷纷发动侵略战争以转移国内矛盾，同时更是发动了对苏联社会主义国家的政治包围。英、日、美等帝国主义与中国地主资产阶级的国民党的勾结，国民党内部的分裂又恰好体现的是英、日、美、德等帝国在华利益的冲突，由此将反帝反封建结合起来。国民党向中国苏维埃区域的"围剿"与对红军的进攻，又表现为帝国主义进攻苏联与镇压反革命的革命要求。也正是基于这一点，当时的共产国际要求中国共产党把"武装保卫苏联"与"开展武装斗争和苏维埃运动"结合起来。

当然，基于当时王明、博古等人的"左"倾错误的指导，导致在中国革命与世界革命关系问题的分析上，得出了错误结论。如王明在1930 年7 月10 日写给党中央的信中曾指出，当时的中国革命不仅处在一般的战后资本主义第三时期，而且处在第三时期的世界革命新高潮已经突飞猛进发展的国际局势之下。因此，中国革命并不一定是要在全世界革命胜利后才有可能，与之相反，不仅有先于他国爆发的可能，而且有先于他国胜利的可能，而且有胜利持续的保障。在此基础上，王明搬用"一国首先胜利"的观点，提出了要争取"一省或几省的首先胜利"的结论，从而走上了比李立三更"左"的路线，给中国革命带来了巨大的损失。这点在后面会有专门的论述。而两刊对王明"左"倾路线的宣传与记录，从另一个层面体现了当时马克思主义中国化过程中在革命实践中的艰难探索与蹒跚学步的状况，这些为之后的中国的革命发展积累了宝贵的经验与深刻的教训。

第三章　两刊关于查田运动的报道

第一节　查田运动[①]的由来及背景

一　正确的土地政策的逐渐形成和确立

《土地革命纪事（1927～1937）》一书曾指出，1927 年 8 月至 1937 年 7 月的土地革命战争时期，即第二次国内革命战争时期，从十年土地革命的发展和富农政策的演变来看，大体可分为如下三个阶段：第一阶段，从 1927 年 "八七" 会议到 1931 年 1 月党的六届四中全会。在这一阶段，中共党内出现过两次大的 "左" 倾错误，但错误很快得以纠正。各个根据地先后制定了自己对待富农的土地政纲和具体政策，其中有正确的，也有错误的。经过党的第六次全国代表大会的总结，基本上统一了认识，并由此引导土地革命运动的开展。1930 年夏出现的第二次 "左" 倾错误，经党的六届三中全会得以纠正。到 1931 年年初，中国共产党实际上形成了以毛泽东为代表的一条比较正确的土地革命的路线和政策：削弱和限制富农的政策。第二阶段，从 1931 年 1 月党的六届四中全会到 1935 年 1 月。这一阶段的典型特征是以王明为代表的 "左" 倾教条主义路线在中共中央占据了领导地位，全盘否定之前以毛泽东为代表的正确的土地革命路线

---

① 关于查田运动，可参考以下成果：贺世友：《毛泽东与查田运动》，《上海师范大学学报》1987 年第 1 期；温瑞：《关于中央苏区查田运动研究的几个问题》，《江西师范大学学报》（哲学社会科学版）1992 年 4 月，第 25 卷第 2 期；刘一皋：《对查田运动研究的几点再认识》，《江西社会科学》1994 年第 2 期；闫海涛：《毛泽东对查田运动的态度探析》，《东北师范大学报》（哲学社会科学版）1996 年第 6 期；江小华：《毛泽东与中央苏区的查田运动》，《中国井冈山干部学院学报》2012 年 3 月，第 5 卷第 2 期；孙启正：《略论查田运动的策略性转向》，《历史教学》2015 年第 4 期。

和政策，强令推行"地主不分田，富农分坏田"等一套过"左"政策。其间，毛泽东等人虽力图引导查田运动的发展方向，但最终仍未能力挽狂澜。王明"左倾"教条主义影响到第五次反"围剿"斗争，给革命事业造成巨大损失。第三阶段，从1935年1月遵义会议到1937年7月全面抗战爆发。这一阶段总结了过去土地革命工作中"左"倾错误的教训，逐步转变了中共对富农和地主的政策。从此，中国共产党关于土地革命的路线和政策日臻成熟，并确立了抗日民族统一战线的新政策。①

毛泽东认为，中国革命的根本问题是农民问题，而农民问题的核心是土地问题。因此，土地问题历来是毛泽东研究的重点。

中共五大通过了《农业问题决议案》。在此之前，中共只有农民运动，没有土地政策。而早在大革命时期，毛泽东就曾指出：农民的土地斗争是中国反帝、反封建的基本内容。在创建农村革命根据地的斗争中，毛泽东亲自起草或指导地方党组织制定了一系列土地革命法规，如《井冈山土地法》《兴国土地法》《中共闽西一大土地问题决议案》《"二七"土地法》《富农问题》决议案等。

井冈山根据地在大量调查研究和个别地方进行插牌分田的基础上，于1928年5月开始，开展了轰轰烈烈的土地革命运动。6月，永定暴动后，闽西实行土地革命，制定了没收与分配土地的政策。在溪南全区各乡村没收地主土地分配给农民，创造性地提出了以乡为单位、抽多补少等土地分配政策，并进行了土地分配的尝试，使近两万农民获得了土地。同年7月，土地分配基本完成。土地革命极大地激发了广大贫苦农民的斗争积极性和生产积极性，解放了农村生产力，加快了根据地的发展，也有效地支援了革命战争。1928年11月，湘赣边界党组织在总结井冈山土地革命经验的基础上，结合中央的指示精神，于12月制定了《井冈山土地法》。该法令规定：没收一切土地归苏维埃政府所有，实行三种分配方式；一切土地，经苏维埃政府没收并分配后，禁止买卖；分配土地之后，除老幼疾病没有耕种能力者及公众勤务者以外，其余的人均须强制劳动。同时还对分配土地的数量标准、分配土地的区域标准、山林的分配、竹木的经销问

---

① 参见中共中央党史研究室编《土地革命纪事（1927~1937）》，求实出版社1982年版，第3页。

题、土地税的征收和使用问题、红军和赤卫队官兵分得土地无人耕种的问题等都有明确规定。这是中国共产党在土地革命战争初期第一部具有法律效应的、成文的土地法，为以后波澜壮阔的土地革命斗争提供了宝贵的经验。但该法令也有一定的局限性：一是没收一切土地，而不是没收地主土地，自耕农的利益没有受到保护；二是土地所有权属于政府而不是农民，农民只有使用权；三是禁止土地买卖。

1929年4月，红四军到达兴国。根据党的"六大"精神，在《井冈山土地法》的基础上修改制定并颁发了《兴国土地法》。该法令较之《井冈山土地法》，有一点重要的原则的变更，即把"没收一切土地"改为"没收一切公共土地及地主阶级的土地"。这一内容的变化，表明了党对土地斗争的认识有一个逐渐发展的过程。短时间内的这种内容的变化，表明土地革命的基本思想是随着革命的实践而发展的，是对革命实践具有实际指导意义的。

同年7月，在上杭召开的中国共产党闽西第一次代表大会，总结了闽西土地斗争的经验，通过了《土地问题决议案》。该决议案规定：没收一切收租的田地山林，随即分配于贫农；自耕农的田地不没收；富农田地自食以外的多余部分，在贫农群众要求没收时应该没收；田地以乡为单位，按原耕形式，抽多补少平均分配。"抽多补少"的土地分配方法得到了广大群众的积极拥护。在长汀、连城、上杭、龙岩、永定纵横三百多里的地区内，解决了50多个区、400多个乡的土地问题，完成了上百万亩土地的分配工作，有80多万人得到土地。闽西呈现"分田分地真忙"的大好形势，广大民众积极从事生产，粮食产量增加，生活也得到了改善。

1930年年初，红四军由闽西到达赣南。2月7日，毛泽东在吉安陂头召开了一次联席会议，即"二七会议"或"陂头会议"。会上批判了江西省委巡视员江汉波阻碍土地斗争的错误做法，制定了《土地法》，强调了在土地问题上"一要分二要快"，及时纠正了赣西南土地革命的右倾方向。该法令较之井冈山《土地法》、兴国《土地法》等，在坚持没收地主阶级土地，按人口平均分配的做法和"抽多补少"原则的同时，在没收对象、没收内容、分配对象、废除债务以及征收农业税等方面作出了更为明确的具体的规定，尤其规定地主及反动派的家属、乡村中工商学各业，"得酌量分与田地"。如债务方面，工农贫民欠商家交易之账，非商业高利贷的，"仍旧要还"；借贷可由县苏维埃按当地金融状况规定不超过普通资本在当地一般经济活动中所得利率之数。如土地税按分田数量分八等征收，并按 50%、20%、20%、10% 的比例分别由乡、区、县、省苏维埃支配。

《"二七"土地法》的这些新规定，明显充实和完善了党的土地革命路线和土地法，表明了党领导的土地革命的持续深入和实践经验的不断丰富。"二七"会议后，赣西南土地斗争蓬勃开展起来，有力推动了赣西南革命根据地的建设和发展，以至对整个赣南、闽西地区的革命斗争都有重要的指导意义。

另外，毛泽东还进行了一系列的社会调查，并完成了《兴国调查》《东塘等处调查》《调查工作》（即《反对本本主义》）等一系列的调查研究著作，主旨在于解决一系列的土地分配政策问题。如毛泽东坚持从实际出发，于 1930 年 5 月在大量社会调查的基础上写成的《寻乌调查》，提出了"抽多补少"等一系列限制富农但避免过分打击的政策和措施。

1930 年 6 月，毛泽东、朱德率领红四军第 3 次进入闽西。毛泽东一到闽西，就率领少数随从人员，经上杭县千家村、才溪，抵达长汀的南阳，并在此主持召开了南阳会议。邓子恢代表闽西特委在会上作了关于土地问题、粮价问题和流氓无产者问题的报告，反映了以往土地分配中存在各种肥瘦不均、富农占便宜、贫农雇农吃亏和谷贱伤农乃至田地荒芜等问题。而闽西特委和工农民主政府，为了解决这些问题，实行了"抽多补少、抽肥补瘦"的分田原则，又创办了粮食合作社，建立了工农银行，还制定实施了奖励开荒、增产粮食的政策。毛泽东高度赞扬了闽西党组织在分配土地中创造的"抽肥补瘦"的新经验。联席会议经过认真讨论，通过了由邓子恢起草、毛泽东审阅修订的《富农问题》等决议案。《富农问题》的决议，总结和肯定了赣西南、闽西土地革命斗争中形成的一些成功经验。如决议案肯定了按人口平均分配土地的原则，如在方法上规定了"抽多补少、抽肥补瘦"的原则，解决分田当中"不利于贫农有利于富农的根本问题"。该决议还批判了"共同生产、共同消费"的"左"倾思想，提出通过土地革命把农业引向社会主义的道路上发展的构想。

总之，该决议不但明确地提出了土地革命的指导思想，而且从理论的高度，提出了中国无产阶级在领导中国革命取得第一步——民主革命成功后，要使之过渡到第二步——建立社会主义社会的构想。尤其明确规定"抽肥补瘦"限制富农的政策，这是对中共闽西"一大"中立和限制富农政策的坚持、补充和完善。

到1931年年初，中央基本上形成了一条"依靠贫农、雇农，联合中农，限制富农，保护中小工商业者，消灭地主阶级，变封建半封建的土地所有制为农民的土地所有制"的土地革命路线，其具体内容表现为：没收一切豪绅地主阶级及公共土地，没收富农多余的土地，分配给无田地和少田地的农民及其他需要的贫民使用；土地分配以亩为单位，以人口为标准，男女老幼，平均分配，按"抽多补少、抽肥补瘦"的原则；农民对分得的土地有所有权；豪绅地主反动派的家属，没有其他方法维持生活的，得酌量分与田地，以有利于社会的安定。实行"抽多补少、抽肥补瘦"的原则，其目的在《关于若干历史问题的决议》中有清楚表述，即坚决地团结中农，保护富裕中农，给富农以经济的出路，也给一般地主以生活的出路。这一路线是毛泽东等人以马克思主义联系中国实际所进行的土地革命的尝试的结果，比较符合当时中国的实际。其基本精神在于联合占农村人口90%以上的民众，集中力量消灭封建剥削制度。一方面推动了土地革命的健康发展，使得广大农民收获了土地革命的胜利果实，激发了民众的劳动热情和革命积极性；另一方面，通过土地革命，使广大农民迅速地分清了共产党和国民党及两种不同政权对于他们的优劣，从而极大地调动起他们的积极性，使他们对共产党和红军的拥护空前高涨，有力地推动了革命根据地的巩固、建设和发展。这为推动革命战争带来了不错的效果。

但这一逐渐完善的土地政策路线，在共产国际派当权之后，受到了强烈的批评。如认为"豪绅地主及反动派的家属，经苏维埃审查准其在乡居住，又无其他方法维持生活的，得酌量分与田地"的主张被指责是向地主让步，而"抽多补少、抽肥补瘦"的原则被批评为模糊阶级意识，被称为是犯了"右倾机会主义"的错误。

二　"左"倾的土地政策的涌现

到了1930年6月，李立三"左"倾冒险主义占据了党中央的领导地位，提出了"消灭富农和建立集体农庄"等"左"倾错误政策，使富农政策再次陷入"左"倾的旋涡中。

1930年5月，李立三召开苏维埃区域会议，通过了《土地暂行法》。这一法规又被称为"李立三土地法"，是其"左"倾路线在土地政策上的典型体现。此法规一共十九条，有两个典型的特点，一是不清算富农，而只没收其出租的土地；二是主张土地国有，大规模农场不得分割，而应集中雇农组织集体农场。在"立三路线"被清算时，第一个特点被称为非布尔塞维克的"富农路线"，而对于集体农场则予以解散。李立三的集体农场的主张与"共耕制"不可分离。①

1928年年初，中共湘东特委成立以后，在土地革命运动中，中共湖南省委在刚开辟的醴陵县革命根据地提倡实行"共同生产共同消费"的"共耕制"。规定把所有田土、农具、耕畜、鱼塘等一概收归公有，一切生产、生活相关事宜都由苏维埃政府下辖的耕作委员会安排，统一工作时间，至少10人编为一组一起劳动，所有农产品归苏维埃政府支配，同时，按照生活需要多少分给农民和手工业者。不幸的是，由于国民党重兵"围剿"，这块根据地仅坚持了半年，"共耕制"的大胆实践便宣告夭折。到下半年，在平江和浏阳又开辟了几块小根据地，中共湖南省委又指示湘鄂赣特委，实行"变相的共同生产共同消费制"，提出要仿照"共耕制"，将"一切被反动派摧残尚有余存的，归公共所有，粮食、油盐由苏维埃支配，实行共同工作，共同防卫"。这种制度实行后，弊病日益明显，导致先后在醴陵、平江和浏阳实行"共耕制"的实验都以失败而告终。

1930年5月，李立三在上海主持召开了"全国苏维埃区域代表会议"，会议通过了《土地暂行法》。这个暂行法重申了土地国有政策，规定土地所有权归苏维埃，农民只有使用权，并且"禁止一切土地的买卖、租佃、典押等"；对举办集体农场，非农业人口和缺乏耕作能力者不得分田等规定。其要旨是要在中国民主革命任务尚未完成的情况下，进行社会主义革命。如《全国第一次苏维埃区域代表会议宣传纲要》明确指出："禁止土地买卖、典押、租佃，实行土地国有，以彻底消灭封建剥削关系

---

① 杜润生主编：《当代中国的农业合作制》（上册），当代中国出版社2002年版，第51～53页。需要说明的是，这种"共耕制"与苏俄的"共耕制"又有不同。关于苏俄的"共耕制"，详参邵彦敏《农村土地制度马克思主义的解释与运用》，吉林大学出版社2012年版，第20～23页。

的基础，同时限制富农的发展，保障雇农利益和独立组织，组织集体农场，以开辟社会主义的道路。"《暂行法》中的要旨明显脱离了中国实际，在中国民主革命任务尚未完成的情况下，进行社会主义革命不过是空想革命。这点正是"立三路线"的"左"倾冒险错误、盲动错误在土地革命问题上的表现。更何况在他的这种盲动冒进的土地政策制定之前，已经出现了湖南特委在醴陵、平江和浏阳实行"共耕制"的实验都以失败而告终的事实，而且湘鄂赣特委书记王首道已经对这一政策的弊病及其原因都进行了全面的分析。

1929年12月2日，湘鄂赣特区特委书记王首道（原名王芳林，湖南浏阳人）在给湖南省委并转中共中央的报告中明确提出了"共耕制"的各种弊端，如消极怠工现象，及由此导致的"生产的减少或田园的荒废"，还有"易使中农小资产阶级背离革命"，"使贫农无产阶级陷于孤立的地位"，建议取消这种"共耕制"。这一报告得到了湖南省委的认可而同意行动上暂时停止"共耕制"，但要求理论上必须"宣传土地国有的政纲，以打破农民的私有观念"。而到了1930年1月28日，特委又给湖南省委写了一份报告，根据试验失败的现实，从四个方面分析："第一，没收一切土地，在策略上是错误的。完全与六次大会决议相违反；第二，农民的私有观念一时不能打破，万不能做到各尽所能、各取所需；第三，社会主义的经济条件没有具备，丝毫无法实现共同生产、共同消费；第四，局部苏维埃政权尚未稳定，土地国有在全国范围内尚是宣传的口号，这时要在小块苏维埃割据区实行'共同生产、共同消费'的共耕制，决非斗争环境中所能许可。"[①] 再次坚决认为实行"共耕制"是错误的。

尽管"立三路线"存在的时间只有短短几个月，土地政策方面的主张还受到根据地不同程度的抵制，如这一主张传达到苏区后，多数地方进行了抵制，只有鄂豫皖、赣西南试办，湘鄂赣特委未予实行，但最终还是产生了一些不良影响。

1930年秋，鄂豫皖特委作出了关于进行农业集体化试验的决定，要求黄安、麻城等县试办15个由雇农组成的集体农场，每个农场起码要有

---

① 参见杜润生主编《当代中国的农业合作制》（上册），当代中国出版社2002年版，第52页。

20 石田。9 月底在黄安县 8 个区率先试办；随后又在麻城等地推广。其《农场组织法》规定，农场的土地及其他生产资料都归"国有"，工人（雇农）进行有组织的集体劳动，实行 8 小时工作制，实行工资加供给的分配制度，工资按技术水平分为三档，吃饭穿衣全部由政府供给。这些农场试办了三个月，导致劳民伤财，引起群众强烈不满。基于这一背景，1930 年 6 月，毛泽东在上杭南阳召开红四军前委和闽西特委联席会议，会议通过了《富农问题决议案》。该决议案的一个主要内容就是分析中国当时的国情，革命的性质和任务，由此批评了拖延分配土地而将雇农组织"集体农场"，实行"共同生产、共同消费"的"左"倾错误做法。到 9 月，中共中央召开六届三中全会，在纠正"左"倾军事和政治方针的同时，对兴办集体农场、急于向社会主义过渡的"左"倾错误进行了再次分析和批判。在瞿秋白、周恩来等领导下，"左"倾冒险错误的"立三路线"在实际工作中逐渐得到纠正。1931 年 2 月，鄂豫皖少数集体农场被迫解散。①

你方唱罢我登场，"立三路线"之后不久，在共产国际的干预下，以教条主义为特征的"左"倾王明路线又粉墨登场。

通过中共六届四中全会，王明实际上掌握了中共中央的领导权，王明"左"倾教条主义之风开始盛行，主张把马克思主义教条化，把共产国际决议和苏联经验神圣化。王明"左"倾教条主义开始在党中央长达四年的统治。就土地问题而言，他们简单照搬当时苏联在农业合作化中消灭富农经济的做法，主张"反对富农"，极力推行"地主不分田，富农分坏田"的"左"倾土地政策，主张从肉体上消灭地主、从经济上消灭富农，不断掀起反富农斗争的新浪潮，使中共的富农政策越来越"左"，最终走向极端。

1931 年 2 月，刚掌握了中共中央领导权的王明在《为中共更加布尔什维克化而斗争》的小册子中指出："四中全会后共产国际及中共中央都主张'重分富农的土地'，但同时主张富农在土地被重分后，在不做反革命活动的条件之下，可以分得一部分质量坏的'劳动份地'。"3 月，王明

① 参见杜润生主编《当代中国的农业合作制》（上册），当代中国出版社 2002 年版，第 52 ~ 53 页。

以中共中央的名义起草了一个《土地法草案》，刊登在中共中央机关刊物《红旗周报》第一期上。这个草案共 14 条，如第一条："所有封建主、地主、军阀、豪绅、寺院以及其他大私有主的土地，无论自己经营或出佃，一概立即无任何代价的实行没收。……被没收的旧土地所有主，无权取得任何分地。"① 主张没收这些人的一切动产与不动产。第三条："中国富农的特性是兼半地主或高利贷者，其土地亦须同样没收与分配。中等农民阶层的土地不没收。富农在被没收土地后，可以分得较坏的（劳动份地），不过有一个条件，就是他必须用自己的劳动力去耕种这些土地。"② 第七条："凡较富裕的农民，企图按照生产工具分配没收的土地，第一次代表大会认为这是富农有意阻碍土地革命发展，为自己谋利益的反动企图，须给以坚决的反抗。……"③ 第八条："没收一切封建主、军阀、地主、豪绅的动产与不动产，如房屋仓库，牲畜农具等，富农在分得土地后，多余的农具牲畜等亦须没收。"④ 概括起来，其主要内容是限制富农，主张地主不分田，富农分坏田，多余的农具牲畜等亦须没收，按照每户劳动力和人口多寡的"混合原则"重新"分配土地"，即便在已经分了田的地区，也要求对照该《土地法》，"如不合本法令原则的，则必须重新分配"。

　　8 月，苏区中央局根据中共中央下达的国际指示和《土地法草案》，通过了《关于土地问题决议案》。该法令强调"应当按照国际的指示来转变路线"，"纠正过去的错误，来执行中共中央所提出的土地法令"，"彻底地重新平均分配一切土地"，主张地主不分田、富农分坏田等"左"的政策，从而否定了之前土地革命中"抽多补少、抽肥补瘦"等正确政策和符合实际的做法。11 月初，在王明"左"倾党中央领导下，苏区党的第一次代表大会（即赣南会议）在江西瑞金召开，会议通过了《政治决议案》。该决议案指责"抽多补少、抽肥补瘦"是"非阶级路线"，按人口平分土地的办法是"向地主豪绅及富农让步的右倾机会主义错误"，全

---

① 《土地法令草案》，《红旗周报》第 1 期，第 2 页，《红藏·红旗周报》①，湘潭大学出版社 2014 年版，第 2 页。

② 同上。

③ 同上。

④ 同上。

面否定了以毛泽东为代表的正确的土地革命路线及其政策。随后，中华苏维埃工农兵第一次全国代表大会通过了带有"左"倾性质的《中华苏维埃共和国土地法令》。以法律的形式肯定了"左"倾错误的土地政策，并在全苏区强令贯彻执行。

　　1931 年 12 月 31 日，江西省苏维埃政府发布了《对于没收和分配土地的条例》。此条例一共 36 条，该条例从"哪些人的土地应该没收""哪些人应该分配土地""土地怎样分配法""红军土地怎样分法""租借、买卖、承继及其他"五个方面就如何在没收和分配中贯彻王明路线作了详细规定。如明确富农的土地应该没收，富农按劳动力与人口混合原则分坏田。即有劳动力者，按照当地每人分田数量分以坏田；无劳动力者酌量补以坏田，所补之田，不能超过当地分田每人数量三分之二，富农多余的耕牛、房屋、农具须没收，按照贫苦工农需要（没有或缺少）来分配。①

　　1932 年 3 月 8 日，新的苏区中央局通过了《关于在粉碎敌人四次"围剿"的决战面前党的紧急任务决议》，要求"必须完成查田运动，彻底解决土地问题。从先进的区域动员大批的查田或分田突击队，去帮助落后的与新建立的苏区"②。

　　赣南会议和全苏"一大"后，王明"左"倾冒险主义者高压命令各级苏维埃政府立即进行"土地检查"，要求各地"绝对执行"，"不能稍有疏忽和怠工"，否则将受到"法律裁判"。在高压命令下，江西、福建等地通过决议开展查田运动。如 1932 年 5 月，江西省工农兵第一次代表大会通过《土地问题决议案》；7 月，福建省苏维埃政府发布《检查土地条例》，响应号召开展"土地检查"。由于这个查田运动比反富农斗争还要过激，遭到了地方干部和群众的抵制。但中央通过舆论和暴力坚决对不服从者打压。例如在福建反"罗明路线"，从 1933 年 2 月下旬开始，在江西苏区开展了反"江西罗明路线"，即反邓（小平）、毛（泽覃）、谢（唯俊）、古（柏）的斗争，这些地方干部反对土地革命的阶级路线的残酷政策。到 1932 年，尽管苏区中央局反复要求查田，各地却迟迟开展不

---

①　王先进：《土地法全书》，吉林教育出版社 1990 年版，第 867～869 页。

②　《斗争（苏区版）》第 2 期，第 2 页，《红藏·斗争（苏区版）》①，湘潭大学出版社 2014 年版，第 18 页。

起来，始终未形成一个运动。

　　1933 年 1 月，由于中共临时中央推行一系列"左"的政策，在上海无法立足，被迫迁入中央苏区的瑞金，"左"倾路线的错误也在中央苏区泛滥。在临时中央的一系列"左"倾指令下，中央苏区借助毛泽东的威望，开展了一场持续一年半之久的（1933 年 2 月到 1934 年 6 月）声势浩大的查田运动。毛泽东根据临时中央的指示，直接发动和领导了这次运动。

第二节　查田运动的开展

一　查田运动的四个阶段

　　中央苏区的查田运动大致经历了前后两个阶段。前一个阶段包括三个小阶段：一、试点阶段，1933 年 2 月至 5 月；二、实施阶段，6 月至 8 月。1933 年 6 月 2 日的《关于查田运动的决议》，标志着查田运动正式开始；三、纠偏阶段，1933 年 9 月至 12 月，这一阶段毛泽东曾主持制定了《怎样分析农村阶级》和《关于土地斗争中一些问题的决定》两个文件，力图纠正运动中的一些错误。后一个阶段为回潮阶段：1934 年 1 月至 6 月，标志是 1934 年 1 月的《中共六届五中全会政治决议案》和 1939 年 3 月 15 日颁布的中字第一号训令——《关于继续开展查田运动的问题》[①]，以第五次反"围剿"战争的失败而结束。其精神是反对查田运动中的所谓"右"倾。

　　首先是试点阶段。1933 年 2 月 1 日，临时中央通过中央政府土地人民委员会第二号训令，号召全苏区马上"重新分田"和"查田"。1933 年 2 月 10 日，博古在《红色中华》上以社论形式发表文章，提出彻底进行老苏区的查田运动与新发展区域中的迅速没收地主阶级土地及将其平均分配给雇农、苦力、贫农、中农，实行所谓的正确的土地分配。同月，取得了第四次反"围剿"的胜利，为查田运动的试点工作创造了良好的环境。1933 年 2 月，博古找刚养病回来的被完全排斥在党和红军的

---

　　① 《红色中华》第 164 期，第 1 版，1934 年 3 月 20 日，《红藏·红色中华》②，湘潭大学出版社 2014 年版，第 453 页。

领导岗位之外①的毛泽东谈话，让他去领导查田运动。毛泽东于3月委派在瑞金领导中央政府土地部的王观澜到叶坪乡进行查田试点。通过对十多个自然村，2700多人口的地区，进行了为期58天的试点工作。叶坪乡在这次查田运动中，共查出28家地主、富农，连原有的4家（其中1家由富农改为地主），共32家，约200口人。经过广大群众斗争之后，连混入党支部和乡政府代表会的坏人也查出来了。为如何划分阶级成分，区分剥削方式、时间和数量以及如何区分地主同富农、富农和中农（尤其是富裕中农）的界限等方面积累了重要经验。②取得经验之后，毛泽东和临时中央政府组织工作团到瑞金县的云集、壬田两区指导开展查田运动，扩大试点成果。5月26日，张闻天在《斗争（苏区版）》第14期、第15期连续刊发了《苏维埃政权下的阶级斗争》一文，提出党的"中心任务"是开展农村中的阶级斗争。认为苏区内虽然土地是分配了，但是这些地主、富农分子同时也分得了土地，而且分得了好田。因此，要重新正确地分配土地。重申"地主不分田，富农分坏田"这一政策，"对于我们是极端必要的"，必须"在苏维埃区域内的查田运动中剧烈的开展起来"③。

　　第二个阶段是正式实施推广阶段。1933年6月1日，临时中央政府发布了《关于查田运动的训令》。《训令》从之所以要开展查田运动的原因入手，分析开展查田运动的必要性。《训令》指出："现在各苏区，尤其是中央苏区，尚有广大区域，没有彻底解决土地问题。这种区域，在中央苏区差不多占百分之八十的面积，群众在二百万以上"，"这些地方的农民群众还没有最广大地发动起来，封建残余势力还没有最后地克服下去。苏维埃政权中，群众团体中，地方武装中，还有不少的阶级异己分子在暗藏、活动着，还有不少的反革命秘密组织在各地活动，破坏革命"。

---

　　①　1931年1月，以王明为代表的"左"倾冒险主义者通过中共六届四中全会占据了中共中央的领导地位。同年11月的赣南会议，撤销了毛泽东中共苏区中央局代理书记和红一方面军临时总前委书记职务，剥夺了他的党领导权。次年10月的宁都会议，又进一步撤销了毛泽东的军事领导职务，只保留了临时中央政府主席的职务。这两次会议的实质正在于当时"左"倾冒险主义进攻战略与毛泽东积极防御战略的斗争。

　　②　参见王观澜《叶坪乡的查田运动》，载《星火燎原》第2期，另见李志英《博古传》，当代中国出版社1994年版，第124页。

　　③　《斗争（苏区版）》，第14期，第6~20页，第15期，第9~14页，《红藏·斗争（苏区版）》①，湘潭大学出版社2014年版，第218~225、241~246页。

鉴于此，在各地苏维埃普遍深入地开展一次查田运动，在群众中"发展最高级的阶级斗争，向着封建势力作最后一次的进攻，而把他们完全消灭，是各地苏维埃一刻不容再缓的任务"。可见，查田运动的目的在于"向着封建势力作最后一次的进攻"。通过"把一切冒称'中农''贫农'的地主、富农，完全清查出来，没收地主阶级的一切土地财产，没收富农的土地及多余的耕牛、农具、房屋，分配给过去分田不够的及尚未分到田的工人、贫农、中农，富农则分与较坏的劳动份地"，达到"肃清一切反革命的组织与活动"，"洗刷地方苏维埃中一切阶级异己份子及其他坏份子出去"的目的。①

　　6月2日，苏区中央局发布《关于查田运动的决议》。《决议》要求在查田运动中，"检举每一个隐藏着的地主与分得好田的富农，在得到大多数群众的拥护下，没收地主的一切土地及房屋农具等，及收回富农的好田"。同时，还要求把查田运动当作一场"肃反与检举运动"，在党和苏维埃机关内部进行肃反和清洗。认为苏区土地问题的这些缺点错误都归咎于之前"抽多补少、抽肥补瘦"的政策造成的。

　　1933年6月17日至21日，毛泽东在叶坪主持召开了瑞金、会昌、博生、雩都、胜利、石城、宁化、长汀八县区以上苏维埃政府主要负责人查田运动大会。毛泽东在会上做了《查田运动是广大区域内的中心重大任务》和《查田运动的第一步——组织上的大规模动员》等报告，通过了《八县区以上苏维埃负责人员查田运动大会所通过的结论》，指出查田运动的政策和方针是：依靠贫农，削弱富农，消灭地主。

　　接着6月25日至7月1日在叶坪召开八县贫农团代表大会，通过了《八县贫农团代表查田运动大会的决议》。7月21日至24日，召开了兴国等9县区以上苏维埃政府负责人查田运动大会。先后发表了《八县查田运动大会上的报告》《查田运动是广大区域内的中心重大任务》《查田运动的初步总结》等重要报告和文章，对查田运动的目的、意义、政策和步骤等作了详细阐明和部署。毛泽东在《八县查田运动大会上的报告》中进一步提出既要"反对查田运动中的侵犯中农、消

---

① 《查田运动是广大区域内的中心重大任务》，《红旗周报》第59期，第30～34页，《红藏·红旗周报》⑦，湘潭大学出版社2014年版，第406～410页。

灭富农的'左'倾机会主义"，又要"反对包庇地主富农的右倾机会主义"。查田运动由此全面铺开。为了使查田运动迅速掀起高潮，中央采取了多种方式，如派出巡视员到各地巡视，各地组织查田工作组，县、乡两级政府举办查田运动短期训练班，分派下去检查督促开展查田运动等。

从《八县查田运动大会上的报告》《查田运动是广大区域内的中心重大任务》《查田运动的初步总结》等报告和文章中可以看出：一、在部署上，毛泽东没有采取中央苏区普遍搞查田运动的"一刀切"政策，而是根据中央苏区土地革命的实际情况，作出不同的部署。在新发展的区域的中心工作是没收与分配土地，在斗争深入区域的中心工作是土地建设和发展生产，在斗争落后区域的中心工作才是查田查阶级。还明确规定查田运动的第一步是"讲阶级做宣传"，第二步是"查阶级"，第三步是"通过阶级"，第四步是"没收分配"。二、强调查田运动的实质是查阶级而不是按亩查田。《八县查田运动大会的报告》中明确指出查田运动是查阶级，不是按亩查田。毛泽东认为按亩查田要引起群众恐慌，是绝对错误的。查阶级主要包括查漏划的和查错划的。首先是查漏划，查阶级是查地主、富农阶级，查剥削者，查他们隐藏在农民中间而实在不是农民的人，查这些人，决不是查中农贫农工人的阶级。查错划了的为的是不使中农弄成富农、富农弄成地主。认为如果过去有划错了的，如果把中农当富农、富农当地主、地主当富农，应该推翻原案，要在群众大会上说明过去错误了，现在改正的理由，获得群众的满意。三、明确了查田运动的阶级路线，是以工人为领导，依靠贫农，联系中农，去削弱富农，消灭地主。为了正确贯彻这条阶级路线，毛泽东写了《怎样分析农村阶级》，提出了划分农村阶级的标准。强调要"审慎决定那些介在中农与富农之间的疑似成份，不使弄错"，"要着重说明富农与中农交界的地方，使富裕中农稳定起来"。四、指出了开展查田运动的必要条件。《查田运动的群众工作》中强调要反对查田运动中侵犯中农、消灭富农的"左"倾机会主义，反对包庇地主、富农的右倾机会主义，反对官僚主义的领导方式与工作方式，是开展查田运动的必要条件。

我们从毛泽东的这些报告和文章中可以看出，查田运动一开始并没有按照"左"倾中央的指示行动。随着"左"倾中央路线的高压，越高越

"左",以至于出现"乱查乱划"甚至展开竞赛的普遍做法。导致查田运动查阶级越查越"左",地主富农越查越多,不少地方把中农、富裕中农划分为富农地主。还有的发起村与村交换查阶级的办法而引起地方与氏族的斗争。刘少奇在《农业工会 12 县查田大会总结》中也明确了"查田是查阶级"的观点,明确了查田运动的目的是"彻底肃清封建势力与彻底解决土地问题"。文中对过去分析阶级的错误方法进行了批评。如错当富农打,"有些是把仅仅放几百毫子债,请过年把长工,或收几担种谷,而极大部分是靠自己劳动过活的中农,当富农打了,有些甚至完全没有剥削别人,仅仅是多有几十担田山,生活比较丰裕的中农,也当富农打了"①。还有错当地主打的,"把稍为放点债,收点租,而大部分靠出卖劳动力为一家生活来源的工人当地主打了"②。可见,这些过"左"的行为严重侵犯了中农的利益。

刘少奇在《农业工会 12 县查田大会总结》中明确指出了过去查田运动中的错误。他指出:"动员群众继续开展查田运动,是大会的第一个任务,但是大会同样注意到了如何在中央政府新的决定之下来纠正过去查田运动中的一些错误。"③ 对于划错了阶级的贫农、中农工人,要"按照正确的手续变更他们的阶级成份"④。

可以说,到 1933 年的八九月,查田运动达到了高潮。

第三个阶段是纠偏阶段。随着查田运动的高涨,随之出现"乱查乱划"等做法,引起了苏区群众的不满和恐慌,搞得人心惶惶,整个苏区出现了动荡的局面,产生了系列严重的后果。产生这种混乱的后果有不少原因。我们从刘少奇的《农业工会 12 县查田大会总结》和毛泽东的《查田运动的初步总结》可以看出,在认识方面,主要是对分析阶级、划分阶级成分没有统一标准。既没有明确怎样划分地主、富农,更对手工业者、自由职业者、宗教职业家、小贩、游民无产者、商人和绅士等缺乏定

---

① 《斗争(苏区版)》第 34 期,第 12 页,《红藏·斗争(苏区版)》①,湘潭大学出版社 2014 年版,第 584 页。

② 《斗争(苏区版)》第 34 期,第 13 页,《红藏·斗争(苏区版)》①,湘潭大学出版社 2014 年版,第 585 页。

③ 同上。

④ 同上。

位标准。在这种情况下，各地在分析阶级时，一方面根据是否拥有土地和财产来划分阶级成分，另一方面根据是否劳动来确定剥削与否。而对于究竟什么是劳动，大都狭隘地认为，只有下地种庄稼、干农活才算劳动，把做点小生意小买卖等视为不劳动。还有的简单地以剥削的种类作为划分地主与富农成分的标准。比如请了长工、收了租，就把他认作地主。既请了长工、收了租，又放了债，就划为富农，不管他家里是否有人劳动，是否拥有田屋。刘少奇在《农业工会 12 县查田大会总结》一文中就曾举博生湛田区新全乡李年四和瑞金下肖区胡令群的例子，说明有些地方胡乱将手工业主、商人等错当地主、富农打的现象。

这种认识上的偏差不可避免地给各地带来了乱划、错划阶级成分的混乱现象。故在刘少奇的《农业工会 12 县查田大会总结》一文中，明确指出正确分析阶级的重要性。

在方法方面更是乱象丛生，如"乱查乱划"，锦标主义的竞赛等。如有的地方只凭个别干部秘密开会决定谁是地主，谁是富农，以致把许多富裕中农和中农上升为地主、富农加以打击，甚至还把工人划分为"中农工人""富农工人"。有的地方把过去"打土豪，分田地"的一套办法用到查田运动上，一开始就按家按亩去查，任意"打土豪""分浮财"，没收的财物既不上缴政府，也不分给群众，而是拿来拍卖或分给干部和贫农团的成员，甚至私分，严重影响了共产党在群众心中的形象。有的地方的干部向群众说："查阶级不查别的，只查中农富农地主阶级。"还有的地方简单执行过"左"的"地主不分田，富农分坏田"政策，各地争相竞赛，互相攀比，唯恐落后，哪个地方查出的地主、富农越多，哪个地方就成为阶级斗争的"模范"。还有的实现"插牌子遍查"的方法，把查田与分田混同。毛泽东在《查田运动的初步总结》一文中指出："这种插牌子遍查的方法每县都有发生，这是异常严重的情形。"①

第三个阶段是纠偏阶段。过"火"的"左"倾土地政策带来了一系列严重后果，引起了广大干部、红军和群众的不满和抵制。导致查田运动在很多地方难以为继，"群众很冷淡，都不肯说话"。8 月 29 日，毛泽东

---

① 《斗争（苏区版）》第 24 期，第 8 页，《红藏·斗争（苏区版）》①，湘潭大学出版社 2014 年版，第 388 页。

发表《查田运动的初步总结》①，虽然肯定查田运动取得了伟大的胜利，但是更多地作出了批评。该文在反对右倾的同时，指出要特别注意反对"左"倾错误。"'左'的机会主义倾向，在7月的查田中，又在很多地方发生了。"一方面，批评了有些地方放弃查田运动的领导，对地主、富农投降，认为贫农团的关门主义与忽视雇农的领导作用是错误的，指出了关于富农问题的不正确概念，指责工农监察部没有负起自己应有的责任，甚至有些还犯了错误；另一方面，针对运动中出现的过火行为，强调"必须特别注意与中农群众的联盟"，认为"侵犯中农的倾向是最严重的危险"，提出必须要迅速纠正侵犯中农利益的"左"倾错误，"同时要把侵犯中农的危险唤起全体党员的注意，要'严厉打击任何侵犯中农利益的企图'。因为这是目前查田工作中已经明显表现出来了的十分严重的危险。对富农的不正确观念也无疑要影响到中农中去。一切命令主义的蛮干对于联合中农是最大的危害"②。关于富农问题，他还明确指出，要把地主与富农分别清楚，不容许任何消灭富农的企图。文章指出："七月查田中，虽然还没有发现公开主张消灭富农的理论，但是把富农份子当做地主全部没收了他的家产的就已经在许多地方发现了。这一错误的来源，是由于抹煞富农的劳动力。"③ 对于错划富农的做法，毛泽东举例进行了说明，如"有些地方，则把富农兼有高利贷剥削的认为是'高利贷者'，而照着'消灭高利贷者'的办法去对付这种富农。有些则算陈账，算到革命前若干年上去，一人在革命前五六年甚至十几年前请过长工的，也把他当做富农，或者仅仅只请过一年两年长工前后没有请过的富裕中农份子，也放在富农一类。更加严重的是过去兴国某地方的例子，那里的办法，拿剥削的种数去分别地主与富农的成份"④。针对七月查田运动中的诸多错误，毛泽东提出了关于查田斗争的领导艺术，力图开展两条战线斗争，克服自己

---

① 《斗争（苏区版）》第24期，第4~12页，《红藏·斗争（苏区版）》①，湘潭大学出版社2014年版，第384~392页。

② 《斗争（苏区版）》第24期，第12页，《红藏·斗争（苏区版）》①，湘潭大学出版社2014年版，第392页。

③ 《斗争（苏区版）》第24期，第9页，《红藏·斗争（苏区版）》①，湘潭大学出版社2014年版，第389页。

④ 同上。

的错误，争取查田运动的彻底胜利。至此，"左"倾的临时中央也不得不承认查田运动中的错误，如侵犯中农利益，错划中农为富农，错把富农当地主打等。中共中央局《关于查田运动的第二次决议》中明确提出，要求中央政府"纠正查田运动中的错误"。

　　1933年10月10日，中共中央发布了《关于土地斗争中一些问题的决定》，并批准了《怎样分析农村阶级》一文。这两个文件对地主、富农、中农、贫农、雇农、知识分子、手工业者以及其他农村阶级的划分标准作了明确的规定。这两个文件的制定，均与毛泽东密不可分。《怎样分析农村阶级》是毛泽东于1933年6月草拟而成的，当时仅作为查田试点区的指导文件之一。《关于土地斗争中一些问题的决定》则是由毛泽东主持制定，1933年10月10日，以中央人民委员会的名义颁行，同时，《怎样分析农村阶级》一文也被正式批准执行。这两篇文章可以说是毛泽东多年来领导土地革命过程中思考、践行的结果。当时党内大谈阶级斗争，但对于阶级斗争的具体所指，具体在土地问题方面，什么是地主，什么是富农①，什么是中农，什么是反革命异己分子，哪些是依靠力量，哪些是要消灭的，哪些是要削弱的等问题并没有明确的标准。而毛泽东的《怎样分析农村阶级》一文，明确提供了划分一些主要阶级的基本标准和原则规定：将地主规定为"占有土地，自己不劳动，或只有附带的劳动，而靠剥削农民为生"，"一般占有比较优裕的生产工具和活动资本，自己参加劳动，但经常地依靠剥削为其生活来源的一部或大部"；将富农定义为"富农一般占有土地。但也有自己占有一部分土地，另租入一部分土地的。也有自己全无土地，全部土地都是租入的。富农一般都占有比较优裕的生产工具和活动资本，自己参加劳动，但经常地依靠剥削为其生活来源的一部或大部"②等。自此什么是地主，什么是富农有了一个标准。但与此同时，这个标准仍具有相当的模糊性，以至于在实际的查田运动中，仍造成

---

　　①　就什么是富农的问题，1930年6月，中共前委闽西特委在《富农问题》的决议中是这样解释富农的："富农有三种：第一种是半地主性的富农，就是自己耕种同时有多余土地出租的一种人；第二种是资本主义性的富农，即不把土地出租有些还向别人租入土地，雇用工人耕种的一种人；第三种是初期的富农，既不出租土地，又不雇用工人，单以自己劳力耕种，但土地劳力两俱充足，每年有多余粮食出卖或出借的一种人。"中国人民解放军政治学院党史教研室编《中共党史参考资料》第五册，人民出版社1974年版，第535页。

　　②　毛泽东：《怎样分析农村阶级》，《毛泽东选集》（第一卷），人民出版社1991年版，第128页。

权衡时的困境，甚至发生错划乱划现象。如对地主划分标准里的"附带劳动"究竟为何种劳动没有明确说明，尽管当时苏区还存在对家庭劳动的劳动属性有过争辩。如对富农定义里的"比较优裕""经常地""一部或大部"等词比较模糊，中农"一般不剥削别人……一般不出卖劳动力"中"一般"这一词的含糊性。正是这种模糊的语词，才使实际的查田运动中，有了更广阔的操作空间，出现大量中农被划为富农，富农被划为地主，以及真正的地主、富农又被划为中农的现象。

　　正是基于《怎样分析农村阶级》一文中的贡献之处及其缺陷所在，《关于土地斗争中一些问题的决定》对之前的提法做了相对应的补充和发展，详细定义了劳动与附带劳动、富裕中农、富农的剥削时间与剥削分量、反动富农、富农应有的土地房屋耕牛农具、富农的义务劳动、破产地主、贫农、知识分子、游民无产者、宗教职业者等12项内容，并提供了一些具体事例以供参考。如对"劳动""附带劳动""主要劳动"等进行了明确定义，指出："在普通情形下，全家有一人每年有三分之一时间从事主要的劳动，叫做有劳动。全家有一人每年从事主要劳动的时间不满三分之一，或每年虽有三分之一时间从事劳动但非主要的劳动，均叫作有附带劳动。"① 同时，对构成地主成分的时间标准，破产地主与富农的界限等都作了量的规定，如明确了富农与富裕中农的区分。富裕中农最容易被错划为富农。《查田运动的初步总结》一文中曾举瑞金一中农到政府要求改阶级的例子，称中农危险得很，挨上去就变成了富农。查田运动中，富裕中农很容易被划为富农。为避免此类现象的再次发生，《决议》从剥削量的角度明确界定："富裕中农与富农不同的地方，在于富裕中农一年剥削收入的分量，不超过其全家一年总收入的百分之十五，富农则超过百分之十五。"② 同时，对于富农的剥削时间和剥削分量两个方面作出了详细的规定，从而进一步划清了中农与富农的界限。"从暴动时起，向上推算，在连续三年之内，除自己参加生产之外，还依靠剥削为其全家生活来源之一部或大部，其剥削分量超过其全家一年总收入的百分之十五者，叫

---

　　① 《关于土地斗争中一些问题的决定》，载中央档案馆编《中共中央文件选集》（第九册），中共中央党校出版社1991年版，第549页。

　　② 同上书，第552页。

做富农。"① 以暴动时间为计算剥削时间的起点，避免了算陈账的缺点。这里的某些情形，是指家庭人口多，劳力少，或因天灾人祸，引起生活困难等。另外，还对某些情形作了特殊规定。在某些情况下，剥削分量虽超过总收入的百分之十五，但不超过百分之三十，而群众不加反对者，仍不是富农，而是富裕中农。

对于贫民、知识分子、游民无产者和宗教职业者的阶级成分作出相应明确规定，从而避免了许多因为弄不清他们属于何种阶级成分而造成的错误。该《决定》对于 20 个问题作了具体政策性规定，解决了过去在分析农村阶级上发生的许多争论，对于纠正过"左"错误起了积极作用。可以说，该《决定》的主要内容是正确的，是对之前开展的查田运动中"消灭富农"、错划乱划地主富农等过"左"错误的纠偏。刘少奇在《农业工会 12 县查田大会总结》中曾指出，查田是查阶级，因此，怎样分析阶级是查田运动中的重中之重，过去只告诉大家如何"分析什么叫地主，富农，中农，贫农，工人。因此，许多下面的同志遇着了乡村中的手工业主，自由职业者，宗教职业家，小贩，游民无产者及商人，绅士等，就不好叫他们作什么。如是也把他们叫作地主富农或者中农贫农，以至弄出了许多错误"②。

当然又不得不承认，基于当时"左"倾教条主义统治中央的历史背景和受共产国际影响的政治环境下，该《决议》无可避免地包含有中央规定的"地主不分田，富农分坏田"的过"左"政策。

这两个文件颁布后，各地在查田运动中以该文件为标准，纠正了过去错划阶级、消灭富农等错误，运动逐渐趋于好转，从而得到了根据地群众的热烈拥护。

《红色中华》这一报刊在 9～12 月，相继刊发了很多关于查田运动的自我批评和经验总结的文章，如《福建查田的经验与教训》《边区热烈进行查田运动》《关于查田运动中宣传材料几个严重的错误》《赣县查田运动总结》《粤赣全省查田运动初步总结》《蓬勃开展的各地查田斗争》

---

① 《关于土地斗争中一些问题的决定》，载中央档案馆编《中共中央文件选集》（第九册），中共中央党校出版社 1991 年版，第 553 页。

② 《斗争（苏区版）》第 34 期，第 13 页，《红藏·斗争（苏区版）》①，湘潭大学出版社 2014 年版，第 585 页。

《严厉打击脱离群众的查田》等，在理论上和实践上都有了很大的纠偏，更是取得了不错的成绩。据《红色中华》等报刊相关文章统计的关于纠偏的数据证明，毛泽东的土地革命路线对"左"倾冒险主义的土地路线的斗争取得了一定的胜利。事实也证明，按照毛泽东的这一土地革命路线，能较好地划清地主与富农、富农与中农以及富农与富裕中农的界限，能把隐藏在贫农、中农队伍中的地主、富农挖出来，也能把在"左"倾土地革命影响下的阶级成分改正过来，达到查田运动"清查阶级"，激起群众热情，参加扩大红军运动，增加革命力量的目的。

第四个阶段："翻案"回潮阶段。正当各地积极贯彻毛泽东的土地革命路线、查田运动深入开展并取得很大成绩的时候，"左"倾冒险主义者借口纠偏过程中新出现的问题，刮起一阵所谓反击"右倾翻案风"。他们把原来同意了的毛泽东提出的查田运动的路线和政策，说成是"右倾机会主义"。在党的六届五中全会上，更是号召全党"集中火力反对主要危机的右倾机会主义"①。"左"倾冒险主义者严厉指责毛泽东的土地革命路线为"富农路线"，称毛泽东在查田运动中的表现为善用"欺骗方式"的"两面派"，"不敢公开的反对党的路线而采用新的方式，口头上同意党的路线，而在事实怠工，破坏党的路线"。"党必须严厉的反对这些'将资产阶级富农的古老的'德行'搬到党队伍内'来的份子"②，强调"党必须在理论上与实际上揭露右倾机会主义的面目，揭露两面派的右倾机会主义的实质，保证党与共产国际路线的彻底实现"③。随后在全苏"二大"上免去了毛泽东兼任的人民委员会主席的职务。

1934 年 3 月 15 日，党的五中全会和全苏"二大"后的人民委员会发布了《关于继续开展查田运动的问题——人民委员会训令中字第一号》。该《训令》表面上承认之前毛泽东等制定的《关于土地斗争中一些问题的决定》基本上是正确，实质上却提出"必须坚决打击以纠正过去'左'的倾向为借口，而停止查田运动的右倾机会主义。开展查田运动依然是目前的中心工作。右倾机会主义是目前的主要危险"。针对之前在毛泽东两

---

① 《斗争（苏区版）》第 48 期，第 5 页，《红藏·斗争（苏区版）》②，湘潭大学出版社 2014 年版，第 123 页。

② 同上书，第 123 ~ 124 页。

③ 《六大以来党内秘密文件》（上），人民出版社 1981 年版，第 520 页。

个文件精神指导下对错划、乱划阶级成分的纠偏行为，该《训令》明确这些"翻案"无效。《训令》指出："在纠正查田运动中个别错误时，只有群众怀疑的或有意见的个别过去决定为地主、富农的份子，才得重新审查。如群众没有怀疑或没有意见的，那不论地主、富农提出任何证据，不得翻案，已翻案者作为无效。"① 中央政府人民委员会派了一批批干部下去，督促各地动员贯彻第一号训令。其结果是之前纠偏阶段实现的对错划、乱划阶级的翻案被再次翻案。

按照中央土地部的计划，这场所谓的查田运动的继续开展，应在1934 年 6 月完成。江西省则把继续开展查田运动布置到 7 月 15 日为止②。我们在 7 月的《红色中华》中，还能看到有关查田运动的零星材料，而到 8 月就看不到了，之后也没有看到有关查田运动的最后总结。可见，随着第五次反"围剿"的失利，根据地的日益缩小，红军严重缺粮，扩红也出现困难。在这种危急、窘迫的局势下，查田运动无果而终，来不及谢幕就草草收场。

二　《红旗周报》《斗争》及《红色中华》对查田运动的报道

《红旗周报》（第 59 期起改为《红旗》）和《斗争》关于查田运动的报道文章整理如下③：

表 3 - 1　　　《红旗》和《斗争》中关于查田运动的记载

序号	篇　名	作者	期刊	刊数	刊发时间	版页
1	查田运动是广大区域内的中心重大任务	毛泽东	《红旗》	59	1933 年 8 月 14 日	30 ~ 34

---

① 《关于继续开展查田运动的问题》，《红色中华》第 164 期，1934 年 3 月 12 日，第 1 页。

② 赵效民主编：《中国革命根据地经济史（1927 ~ 1937)》，广东人民出版社 1983 年版，第 307 页。

③ 莫斯科列宁格勒苏联外国工人出版社于 1934 年 6 月出版了《经济建设与查田运动》一书，该书共收录三篇文章：《粉碎六次"围剿"与苏维埃经济建设任务——在南部十七县经济建设大会上的报告》；《查田运动是广大区域内的中心重大任务》；《查田运动的初步总结》，共计 45 页，32 开版，竖排平装。

序号	篇　名	作者	期刊	刊数	刊发时间	版页
2	查田运动的初步总结	毛泽东	《红旗》	61	1933 年 10 月 30 日	45 ~ 61
			《斗争（苏区版）》	24	1933 年 8 月 29 日	4 ~ 12
3	查田运动的群众工作	毛泽东	《红旗》	63	1934 年 1 月 1 日	30 ~ 38
			《斗争（苏区版）》	32	1933 年 10 月 28 日	5 ~ 9
4	农业工会 12 县查田大会总结	刘少奇	《斗争（苏区版）》	34	1933 年 11 月 20 日	11 ~ 14
5	胜利县继续开展查田运动经验	王观澜	《斗争（苏区版）》	61	1934 年 5 月 26 日	9 ~ 14

资料来源：《红藏》收录的《红旗》《斗争（苏区版）》中的相关文章。

以上五篇文章，基本上都属于理论性的文章。

《查田运动是广大区域内的中心重大任务》一文，开篇指出："一切过去的经验都证明：只有土地问题的正确解决，只有在坚决的阶级的口号之下把农村中阶级斗争的火焰掀起到最高的程度，才能发动广大的农民群众起来，在无产阶级领导之下，参加革命战争，参加苏维埃各方面的建设，建立巩固的革命根据地，使苏维埃运动有着更大的力量，争取更大的发展与胜利。"[1]在结尾处也指出，"拿中央苏区来说，这种斗争比较落后的区域，占了全苏区的大部分……所有这些都是土地问题没有彻底解决的地方。""这些地方的农民群众还没有最广大的发动起来，封建势力还没有最后的克服下去，苏维埃政权中，群众团体中，地方武装中，还有不少的阶级异己份子在暗藏着活动着，还有不少的反革命秘密组织，在各地暗中活动破坏革命。为了这个原故，这些地方的战争动员与经济文化建设，都远落在先进区域……之后，这种地方竟占了中央区差不多百分之八十的面积，群众在二百万以上。在这个广大区域内进行普遍的深入的查田运动，在二百万以

———————

[1]　《红旗周报》第 59 期，第 30 页，《红藏·红旗周报》⑦，湘潭大学出版社 2014 年版，第 406 页。

上的群众中燃烧起最高度的阶级斗争的火焰，向着封建势力作最后一次的战争，而把他们完全打倒下去，是共产党与苏维埃政府一刻不容再缓的任务。"① 以上明确了展开查田运动的最直接的目的在于发动广大的农民群众的积极性，激发情绪，间接目的在于激发农民参加革命战争，参加苏维埃各方面的建设，建立、巩固革命根据地，扩大苏维埃运动的力量，最终目的则是为了服务战争，取得革命胜利的需要等，同时也明确了查田运动中的主要方法是走阶级斗争的方法，明确了领导权的问题，是在无产阶级的领导之下，也指出了当时共产党与苏维埃政府一刻不容再缓的任务就是开展查田运动。

　　文章指出，根据土地革命发展的经验，农村中阶级斗争的发展大致要经历三个阶段：（一）没收分配土地的阶段，（二）检查土地的阶段，（三）土地建设的阶段。依照这三个阶段，任何苏区大致都有对应的三种区域的并存：（一）新发展区域，（二）斗争比较落后区域，（三）斗争深入区域。认为不同的区域对应不同的发展阶段而各有不同的中心问题，如"新发展区域"还处在没收与分配土地的阶段，其中心问题是以武力推翻地主阶级的政权，建立革命的临时政权等。没收分配土地的阶段"是包括革命与反革命开始接战以至革命打败反革命而实行处理他们的土地财产的这一整个的时期"②。斗争深入区域已建立了巩固的苏维埃政权，"地方武装与革命群众团体是广大的发展了，地主富农的封建半封建的势力已经完全克服下去，土地已经彻底分配好了，农民群众在土地问题上的斗争，已经进入到了改良土地发展土地生产的阶段。所以这里的中心问题是土地建设问题"③。斗争比较落后区域，"他的发展阶段介在上说两种阶段之间，他是从临时政权的时期进入到了正式政权的时期，但还没有到政权的完全巩固时期"④。这一阶段和地区的中心问题是"查田查阶级"的问题，其特殊之处在于革命农民群众同"戴假面具的地主富农分子""暗藏的反革命"之间的

---

① 《红旗周报》第 59 期，第 33～34 页，《红藏·红旗周报》⑦，湘潭大学出版社 2014 年版，第 409～410 页。

② 《红旗周报》第 59 期，第 31 页，《红藏·红旗周报》⑦，湘潭大学出版社 2014 年版，第 407 页。

③ 同上。

④ 同上。

斗争，而别于"公开的反革命"，公开的"红旗子"与"白旗子"之间的斗争。该文还分析了兴起查田运动的几个原因，一是斗争比较落后的区域（这些区域即便是中央苏区也占据大部分）土地问题没有彻底解决，农民群众尚未广大发动，封建势力尚有一定残余以及反革命力量的破坏行为等。

《查田运动的初步总结》一文，全文分为九个部分：第一部分是伟大的胜利；第二部分至第七部分概括了这一阶段出现的各种问题，第八部分分析了关于查田运动的领导艺术，第九部分号召开展两条路线斗争，克服自己错误，争取查田运动的彻底胜利。关于伟大的胜利，毛泽东总结了自6月至7月开展查田运动以来取得的成绩，其中瑞金壬田区和瑞金九堡区堪称模范。

以瑞金壬田区为例："壬田区的查田运动在中央政府工作团帮助之下，五十五天中发动了全区的群众，彻底消灭了封建残余，查出了地主富农三百余家，枪决了群众所谓'大老虎'的十二个反革命份子，镇压了反革命活动。在群众面前检举了苏维埃工作人员中犯了严重错误的一些份子，清洗了一些混进苏维埃来的阶级异己份子出去，全区查出土地二万七千担，全区二万余劳苦群众差不多平均每人重新得了一担二斗谷土地，分配了豪绅地主的无数财物给予群众。依靠于群众积极性的空前提高，五十五天中扩大红军七百余人进瑞金模范师去，没有一个开小差。节省谷子卖给红军，达到了一千九百余担，全县没有任何区比得上他。在各乡的要求下，全区担任推销经济建设公债四万元，地主罚款富农捐款已收得七千五百元，承认继续去筹的一万元。合作社迅速的发展了，文化教育建设如俱乐部认字班夜学也增加了。党员数量扩大了，党的领导加强了，工会工作也进步了。全区另换了一种新气象，由瑞金的一个落后区，五十五天中变换了地位，成了与武阳区相等的一等区了。"①

文章从查田任务与革命战争的密切关联，动员方式、阶级路线与群众工作等方面，详细分析了壬田区能取得如此惊人成绩的原因。同时又指出了若干地区所犯的若干错误的事实。如有些地方放弃查田运动的领导，对查田运动不冷不热，也有的以官僚主义、形式主义应付查田运动；有些地

---

① 《斗争（苏区版）》第24期，第4～5页，《红藏·斗争（苏区版）》①，湘潭大学出版社2014年版，第384～385页；《红旗》第61期，第46页，《红藏·红旗周报》⑧，湘潭大学出版社2014年版，第134页。

方竟对地主、富农投降，指出"侵犯中农的倾向是最严重的危险"，指出贫农团的关门主义与忽视雇农的领导作用是错误的，分析"关于富农问题的不正确观念"，指出工农检察部没有负起自己应有的责任，有些并且做出了错误决定等。其中对查田运动中纠偏作用最大的当属"侵犯中农的倾向是最严重的危险"和"关于富农问题的不正确观念"的分析。文中列举了若干具有代表性的侵犯中农的事实，如有中农请求改变自己成分，改为贫农，如踏迳区和博生县某些乡插牌子遍查引起中农恐慌逃跑上山，同时分析这一普遍的而又异常严重的情形的发生原因在于混淆了分田与查田的区别。认为正如八县大会结论所指出的："查田与分田必须严格的分别，这种分别，不但为了巩固农民的土地所有权，使他们不起分田不定的恐慌，而且是为了查阶级斗争的胜利。必须集中全力，特别是联合中农，去对付地主富农的反抗，这种时候，决不应在农民自己的队伍中发生任何的纷扰。"① 强调中央局决议上对中农的政策，强调："必须特别注意到与中农群众的联盟，中农是革命后苏维埃农村中最广大的基本群众，一切我们的处置与策略，必须获得他们的赞助与拥护；每一个贫农团与苏维埃的决定，必须是在一村或屋的群众会议上得到中农群众的拥护，一切中农群众的呼声，必须注意听。并须严厉的打击任何侵犯中农利益的企图。"② 在八县大会的结论上也指出："查田的目标是查阶级，而不是再分田。"③ "联合中农应从不侵犯中农的利益做起"，"在查田的开始，应普遍宣传苏维埃联合中农不侵犯中农的政策。在查田进行中，应审慎决定那些介在中农与富农之间的疑似成分，不使弄错"。④ 第六个部分关于"富

---

① 《斗争（苏区版）》第 24 期，第 8 页，《红藏·斗争（苏区版）》①，湘潭大学出版社 2014 年版，第 388 页；《红旗》第 61 期，第 53 页，《红藏·红旗周报》⑧，湘潭大学出版社 2014 年版，第 141 页。

② 《斗争（苏区版）》第 24 期，第 7 页，《红藏·斗争（苏区版）》①，湘潭大学出版社 2014 年版，第 387 页；《红旗》第 61 期，第 52 页，《红藏·红旗周报》⑧，湘潭大学出版社 2014 年版，第 140 页。

③ 《斗争（苏区版）》第 24 期，第 7～8 页，《红藏·斗争（苏区版）》①，湘潭大学出版社 2014 年版，第 387～388 页；《红旗》第 61 期，第 52 页，《红藏·红旗周报》⑧，湘潭大学出版社 2014 年版，第 140 页。

④ 《斗争（苏区版）》第 24 期，第 8 页，《红藏·斗争（苏区版）》①，湘潭大学出版社 2014 年版，第 388 页；《红旗》第 61 期，第 52 页，《红藏·红旗周报》⑧，湘潭大学出版社 2014 年版，第 140 页。

农"问题，有了清楚说明。指出了7月查田运动中把富农分子当作地主全部没收了他的家产的错误。分析这一错误的来源，是由于抹杀了富农的劳动力，并指出了对待富农的正确的处置方法。

《查田运动的群众工作》一文指出，查田运动是一场剧烈的残酷的阶级斗争，一切脱离群众的官僚主义、命令主义工作方式，是查田运动最大的敌人。毛泽东认为，查田运动的群众工作，主要包括讲阶级，查阶级，通过阶级（即决定阶级成分），没收分配，及对工会、贫农团的正确领导等方面。指出："查田运动的策略：是以工人为领导者，依靠贫农，联合中农，去削弱富农，消灭地主，宣传的内容：就是要向群众很清楚的说明这个策略。"① 但特别强调富农与地主有分别，消灭富农的倾向是错误的。毛泽东认为，其中联合中农是土地革命中最中心的策略，中农的向背，关系着土地革命的成败，侵犯中农利益是绝对不许可的。基于中农的重要性，毛泽东对关于中农的策略特别作了规定，提出了"富裕中农"的概念。毛泽东指出，为了联合中农不侵犯中农利益起见，要提出"富裕中农"来说明它，要着重说明富农与中农交界地方，使富裕中农稳定起来。此外，毛泽东还对查阶级的具体的工作方法，提出了明确的要求：（1）查田运动是查阶级，不是按亩查田；（2）查阶级是查地主富农阶级，查剥削者，查他们隐藏在农民中间而实在不是农民的人，不得挨家挨户去查；（3）查阶级之前，一定要经过宣传的阶段，不能不经过公开的普遍的讲阶级就动手去查；（4）查阶级要发动工会、贫农团的会员及其他群众多数人去查，不应该只是少数人去查；（5）查阶级要查得明白，才能使本人服罪，使群众满意，不能只查了大概就下断语；（6）查出来的材料，要填"阶级成分调查表"，使大家好评论，日后好根究。②

另外，该文还明确有了"群众路线"的提法。详见群众路线章节论述。

《农业工会12县查田大会总结》一文是刘少奇1933年11月5日主持农

---

① 《斗争（苏区版）》第32期，第5页，《红藏·斗争（苏区版）》①，湘潭大学出版社2014年版，第541页；《红旗》第63期，第31页，《红藏·红旗周报》⑧，湘潭大学出版社2014年版，第325页。注：《红旗》中为："是以工人为领导，依靠贫农……"

② 《斗争（苏区版）》第32期，第6～7页，《红藏·斗争（苏区版）》①，湘潭大学出版社2014年版，第542～543页；《红旗》第63期，第33～34页，《红藏·红旗周报》⑧，湘潭大学出版社2014年版，第327～328页。

业工会十二县查田大会时所做的报告。该报告具体阐述了在农村划分阶级的标准。刘少奇指出，查田就是查阶级，因此查田运动中最需要彻底弄清楚的问题就是怎样分析阶级的问题。事实上在查田运动中发生错误最多的正是分析阶级的错误（如将中农当作富农侵犯他们的利益，将富农当作地主消灭等）。刘少奇认为，在分析阶级的时候，主要应注意到剥削分量与时间。认为如果自己不劳动，专门靠剥削别人过活的是一种土地剥削也叫地主。如果大部分靠自己劳动过活，剥削别人的分量很少，就是所谓三种剥削（土地剥削、劳动剥削、经济剥削）都有，也是富农甚至有时也可以是中农。并强调今后要根据这一原则纠正过去查田运动中的错误。

刘少奇在该报告中明确了查田运动对于粉碎国民党"围剿"的重大作用，也尖锐地指出了运动中把中农当作富农来侵犯，把富农当作地主阶级来消灭等错误，要求各级工会做好解释阶级政策的工作。

《胜利县继续开展查田运动经验》一文分析了自1933年11月起，查田运动逐渐停顿后，地主、富农所采取的四种反攻方式，由此得出结论，认为对于这些严重的事实，须将中字第一号训令深入群众中，继续开展查田运动。认为查田运动是残酷的剧烈的阶级斗争，其继续开展依靠有组织的动员与充分的群众运动，强调将查田运动与肃反检举、战争动员工作密切联系，提高广大群众的阶级觉悟与积极性等。该文一方面呈现了当时阶级斗争的严峻性，另一方面又有对事实过于扩大之处，体现的是查田运动第四个阶段的特征。

可见，《红旗周报》和《斗争》中关于查田运动的记载，基本上处于理论的层面，展现查田运动兴起的原因、方法、中心问题和目的等，其中有四篇呈现的是对王明"富农路线"的纠偏，其中又以毛泽东的著述为典型，在理论层面有突出的贡献，如除周恩来外，毛泽东明确了"群众路线""富裕中农"的提法。毛泽东从理论与实践的层面，全面、深刻、具体地阐述了群众路线，总结了建党以来发动和组织群众的宝贵的历史经验，尤其对土地革命中如何发动群众等方面的问题作了系统、深刻和具体生动的说明。此外，文章提出了"富裕中农"的问题，这是毛泽东对中国农村阶级状况深入了解所作出的科学概括。尽管这些文章一定程度上仍摆脱不了王明"左"倾富农路线"地主不分田，富农分坏田"的束缚，但却在对"富农路线"的纠偏方面，作出了特定的贡献，如部分地纠正了王明"左"倾富农路线下错划阶级成分,把中农、富裕中农当成富农、地主打,扰乱阶级阵地等错误。这一阶段两条路线的抗争,恰好从理论和实践的双重层面证明了毛泽东路线的正确性。当然,这一抗争的历史也说明真理的获得不是一帆风顺的,而是曲折性与前进性交织的过程。

关于查田运动的报道,《红色中华》富有典型性。《红色中华》于1931年12月11日在江西瑞金创刊。起初为中央工农民主政府机关报。自第50期起,改为中国共产党、中央工农民主政府、中华全国总工会和中国共产主义青年团合办的中央机关报。铅印,4开1张。第1~49期为周刊,第50~147期为3日刊,第148期以后为双日刊。在瑞金时期共出240期,发行量约4万份。1934年10月3日因长征开始,暂时休刊。1936年1月,在陕北瓦窑堡复刊,限于物质条件,改为油印。"西安事变"后,根据中共中央决定,于1937年1月29日改名《新中华报》。主要编辑人先后有周以栗、王观澜、沙可夫、瞿秋白、李一氓、任质斌等。社论多由当时中共中央和中央工农民主政府各部门负责人撰写,其中有周恩来、任弼时、陈潭秋、张闻天、秦邦宪、项英等。在反对国民党军队第四次、第五次"围剿"期间,报纸配合扩大红军、筹措战争经费、查田、劳动竞赛等群众运动,展开大规模的宣传报道,进行生动有力的战争动员,引导群众为完成中国共产党和苏维埃政府的每一项中心任务而努力。

经过对《红色中华》篇目的整理,该报对查田运动报道的主要篇目如下。

表 3 - 2 　　　　　《红色中华》关于查田运动的记载

序号	篇　名	作者	刊数	刊发时间	版页
1	中央局关于查田运动的决议	中央局	87	1933 年 6 月 12 日	2
2	查田运动的第一步——组织上的大规模动员	毛泽东	87	1933 年 6 月 12 日	3
3	八县区以上苏维埃负责人查田运动大会开幕盛况		87	1933 年 6 月 12 日	3
4	依据农村中阶级斗争的发展状态的差别去开展查田运动	毛泽东	88	1933 年 6 月 23 日	3

序号	篇　名	作者	刊数	刊发时间	版页
5	八县区以上苏维埃负责人查田运动大会成功了		88	1933 年 6 月 23 日	3
6	第二个查田运动的大会贫农团代表大会开幕了		89	1933 年 6 月 29 日	2
7	八县查田运动贫农代表大会告苏区贫农群众书		91	1933 年 7 月 5 日	5
8	大会闭幕词				5
9	八县贫农团代表大会决议				6
10	八县查田运动竞赛条约——在八县区以上苏维埃负责人会议上订定				6
11	查田运动中的肃反工作	然之	94	1933 年 7 月 14 日	6
12	瑞金城市下肖区查田工作的检阅		95	1933 年 7 月 23 日	5
13	查田运动中下肖区委与瑞金县委的官僚主义				
14	查田战线上的捷报				
15	为查田运动给瑞金黄柏区苏的一封信	中央土地人民委员部			6
16	博生查田运动初步成绩		96	1933 年 7 月 26 日	6
17	石城查田运动的开展	高自立	96		6
18	九县查田运动大会中的竞赛条约		104	1933 年 8 月 22 日	3
19	广昌博生的查田运动：曾山同志给毛主席的信				3
20	兴国东江区查田运动中的筹款工作				3
21	赣县山溪区进行查田运动的初步成绩				3

序号	篇　名	作者	刊数	刊发时间	版页
22	濯田区查田运动的经过	范乐春			5
23	九县查田运动大会中的竞赛条约（续）				5
24	瑞金县七月份查田查阶级的成绩		105	1933 年 8 月 25 日	5
25	朱畲乡查田的初步成绩				5
26	兴国举行全县查田运动大会				5
27	会昌查田运动进行概括——中央工作团给毛主席胡部长的报告		106	1933 年 8 月 31 日	6
28	新迳渡头二区的查田胜利				6
29	九县查田运动的竞赛条约				6
30	两个胜利的查田运动大会				6
31	查田运动与扩大红军				6
32	查田战线上的捷报		107	1933 年 9 月 3 日	6
33	兴国查田的经验与教训				6
34	肉搏斗争的查田运动中地主残余的垂死挣扎				6
35	会昌查田的伟大转变				8
36	论查田查阶级运动中对于富农的策略	富	108	1933 年 9 月 15 日	8
37	永丰区领导查田的胜利				8
38	博生县的查田运动	高自立			8
39	边区猛烈开展查田运动				8
40	查田运动中的革命妇女				8
41	土地斗争中的严重教训		110	1933 年 9 月 18 日	8
42	怎样分析阶级两点疑问				8
43	瑞金新迳区的查田斗争				8

序号	篇　名	作者	刊数	刊发时间	版页
44	胜利县的查田运动	高自立			6
45	在查田突击周中赣县田村区初步成绩		111	1933 年 9 月 21 日	6
46	石城县 8 月份查田总结				6
47	博生城区的查阶级运动				6
48	零都上营热烈进行查田				6
49	福建省第一次查田运动总结		113	1933 年 9 月 27 日	6
50	在查田运动中布尔塞维克的自我批评				6
51	开展查田运动	毛泽东、项英、张国焘	114	1933 年 9 月 30 日	6
52	福建查田的经验与教训				6
53	全总执行局召集二十县查田大会				6
54	博生城区的查田经验	钟平	115	1933 年 10 月 3 日	3
55	博生城区的查田经验（续）	钟平	116	1933 年 10 月 6 日	3
56	瑞金九堡查田运动经过		117	1933 年 10 月 9 日	3
57	边区热烈进行查田运动	贺坚			3
58	关于查田运动中宣传材料几个严重的错误	三湘	118	1933 年 10 月 12 日	3
59	关于查田运动中宣传材料几个严重的错误（续）	三湘	119	1933 年 10 月 15 日	3
60	关于查田运动中宣传材料几个严重的错误（续）	三湘	120	1933 年 10 月 18 日	3
61	赣县查田运动总结		123	1933 年 11 月 2 日	3
62	赣县查田运动总结（续）	钟平	124	1933 年 11 月 11 日	3
63	公略查田运动的检阅	谭文	125	1933 年 11 月 14 日	3

续表

序号	篇　名	作者	刊数	刊发时间	版页
64	粤赣全省查田运动初步总结	刘敏强	127	1933 年 11 月 12 日	3
65	蓬勃开展的各地查田斗争	吴茂昌	132	1933 年 12 月 5 日	3
66	严厉打击脱离群众的查田	匡悦显			3
67	关于继续开展查田运动的问题（人民委员会训令中字第一号）	张闻天	164	1934 年 3 月 12 日	1
68	继续开展查田运动与无情的镇压地主富农的反攻	王观澜			1
69	春耕运动中建宁查田突击队的斗争		165	1934 年 3 月 22 日	1
70	关于开展查田运动中一个问题的答复	张闻天	168	1934 年 3 月 29 日	1
71	闽赣省查田突击运动的总结	邵式平	181	1934 年 4 月 28 日	3
72	宁化新区开展查田运动				3
73	江西继续开展查田运动的布置				3
74	继续查田运动的初步检查	高自立	185	1934 年 5 月 7 日	2
75	江西查田运动情报	卓夫			3

资料来源：《红藏》收藏的《红色中华》相关文章。

　　《红色中华》对查田运动的报道，一是曾开辟"查田运动的专号"。《红色中华》第 87 期在第 2 版打出了"查田运动专号"的醒目字样，右边标出毛泽东的观点："同封建劳动力作最后一次的战争，而把他们完全打倒下去，是共产党与苏维埃政府一刻不容再缓的任务。"左边刊发了中央局的决议："在这种情形之下，查田运动成为发动群众深入农村中的阶级斗争，彻底解决土地问题与肃清封建半封建的势力的有力的方法。"①

----

　　① 《红色中华》第 87 期，第 2 版，《红藏·红色中华》②，湘潭大学出版社 2014 年版，第39 页。

　　二是使用了很多具有煽动性的口号和标语。如《红色中华》第 87 期在第 3 版打出了"大规模的动员整个苏维埃工会贫农团来深入查田运动!"① 的醒目口号。第 88 期《红色中华》第 3 版打出了"庆祝八县区以上苏维埃负责人查田运动大会的伟大成功!"② 的标语。《红色中华》第 91 期第 5 版打出了"庆祝八县查田运动贫农团代表大会的伟大胜利!"③ 的标语。《红色中华》第 94 期第 6 版打出了"彻底完成查田运动! 肃清豪绅地主残余, 巩固苏维埃政权!"④ 的标语。《红色中华》第 114 期第 6 版打出了"开展广泛而深入的查田运动来庆祝十月革命节与中府成立二周年纪念!"⑤ 的标语。《红色中华》第 181 期第 3 版打出"纪念五一, 继续开展查田运动!"⑥ 的标语。《红色中华》第 185 期第 3 版有"继续开展查田运动, 严厉打击右倾机会主义!"⑦ 的标语。

　　三是具体地对各地的查田运动的开展情况进行了追踪报道, 有非常具体的翔实的数据, 有利于对这一历史事实做具体的把握。1933 年 7 月 5 日《红色中华》第 91 期第 6 版的《八县查田运动竞赛条约——在八县区以上苏维埃负责人会议上订定》⑧ 一文详细记录了条约的内容。完成查田运动分为四个小的方面。

　　《红色中华》第 96 期第 6 版称宁化淮土区大王坊、田背、凤王山在 1933 年 7 月 1 日到 7 日七天里查出一千余担田。

----

　　① 《红色中华》第 87 期, 第 3 版, 《红藏·红色中华》②, 湘潭大学出版社 2014 年版, 第 40 页。

　　② 《红色中华》第 88 期, 第 3 版, 《红藏·红色中华》②, 湘潭大学出版社 2014 年版, 第 44 页。

　　③ 《红色中华》第 91 期, 第 5 版, 《红藏·红色中华》②, 湘潭大学出版社 2014 年版, 第 60 页。

　　④ 《红色中华》第 94 期, 第 6 版, 《红藏·红色中华》②, 湘潭大学出版社 2014 年版, 第 79 页。

　　⑤ 《红色中华》第 114 期, 第 6 版, 《红藏·红色中华》②, 湘潭大学出版社 2014 年版, 第 204 页。

　　⑥ 《红色中华》第 181 期, 第 3 版, 《红藏·红色中华》③, 湘潭大学出版社 2014 年版, 第 49 页。

　　⑦ 《红色中华》第 185 期, 第 3 版, 《红藏·红色中华》③, 湘潭大学出版社 2014 年版, 第 65 页。

　　⑧ 《红色中华》第 91 期, 第 6 版, 《红藏·红色中华》②, 湘潭大学出版社 2014 年版, 第 61 页。

　　《红色中华》第 110 期《博生县的查田运动》一文中记载："博生县的查田运动，在一开始的时候，已经查出地主 407 家，富农 326 家，扩大红军 5000 多名，实际送到前方的 3300 多名……筹到款 3 万元（实收到的）在八县大会贫农团起了很大的作用。"① 文中还指出，查田运动中的筹款工作应该还有更大的空间："博生的筹款工作，应该不止 13 万元，纵少应加一倍。"②《边区猛烈开展查田运动》一文载乐安县七、八月的查田运动成绩："一、查田运动方面，共查出地主 210 家，富农 140 家，除全部收回地主的土地外抽回富农好田 70 余担，在查田运动中筹款 19000多元（超过了原定计划）。二、巩固苏维埃方面，检查出消极怠工份子 12 名，检测出阶级异己份子 22 名，检查出贪污腐化官僚主义份子 24 名，检查出流氓份子 29 名。"③

　　《红色中华》第 113 期《福建省第一次查田运动总结》："宁北查出地主 337 家，富农 227 家，被窃取的土地 14500 余担；汀东查出地主 108家，富农 88 家，反革命富农 24 家，被窃取的土地 3100 担；长汀查出地主 100 余家，富农 80 多家，被窃取的土地 2000 余担。"④ 显然，这些数据表明查田运动清查富农的工作搞过了。

　　四是刊登了一些王明"左"倾土地政策路线扩大化的理论性的文章，如第 87 期的"查田运动专号"刊登了毛泽东的《查田运动的第一步——组织上的大规模动员》一文，就"怎样进行查田运动"的第一个步骤组织上的动员工作问题进行了详细的说明。毛泽东强调："只有共产党苏维埃与革命群众团体三者在党的领导之下协同一致的行动起来，才能达到每个斗争任务的完满成功。"⑤ 毛泽东从财政部、军事部、国民经济部、合作社、教育部到各级各类工会（如农业工会、手艺工会及其他）在查田运动中要展开的工作及其任务都有说明，强调查田运动是党、团、政府、

---

① 《红色中华》第 110 期，第 8 版，《红藏·红色中华》②，湘潭大学出版社 2014 年版，第 180页。

② 同上。

③ 同上。

④ 《红色中华》第 113 期，第 6 版，《红藏·红色中华》②，湘潭大学出版社 2014 年版，第 198 页。

⑤ 《红色中华》第 87 期，第 3 版，《红藏·红色中华》②，湘潭大学出版社 2014 年版，第40 页。

工会各方面配合的大规模的动员。同时从三个方面强调了教育干部的问题。

《八县区以上苏维埃负责人查田运动大会开幕盛况》一文中，记录了中共中央局的代表凯丰所提到的查田运动的两大任务：一是彻底没收地主、富农的土地，分给富农以坏田；二是在查田运动中来发展苏区的生产。① 第一个任务断了地主、富农生存的出路，加上不少中农被错划为富农，富农错划为地主的乱划、错划的现象，大批中农的利益受到侵犯，地主、富农利益完全被剥夺，大批中农和几乎全部的地主、富农恐慌自危，纷纷或直接反抗或上山或逃白区，如此自然导致革命联合力量的削弱。而第二个任务所取得的效果不仅较少，而且苏区阶级受到严重影响。在此次会议上，毛泽东以中央政府主席的身份发表了演说。认为在广大区域内分配土地虽已有了相当的成绩，但还有许多地方没有彻底解决。如中央苏区就还有五分之四没有解决。如云集区第四乡自 1933 年 2 月开始查田运动以来，又查出了 27 家地主、富农，查出谷子一千多担；瑞金县共 57 区就有 11 个区苏维埃政府主席是成分不好的，其中有七八个是地主富农；长汀县去年共查出了一万多担谷子；会昌洛口区查出了五十多支枪等。认为这些说明农村中阶级斗争问题的不彻底性，主张动员雇农、贫农、中农来深入查田运动，完全把地主、富农推翻下去。② 《八县区以上苏维埃负责人查田运动大会开幕盛况》一文还记录了当时国家政治保卫局代表所提出的查田运动过程中要注意的四个问题：一、转变官僚主义，命令主义的查田运动；二、在查田运动中不可分离的是查阶级；三、反对与地主富农妥协；四、查田运动中要注意检查反革命分子。③ 这里的反革命分子更多地指的是地主、富农出身的苏维埃政府公职人员、红军以及知识分子甚至农村教书（认为是不劳动的）知识分子。

---

① 《红色中华》第 87 期，第 3 版，《红藏·红色中华》②，湘潭大学出版社 2014 年版，第 40 页。

② 参见《八县区以上苏维埃负责人查田运动大会开幕盛况》，《红色中华》第 87 期，第 3 版，《红藏·红色中华》②，湘潭大学出版社 2014 年版，第 40 页。

③ 同上。

第三节　查田运动的目的及其评价

一　关于查田运动的目的分析

关于查田运动的目的，毛泽东曾在《查田运动是广大区域内的中心重大任务》一文中指出，在苏区落后地区的中心问题"就是查田查阶级的问题。这个问题不解决，农民群众的革命积极性不能最大的发展起来，封建残余势力不能完全打倒下去，苏维埃不能得到最大限度的巩固，扩大红军、筹措经费供给红军，扩大地方武装，进行土地建设与经济建设，发展文化教育等等重大的任务，都没有法子得到最大的成功。所以查田运动是这些区域里的最中心最重大的任务"①。

首先，查田运动是彻底解决土地问题与肃清封建、半封建势力的需要。毛泽东在叶坪乡试点调查工作时，在听了朱开铨的汇报之后，把叶坪乡各种工作难以开展的问题归结为三点："第一，1930 年和 1931 年两次分田是和平分田，土地革命不彻底；第二，主要是没有发动群众，没有深入开展群众性的阶级斗争去斗争地主；第三，基于前两点，使得一些地主、富农份子隐藏起来，有的还混进了党、政、群众团体中来，混进贫农、中农队伍中来，造成阶级阵线不清，干部队伍不纯。"毛泽东表示："阶级敌人控告积极分子，就是向革命队伍进攻，这些严重问题必须解决。"因此，毛泽东指出："查田不是要到田里去丈量有多少亩田，而是要查阶级，查剥削。要把群众发动起来，打破房界、姓界，把隐藏在贫农、中农里的地主、富农、高利贷者清查出来，把混进党、政、群众团体里的坏人检举出来，不管这些人是混进乡苏维埃里，还是混进区、县苏维埃里，都要查出来。要搞清楚他们的剥削情况，核实好他们的罪行，发动群众开展斗争。"② 1933年 6 月 1 日刊发的《训令》指出，1927 年至 1932 年的土地革命斗争，虽然取得了很大成绩，但在各苏区的许多区域中土地问题并没有得到彻底的解决。"这种区域在中央区差不多占百分之八十的面积，群众在二百万以上。"

---

① 《红旗》第 59 期，第 32～33 页，《红藏·红旗周报》⑦，湘潭大学出版社 2014 年版，第 408～409 页。

② 参见叶子《毛泽东称赞的好后勤朱开铨》，《党史文苑》2006 年第 8 期，第 24～26 页。

次日刊发的《查田运动指南》即《苏区中央局关于查田运动的决议》对这一并没有彻底解决土地问题的现象进行了分析：一是由于封建的半封建的势力，在中国农村中的根深蒂固；二是在革命最初阶段上，雇农、贫农的组织性与觉悟程度不足；三是党和苏维埃政权过去对于土地问题解决的不正确路线（如"抽多补少、抽肥补瘦"，"小地主的土地不没收"等）；四是有些区域中虽然已经分配了土地，但是地主豪绅与富农常常利用各种方法来阻止雇农、贫农的积极性的发展，以便利他们的土地占有，甚至窃取土地革命的果实。中央领导人认为，这种现象除了个别的先进县区之外，在大多数区和乡中间，都是或多或少地存在。该决议还特别强调了地主豪绅与富农常常利用各种方法，如利用他们混入党和苏维埃机关和贫农团的暗探，滥用党和苏维埃的威权，压制群众斗争的发展，欺骗收买威胁一部分群众，散布各种谣言，动摇中农群众，组织秘密会议，诬告陷害积极的苏维埃工作人员，直至暗杀积极的雇农、贫农与苏维埃的工作人员等。当时的苏区中央领导人认为，在这种情形下只有通过查田运动才能彻底解决这些存在的问题。认为查田运动是发动群众深入农村中的阶级斗争，彻底解决土地问题与肃清封建半封建势力的有力方法。查田运动也是一个剧烈与残酷的阶级斗争，是粉碎扑灭地主豪绅抵抗的顽强的斗争。认为党的各组织的任务在于通过查田运动，来反对和剥夺地主残余与富农的一切反革命企图，依据在雇农贫农及中农群众的积极性发展的基础上，适时地、无情地揭露粉碎与镇压一切地主残余与富农的抵抗，以深入阶级斗争及彻底地进行土地革命。一方面，通过查田运动，推翻农村中长期存在的封建半封建势力，才能清查出地主、富农隐瞒的土地而分给贫农、雇农，以便最大限度地调动广大贫雇农的革命积极性，使革命形势又快又好地发展；另一方面，通过查田运动，最大限度调动广大贫雇农的积极性，有利于彻底解决土地问题与肃清封建半封建的势力。可以说，消灭封建残余势力等此类方针是查田运动兴起的原因之一，也是查田运动主要宣传手段的目的。正如毛泽东所指出的：尽管之前的土地革命，洗刷了部分假装革命的分子，清出了部分地主、富农偷取的土地，"但是苏维埃群众团体与地方武装中间，还依然躲藏着许多阶级异己份子，在那里'挂红带子称同志'，在那里造谣言，开私会，在那里骂群众的'左倾机会主义'，'乱打土豪'，'公报私仇'，或者他们'开会说得有劲，闭会一事不行'，当着斗争激烈的时候，他们组织反革命的秘密团体。如国民党、社会民主党、AB 团，新共产党以及各种各色的东西，来破环革命，谋害革命的积极份子。总之地主富农阶级用各种方法来压制群众的斗争，企图保持他们政权上的与土地财产上的权利，保持他们残余的封建势力"①。毛泽东在《查田运动的群众工作》一文中也强调："查田运动是一个剧烈的残酷的阶级斗争，必须发动最广大群众热烈起来参加斗争形成群众运动，才能保障阶级路线的正确执行，才能达到消灭封建残余势力的目的。一切脱离群众的官僚主义命令主义工作方式，是查田运动最大的敌人，查田运动的群众工作，主要是讲阶级，通过阶级，没收分配及对工会贫农团的正确领导等。"②

扩红运动与筹款。在当时，革命力量的壮大与发展是革命根据地内首先需要解决的问题，扩大红军队伍是革命根据地得以存在的先决条件。而扩大红军队伍既需要调动广大群众的积极性来踊跃参军给予支持，又需要庞大的军费支撑，即需要通过多种方法筹款支援革命。如何调动群众积极性，如何扩红，如何筹款，如何巩固革命根据地成为当时中央政府面对的迫切的现实问题，而当时群众对扩红运动的消极态度成为棘手的问题。通过调查，领导人一致认为通过发起查田运动来彻底解决土地问题，调动广大群众的革命积极性成为一种实然的选择。

项英曾于 1932 年 9 月 30 日在苏区中央机关报《红色中华》上发表社论《猛烈扩大红军反对对于扩大红军的消极》，详细阐述了"扩红"的原因及存在的问题和努力的方向。明确指出："这一革命战争的剧烈形势，在主客观上都需要我们以最强大的红军力量来担负这一当前的战斗任务，所以扩大红军就成为我们迅速完成当前战斗任务的最中心条件了。"③ 而"动员和鼓动广大工农群众到红军去，就要依靠我们的政治宣传鼓动，依靠我们在一切斗争领导上去动员群众，绝不是命令强迫"④。而动员鼓动

---

① 毛泽东：《查田运动是广大区域内的中心重大任务》，《红旗》第 59 期，第 32 页，《红藏·红旗周报》⑦，湘潭大学出版社 2014 年版，第 408 页。

② 毛泽东：《查田运动的群众工作》，《斗争（苏区版）》第 32 期，第 5 页，《红藏·斗争（苏区版）》①，湘潭大学出版社 2014 年版，第 541 页；《红旗》第 63 期，第 30～31 页，《红藏·红旗周报》⑧，湘潭大学出版社 2014 年版，第 324～325 页。

③ 《红色中华》第 33 期，第 1 版，《红藏·红色中华》①，湘潭大学出版社 2014 年版，第 219 页。

④ 同上。

群众的方法之一就是通过查田运动，获取群众支持，激发群众热情，积极推动扩红运动。事实上，扩红运动在各地进展都比较缓慢。如1933年前后，云集区的工作非常落后，叶坪乡的扩大红军、经济动员、参战工作等都非常差，各种群众团体连会议都召集不成。徐特立当时在叶坪试办了一所学校，动员群众上学都很少有人来。扩大红军及其他工作更是死气沉沉。周恩来初到苏区时，就指出中央所在地是一个落后区的落后乡（即云集区叶坪乡），必须改变这种局面。1932年4月至10月，云集区先后换了4任区委书记，局面仍未改观。时任瑞金县云集区苏维埃政府主席的朱开铨于11月兼任区委书记后，深入乡村调查研究，终于了解到真情：一是群众对1930年和1931年两次分田运动不满意，真正的穷人田分得又少又远，还是三等田，而隐瞒成分的地主、富农这些假穷人，田分得又多又近又好。二是有些隐瞒成分的地主、富农分子混进了区、乡党政组织，经常诬告、打击革命干部和积极分子。毛泽东在叶坪乡做查田运动的试点调查工作时，朱开铨向毛泽东如实报告调查的情况，找到了问题的症结：农民对"扩红"的不支持与对土地的分配有直接的关系。"扩红"，嘴唇磨破了也没有人去；"支前"，叫来了这个，跑了那个。一句话，分田没分好。"给逃跑的地主还留着田，有些过去收租、放债、雇工，摆架子不干活，又吃好穿好的人，如今钻进我们的组织，摇身一变也成了贫苦工农了，给贫苦农民分的田少，还把坏田、中田当好田、上田分给他们，许多人公开不说，背地里有意见。"① 当然，扩红工作进展不顺利，既反映了农村社会对苏区政府的观望态度，又反映了县区乡各级政府的消极态度。可见，扩红运动和筹款工作所面临的困境，既是查田运动发起的缘由之一，对这些问题的消极性的彻底改观又成为查田运动的主要目的。

中共中央局于1933年3月2日发布的《苏区中央局关于在粉碎敌人四次"围剿"的决战面前党的紧急任务决议》中，明确规定要"最大限度的扩大与巩固主力红军。在全中国各苏区，创造一百万铁的红军"。《粉碎敌人五次"围剿"中央区红军的紧急任务》一文也曾指出当时最紧急的战斗任务首先是扩大红军的任务。指出："一、在扩大百万铁的红军口号下"扩大和巩固红军，而"七月份方面军扩大红军还未达到预定的

———————————

① 参见叶子《毛泽东称赞的好后勤朱开铨》，《党史文苑》2006年第8期，第24~26页。

要求……在今年二次全苏大会前要求江西红军要扩大一倍"。可见，扩大红军任务之大。从 1933 年 6 月 25 日至 7 月 1 日，召开了有六百余人参加的以上八县贫农团代表大会，毛泽东作了《八县查田运动大会上的报告》。经过六天的详细讨论，大会作出了《八县贫农团代表大会决议》。决议提出："我们八县的贫农，应当以查田运动的胜利，彻底的消灭封建残余势力，完成扩大红军八万人，向地主富农筹款八十万元，推销经济建设公债票三百万元，来拥护第二次全国苏维埃代表大会。"7 月 21 日至 24 日，江西省苏维埃政府召开了永丰、公略、万泰、兴国、赣县、广昌、南丰、宜黄、乐安九县区以上苏维埃工作人员查田运动大会。从 7 月 25 日至 28 日，江西省苏区又相继召开了以上九县贫农团代表大会。"大会一致决议，领导九县贫农群众，以最大的毅力和决心，开展普遍深入查田查阶级运动，彻底消灭一切残余的封建势力，铁一般的巩固苏维埃政权，并要求在查田运动的胜利中，九县扩大红军六万，向地主富农筹款七十万元，请求中央政府加发经济建设公债二百万元，来竭诚拥护第二次全苏大会。""中央苏区江西、福建、粤赣三省共计查出地主 6988 家，查出富农 6638 家，从这些被查出的地主富农等手中收回土地 317539 担，没收地主现款与富农捐款，共计 66916 元"。

当然，查田运动的最根本的目的在于展开全方位的工作尤其是经济建设工作，应对第五次反"围剿"的对敌斗争的需要。查田运动的直接目的在于"激发与提高群众的生产积极性"，但最根本的目的还是为了迎合当时的革命战争形势的需要。查田运动之所以变得比 1932 年更为迫切，就在于第五次反"围剿"。这次的反"围剿"远比前四次更加激烈，革命形势大变，军队扩充与后勤物资储备等方面都需进行相应的准备，所需要的战争动员强度也绝非之前可比。而要进行战争动员，就得以更大的利益给予广大的贫雇农，获得广大贫雇农群体的支持。苏维埃政府寄希望于最大限度地动员群众积极生产并承受战争负担，既有经济上的负担，那就是满足战争需求的财政支出，又有人力上的负担，那就是迅速地扩大红军的力量，宣传鼓动包括儿童、妇女、青少年、老人等几乎涵盖全部的人来组建如赤少队、少先队、妇女团等各种工会团体来参与战争。因此，如何刺激农业生产与实现经济动员构成了当时中央苏区在应对军事战争紧迫局势时的重要任务。我们从《红旗周报》《斗争》《红色中华》几个刊物的报道内容来看，在这段时间内集中出现了大量有关苏区"经济动员"的宣传报道，也在一定程度上说明这一时期应对紧张战争形势的经济动员任务。这既是查田运动展开的历史背景，也是查田运动力图解决的重要问题和实现的主要目的。

为了取得反"围剿"的胜利，中共中央局认为"提早春耕运动，增加土地生产力，是取得革命战争胜利的必要条件。为着胜利的执行这一任务，必须立即完成查田运动，彻底解决土地问题，从先进党的区域动员大批的查田或分田突击队，去帮助落后的与新建立的苏区"，力图以此"来发展广大工农群众的积极性"，只有如此，"才能保障这些任务的完全实现"。

而在当时，土地问题并没有因为已经基本实现了按人口平均分配而缓解，相反，对土地和财物的新分配的现实需求与日俱增。如大批原雇农和失业手工业工人、店员要求分配土地；随着扩红运动的开展，外籍红军的红军公田数量要求增加；部分地方雇农不满当地基层干部对地主、富农的态度，要求进一步分配地主、富农的土地财产；许多红军家属和贫苦农民因各种原因，都存在较为严重的生活生产问题而希望开展进一步的土地革命斗争获得土地和财物。这些群体恰好又是革命战争中依靠的主要力量，因此，满足他们对土地和财产的需求也是迫在眉睫。查田运动中，反复向群众灌输的一个信念就是，地主、富农攫取了土地革命的果实，土地革命不彻底。通过宣传，查田运动获得了群众的认同，调动了他们的积极性。《八县区以上苏维埃负责人查田运动大会开幕盛况》一文中，记录了凯丰所提到的查田运动的两大任务：一是彻底没收地主富农的土地，分给富农以坏田；二是在查田运动中来发展苏区的生产。前者的目的仍在于调动农民的积极性，投入苏区的生产、建设工作中，从而促进生产力的发展和社会的稳定，最终为革命斗争提供经济支持、人力支持。毛泽东曾指出："一切过去的经验都证明：只有土地问题的正确解决……才能发动广大的农民群众起来。"

当时的苏区中央领导人和苏维埃政府认为，查田运动是苏区广大区域内的中心重大任务，开展查田运动必须联系到党和苏维埃工作的全部改造，必须把它作为推动一切工作的基本工作。《查田运动是广大区域内的中心重大任务》一文就是代表。《红色中华》第87期的"查田运动专号"

刊登了毛泽东的《查田运动的第一步——组织上的大规模动员》一文，从财政部、军事部、国民经济部、合作社、教育部到各级各类工会（如农业工会、手艺工会及其他）在查田运动中要展开的工作及其任务都有说明，强调查田运动是党、团、政府、工会各方面配合的大规模的动员。中央苏区政府强调各级苏维埃政府的各部门必须一致行动起来，在查田运动中进行各项必要的工作。例如，改造地方苏维埃，肃反，扩大红军，向地主罚款、富农捐款，恢复和发展农业、手工业生产，组织合作社，发展群众的文化教育等。

　　事实上，查田运动的确在一定程度上带动了苏区其他工作的开展，有利于扩大革命力量。如毛泽东曾在《查田运动的初步总结》一文中指出："一句话，封建残余势力，在广大群众面前遭受了惨败。在这个基础上，各种工作更加开展了。在查田有成绩的区域，扩大红军与扩大地方武装，推销经济建设公债与发展合作社，秋收秋耕与发展劳动互助社以及俱乐部夜学小学等文化建设事业，都得到极大的成绩，一切工作进行更加顺利了。在群众活跃的基础上，大批积极份子自己创造成为各种工作的干部，许多工农积极份子加进了党，被吸引到苏维埃工作中来。"① 但又不得不说，查田运动的目的与实际效果之间呈现很大的差距，体现了理想与现实之间的强大张力。其最主要的原因则是王明"左"倾路线的不断扩大化，遮盖了毛泽东对查田运动中"左"倾的纠偏。

二　关于查田运动的评价

　　就查田运动的总的过程中的评价而言，大体上前一阶段毁誉参半，其中试点阶段和纠偏阶段取得了一定的成绩。在试点中，在划分剥削阶级的阶级成分时掌握剥削的方式、剥削的时间和剥削的数量，区分地主同富农的界限，特别是富裕中农同中农的界限方面，取得了许多的经验，同时也调动了群众的积极性，这些都很值得推广。在查田运动全面展开后，毛泽东又及时发表了《怎样分析农村阶级》等文，作为查田运动的指导性文

---

　　① 《斗争（苏区版）》第24期，第4页，《红藏·斗争（苏区版）》①，湘潭大学出版社2014年版，第384页；《红旗》第61期，第45～46页，《红藏·红旗周报》⑧，湘潭大学出版社2014年版，第133～134页。

件，使查田运动及时纠偏，沿着正常的方向朝积极的方面发展。而后一阶段可以说是"左"倾冒险主义的回潮。就四个阶段来说，第三个阶段无论是理论上还是实践上取得的成绩最大，也是毛泽东在土地政策方面以马克思主义的理论联系实际的一种理论探索和革命实践。这一阶段的经验和第二、第四阶段的反面教训的结合，无疑为中国共产党之后的土地政策的探索奠定了基础。

就查田运动而言，戴向青、余伯流等人所著的《中央革命根据地史稿》一书曾对此作出了比较中肯的评价，认为查田运动总体上：第一，严重地侵犯了中农的利益；第二，过分打击了地主、富农；第三，伤害了大批干部；第四，破坏了农业生产。笔者基本上认同这一观点。

首先，严重侵犯了中农的利益。"左"倾土地政策规定，按照家庭劳动力的多寡，或同时又按人口之多寡的混合原则，进行分配。实际上是重新打乱平分，这就必然侵犯中农的利益。在诸多"左"倾的现象中，特别严重的就是反中农的倾向。"因为不了解中农的本质，所以在各地反富农斗争中往往损害了中农的利益，这种事实非常明显，譬如前两个月闽西《红旗》报载汀州一地，因为'打富农'，结果把中农的谷子拿来平分了。三军团第二师的《猛攻》报载，高排所辖四村因'打富农'派军米，结果叫中农送了军米。瑞金县'打'中农的现象特别普遍。某村在执行土地政策的时候，甚至把中农的坟堂和房屋没收了……有些地方，在土地革命中，代表'左'的倾向底一个重要口号便是'富农分坏田，中农分中田，贫农分好田'。在提出口号的主观上，'中农分中田'这是拥护贫农□□□□，可是实际上这种口号是动摇了中农。'中农分中田'的口号显然是把中农与贫农分开了，似乎中农只能分得中田，不能分得好田，这样一定削弱了中农对于土地革命的拥护，削弱他们对于地主、富农斗争的勇气，结果等于帮劝了阶级的敌人。"① 有的地方将中农、贫农认作地主、富农没收的，有的查阶级成分，一查查到上辈子几代人，结果有的中农、贫农甚至雇农被划成了地主。有的地方根据剥削劳动的标准，把革命前五六年甚至十几年前请过长工的人，或者哪怕只请过一两年长工的，也当富农打。在湘赣，还有查到二三代，

---

① 中国社会科学院经济研究所中国现代经济史组编：《第一、二次国内革命战争时期土地斗争史料选编》，人民出版社1981年版，第767～768页。

甚至三四代的，因而有将某些贫农搞成破产地主而没收其土地财产，开除工作、党籍之事。还有些贫农，查成分查了他七代，结果划成了地主的，甚至还有因发生阶级分析的争论，而枪毙中农、贫农的。这种过"火"的运动，导致中农自危恐慌。如毛泽东曾在《查田运动的初步总结》一文中举例指出按亩查田造成的恐慌，指出："瑞金城区的查田，一起始就按家按亩去查，查得中农恐慌，竟有中农跑到苏维埃来请求改变自己的成份，他们请求改为贫农，他们说：'中农危险得很，撺上去就是富农，改为贫农咧，隔富农就远了一点。'这样沉痛的呼声，还不值得我们倾听吗？"[①] 有的中农因恐慌跑到山上，有的甚至反水。刘少奇也曾在《农业工会十二县查田大会总结》一文中尖锐地指出了运动中把中农当作富农来侵犯，把富农当作地主阶级来消灭等错误。

其次，对地主、富农的打击过分，严重剥削了他们的利益。查田运动主张"地主不分田，富农分坏田"的政策，导致地主、富农没有了生活的出路。查田运动中，凡是被划为地主的，一律把人抓起来，没收家产，轻则公开审判，强迫劳动或送往劳役队，重则杀掉。不少地主或上山为匪，或逃亡到白区，被逼走到了与革命对立的角色上。他们"逃出来替白匪军带路打先锋，没有逃出的秘密破坏通消息，造谣离间，因此内应外合"[②]，给根据地带来了危害。对待富农，有的把富农错划为地主，对富农不仅采取没收全部财产、分坏田的政策，关押扣留，或编为劳役队，或押往劳动感化院，或将其全家逐往白区去，还向富农要求捐款，直至把富农现款捐尽，其实质与地主罚款无别。根据 1933 年 7、8、9 三个月的统计，从被查出的地主、富农等手中收回土地 317539 亩，没收现款 66916 元。[③] 毛泽东在长冈乡调查时发现，"过去把富农田地、山林、房屋、耕牛、农具一概没收了，只分了些坏田、破屋给他们，没有分山。现在富农耕牛、农具需向人租。富农的现款过去'罚'的也有，现在'罚'的也有，无所谓捐。现在富农家况比雇农差"[④]，明确指出长冈乡对富农的政

---

① 《斗争（苏区版）》第 24 期，第 8 页，《红藏·斗争（苏区版）》①，湘潭大学出版社 2014 年版，第 388 页。

② 戴向青、余伯流等：《中央革命根据地史稿》，上海人民出版社 1986 年版，第 516 页。

③ 曲直编：《历史大潮中的毛泽东》，人民出版社 1992 年 11 月版，第 138 页。

④ 《毛泽东农村调查文集》，人民出版社 1982 年版，第 299 页。

策是错误的。

另外，把查田运动与肃反、检举运动即"清洗一切混入党内和苏维埃机关的地主富农的暗探"运动相结合，基于不劳动的原则，将许多富农、地主出身的苏维埃政府公职人员和红军都当作阶级异己分子，将其开除公职或军籍。当时的查阶级成分是"唯成分论"的，甚至当了几年红军的富农出身的分子，也不问表现如何，政治坚定与否，都开除了军籍。知识分子也一律按是否劳动和出身来定阶级，一大批文化高的人都被划成了地主、富农，受到严重处理，严重地打击了知识分子。中农、地主、富农和知识分子利益的严重被侵犯，结果，搞得人人自危，社会不安，沉重打击了这些人的劳动积极性，打击了他们对共产党的信任，严重影响到他们的革命热情，最终严重影响到扩大红军、经济建设等革命工作的开展，人为地增加了动员苏区党政军民粉碎敌人第五次军事"围剿"的困难。

当然，查田运动最大的后果在于严重影响到农业的生产。由于土地一分再分，所有权一变再变，阶级成分导致的恐慌自危，农民生产积极性受到严重挫伤。苏区民众普遍对土地的反复分配有所不满，如经过两年土地斗争历史的信丰县有些农民就气愤地说："分来分去，到底分到那（哪）年那（哪）月止？我不要了！"① 另外，当时广大农民尤其是中农产生了惧富心理，因为沾富就有生命危险。因此，当时大批中农人人自危，纷纷拼命吃穿，不想扩大生产，许多人干脆连田也不种，以免因阶级划分受累不说还要遭罪。据曾中生在给中央的一个报告中所指出的那样：当时的困境都是经济政策的错误，敌人的封锁，反富农就反到中农，有一点剩余也是富农，也要反对的。结果使生产率减低，经济不流通，金融枯涩，内外商业停滞，许多财产农民不敢要，怕多要了土地或财产就是富农，于是木子不敢采，土地只够数就算了。现金多分存在农民家中，农民不敢拿出来用，怕人家说是富农。一切土地上的生产，农民都不敢要，他们怕是富农，他们不愿意多做工，多做生产，他们遇着一劳动农民就大声说：你想做富农吗，因此许多生产是荒芜了。他因此在报告中提示中央，如果财政

---

① 《红色中华》第17期，第5版，《红藏·红色中华》①，湘潭大学出版社2014年版，第111页。

经济问题不切实计划整顿，特别是不立刻改变政策，则危机必日益严重。① 据《红色中华》记载，1934 年 5 月底，"总计各地尚未莳好的荒田，不下十二万担"。到六月下旬，"各县尚未莳好的田仍旧是很惊人的。单胜利一县就有五万余担，瑞金有七八千担，福建省有一万六千余担"。这是因为"人人怕上升为富农小地主，拼命吃穿，不想扩大生产"。社会秩序动荡不安，贸易阻滞，商业凋敝，农业生产受到极大损害，出现了粮食紧张、棉布奇缺和没有盐吃的局面。地处苏区边缘的一些地方，如雩都县的小溪、会昌县的筠门岭、万泰县等地，甚至发生整村整乡数万人逃往白区的事件。经济上的困境和秩序上的动荡给正在进行的第五次反"围剿"增加了极大的困难。"全苏区大约有 2 万、3 万担红属的田还荒芜着（瑞金全县红 5 月底止，约有 2700 余担未莳）。这个原因除了当地耕田队的消极怠工以外，有些地方确实是因为劳动力缺乏没有适当调剂。"② 有鉴于此，毛泽东在《查田运动的初步总结》一文中指出，"左"倾是查田运动中"最严重的危险"。

　　回顾历史，第二次国内革命战争时期，在中国共产党内，曾连续出现三次"左"倾错误：瞿秋白的"左"倾盲动主义，李立三的"左"倾冒险主义和王明"左"倾冒险主义。这三次"左"倾错误，一次比一次更"左"，一次比一次对革命造成的危害更大。而王明的"左"倾冒险主义在土地政策方面，集中表现为查田运动中"地主不分田，富农分坏田"的过度打击富农的过"左"政策，主张地主不分田，而且不准买地、租地、开荒，不准以任何方式与土地发生联系，甚至将他们直接驱逐出境，或实行肉体消灭政策。对富农不仅分坏田，而且经富农改造成好田的，又把好田没收重新分以坏田，此外还不断加重富农的劳役和粮食负担，有些甚至将富农土地同地主一样予以没收，使不少富农"家况比雇农差"，从而在经济上消灭富农。更由于斗争的扩大化，将不少中农也错打成富农甚至地主，使他们也遭到没收、"分坏田"乃至"不分田"的厄运。这些做

---

　　① 　参见中国人民解放军国防大学党史党建政工教研室编《中共党史教学参考资料》，第 15 册，人民出版社 1986 年版，第 309、315 页；《鄂豫皖革命根据地工商税收史料选编》，河南人民出版社 1987 年版，第 103 页。

　　② 　然之：《把优待红军家属工作彻底改善起来》，《斗争（苏区版）》第 66 期，第 14 页，《红藏·斗争》②，湘潭大学出版社 2014 年版，第 448 页。

法，势必加剧地主、富农乃至中农的反抗情绪，导致不少地主、富农甚至一部分中农纷纷或反水或逃离苏区到敌占区去，直接扩大了敌人的力量。此外，由于频繁调整土地，影响了农民占有土地的稳定性和持续性，一方面引起干部群众的厌倦不满和排斥，另一方面严重挫伤了农民的生产积极性，直接影响到农业的生产和收成，更挫伤了农民对共产党和红军的信任感和支持感，又直接影响到革命依靠力量。查田运动对革命依靠力量的这种影响，尤其是抵制富农等中间阶级的力量在革命中的作用，这也是其《两条路线》小册子的精神在土地革命问题上的必然表现，而查田运动的后果也是其整个"左"倾教条主义和冒险主义方针贯彻后的必然结果，给中国的革命事业带来了严重的错误。查田运动开展前后所表现出来的针对"富农"问题上毛泽东路线与立三"左"倾路线、王明"左"倾路线的反复演绎，刚好说明马克思主义中国化的路程不是一帆风顺的，是会经历各种崎岖挫折的。在崎岖挫折中通过反面血的教训从正面证明毛泽东路线的正确性，从而引导人民群众去探索适合中国国情的民主主义道路。

如何对待富农，这是中国共产党在新民主主义革命斗争实践中面临的一个必须认真解决的重大问题。在制定富农政策的过程中，以毛泽东为代表的中国共产党人，进行了大量的调查研究，从中国的实际出发，努力克服党内"左"倾思想的影响，通过积极努力和艰苦曲折的探索，提出了与中国革命斗争实际需要相符合的"限制富农"的策略思想，从而为富农政策的制定作出了重要贡献。

但我们也要看到，由于当时苏联与中国革命的关系十分密切又十分特殊，就中国革命的外部条件来说，没有一种影响像苏联对中国革命的影响那样巨大和深刻。共产国际是由苏联发起创立的共产主义的国际组织，而中国共产党是它的一个支部，因此，中共在组织上、行动上都受到共产国际的指挥。在富农政策上，同样如此，这也是在分析制定富农政策时无法回避的一个基本事实。

正如有的学者所指出的，无论是王明还是李立三，"他们的思想理论基础和所执行的路线，都是来自共产国际和斯大林，并无根本区别"[1]。

---

[1]　向青、石志夫等主编：《苏联与中国革命》，中央编译出版社1994年版，第351页。

王明等人不懂得中国革命的理论和实践，只是机械地、不加分析地复述共产国际的指示，却自诩为"真正的布尔塞维克"①。党的六届三中全会后，王明等人在得悉共产国际来信指责三中全会，"抹杀"国际与立三"这两条路线底原则上的区别"，指责立三路线"就是反国际的政治路线"等情况后，打着"反对李立三路线""反对调和路线"的旗号，从"左"的方面攻击党的六届三中全会。② 同时，他还写了题为《两条路线》即《为中共更加布尔塞维克化而斗争》的小册子，该册子"实际上成了王明派集团夺取中央领导权的重要资本，是他以后按照国际路线推行'左'倾冒险主义的总纲"③。该纲领在中国社会性质、阶级关系的问题等方面，夸大资本主义在中国经济中的比重，强调中国现阶段革命中反资产阶级斗争、反富农斗争和所谓"社会主义革命成分"的意义，混淆了民主革命和社会主义革命两个不同阶段的界限。由此出发，把反对资产阶级和反帝反封建并列起来，主张整个地反对资产阶级，否认中间营垒的存在，并相应地主张采取许多超阶段的所谓"阶级路线"的"左"倾政策。这些为王明在六届四中全会上的夺取领导权、取得中央委员以至政治局委员等领导职务奠定了基础。当时王明、博古等留苏学生倚仗米夫的支持，成了"反立三路线"的功臣，受到共产国际的器重。④ 1931 年 1 月 7 日，在共产国际代表米夫的支持下，王明等人打着"国际路线"的旗号，在上海召开了六届四中全会，从而使以王明为代表的"左"倾教条主义者占据了中共中央的领导地位。因此，有学者称中共六届四中全会"是共产国际代表米夫扶植王明等人夺取党的领导权的一次会议"⑤，米夫扶植王明的目的是很明确的，就是"确保中共中央对共产国际的忠诚"⑥。由此开启了王明"左"倾冒险主义错误路线在党内盛行的长达四年的时间。以

---

① 参见曹仲彬、戴茂林《王明传》，吉林文史出版社 1991 年版，第 70 页。

② 参见中国人民解放军政治学院党史教研室编《中共党史参考资料》，第 6 册，人民出版社 1974 年版，第 173、176、213 页。

③ 向青、石志夫等主编：《苏联与中国革命》，中央编译出版社 1994 年版，第 356 页。

④ 参见向青、石志夫等主编《苏联与中国革命》，中央编译出版社 1994 年版，第 350～351 页。

⑤ 曹仲彬、戴茂林：《王明传》，吉林文史出版社 1991 年版，第 220 页。

⑥ 杨奎松：《中间地带的革命——中国革命的策略在国际背景下的演变》，中共中央党校出版社 1992 年版，第 229 页。

王明为代表的"左"倾教条主义把马克思主义教条化，把共产国际决议和苏联经验神圣化，极力推行"左"倾冒险主义。他们对中央苏区直接发号施令，大反"右倾机会主义""富农路线"和"罗明路线"。"富农路线"方面，集中体现在土地政策方面的查田运动的开展过程中。

在土地政策方面，1931 年 2 月，中共中央政治局和共产国际远东局共同商议起草了《土地法草案》。该《草案》是根据 1930 年 7 月共产国际《关于中国问题决议案》的指示精神起草的，基本上明确了没收地主土地、富农分得坏田的"劳动份地"政策，是王明"左"倾教条主义的产物。1931 年 8 月 21 日，苏区中央局通过了《关于土地问题决议案》，正式规定土地政策问题上的"阶级"路线，规定"在分配土地时地主豪绅及其家属，根本无权分得土地"，"富农可以分得一份较坏的土地"①。8 月 30 日，中共中央发出《中央给苏区中央局并红军总前委的指示信》，重点批评中央根据地存在的"最严重的错误"，严令苏区中央局"必须加紧雇农贫农与富农的对抗"，"变更富农的土地所有给他坏田耕种，富农的剩余工具要没收"，地主不仅不能分田，租借土地也不行，"只能是分配他们做苦工"；"富农分坏田"②。中共中央于 11 月 10 日又给苏区中央局写了一封长信，仍指责"有很多非阶级路线的观点和办法，必须立即加以纠正"，如在富农问题方面，指出苏区中央局 8 月的建议有三大错误。③ 11 月初，苏区中央局在瑞金召开了苏区党第一次代表大会，通过了《政治问题决议案》，批评"抽多补少、抽肥补瘦"，"分配土地给一切人"，是模糊土地革命中的阶级斗争，是非阶级路线，是"犯了富农路线的错误"④。1931 年 12 月 1 日，在瑞金召开了第一次全国苏维埃代表大会，通过了《中华苏维埃共和国土地法》，以法律手段，强令各地执行。由此，查田运动逐步开展起来。1932 年 2 月 8 日，苏区中央局通过了

① 参见中国人民解放军国防大学党史党建政工教研室编《中共党史教学参考资料》，人民出版社 1986 年版，第 15 册，第 136、137 页。

② 中国人民解放军政治学院党史教研室编：《中共党史参考资料》，人民出版社 1974 年版，第 6 册，第 392、394 页。

③ 中国人民解放军国防大学党史党建政工教研室编：《中共党史教学参考资料》，人民出版社 1986 年版，第 15 册，第 139 ~ 141 页。

④ 中国人民解放军政治学院党史教研室编：《中共党史参考资料》第 6 册，人民出版社 1974 年版，第 419 页。

《关于在粉碎敌人四次"围剿"的决战面前党的紧急任务决议》，规定了八项"必须立刻执行"的"紧急任务"①。5月，江西省工农兵第一次代表大会通过的《土地问题决议案》，批评过去江西分配土地是"抽多补少、抽肥补瘦"，以人口为单位平均分配的做法是非阶级路线的全民土地革命，要求在老苏区各乡各区组织查田委员会，清查并公布分田名单，按照土地法的要求，彻底揭发过去的错误，执行"地主不分田，富农分坏田"这一"明确的阶级路线"②。7月13日，福建省苏维埃政府发布检查土地条例，开始查田检举运动。其他苏区也先后开展了这一运动。在这一背景下，中央根据地成了重灾区，赣南、鄂豫皖、湘鄂西、赣东北、闽西等地区无一幸免于难。③

　　中共在土地革命时期政策的变化，基本出发点在于使普通农民尽可能多地获得土地，以实践中共抑制剥削的阶级革命理念，巩固农村中的群众基础。

　　查田运动于1932年2月被提出。周恩来在起草的《关于在粉碎敌人四次"围剿"的决战面前党的紧急任务》中就提出"必须完成查田运动，彻底解决土地问题"。博古在宣传查田运动上也颇有出色表现。同时，研究查田运动还需要回答一个问题，1932年2月就有查田运动的说法，直到1933年6月中央政府发出《关于查田运动的训令》，中间差不多有一年零四个月，中间为什么没有开展起来？正如毛泽东在《查田运动的初步总结》一文中指出的，查田委员会等公职人员对开展查田运动热情不高甚至有抵抗情绪，"各地有许多区的查田委员会没有开过一次会，甚至县查田委员会，亦还有几个县没有去抓紧全县的查田工作（会昌，零都，石城，宁化）。许多区与乡的查田委员会，区乡主席不做主任，借口别事

---

① 《中共党史教学参考资料》第15册，人民出版社1986年版，第153页。

② 参见《第一、二次国内革命战争时期土地斗争史料选编》，人民出版社1981年版，第690～692页。

③ 可查看《第一、二次国内革命战争时期土地斗争史料选编》，人民出版社1981年版，第538、669、670、672页；《川陕革命根据地史料选辑》，人民出版社1986年版，第249、258页；《湘鄂赣革命根据地文献资料（第一辑）》，人民出版社1985年版，第561、563、583页等相关史料。

忙，放弃查田不管"①。集中体现为"党部"对查田运动的忽视，"这如会昌县委在中央局查田决议发出后差不多两个月没有讨论过一次查田工作，直到七月底才开了一次会讨论查田。瑞金的下肖区委在一个时期中，对查田运动完全放弃不管。瑞金城市区委虽为查田开过一次会，却没有推动四郊支部去注意查田的领导，各个支部没有为了查田运动开过会的。在别的地方，如雩都，胜利，石城，宁化，县委与许多区委，同样没有用大力去注意查田工作"②。许多同志甚至称"忙得很，没有工夫照顾查田运动"。这些从侧面体现了查田运动"左"倾路线原则引起了大家的不满，也从另一角度说明大家对这一运动的不认可。另一方面则主要是农民的抵抗，尤其是查田中又涉及一些分田和错划阶级的错误行为，导致大批富农乃至中农的恐慌。加上种族与地方关系的这种关联等原因，广大农民群众失却了往日土地革命中的那种获得土地的革命热忱。民众普遍对土地的反复分配有所不满，如经过两年土地斗争历史的信丰县有些农民就气愤地说："分来分去，到底分到那（哪）年那（哪）月止？我们不要了！"③为此，不少农民甚至废弃耕地，不耕作，朝令夕改的"左"倾土地政策让农民失却了对土地所有权的那种安全感和信任感。当然，还有如没有得力的有魄力、有领导艺术的领导人的牵头领导等原因（这也是为什么秦邦宪最终会选择由毛泽东来领导查田运动的原因之一），诸多复杂的因素导致查田运动在 1932 年 2 月至 1933 年 6 月间没有能开展起来。

　　查田运动尤其是后期的扩大化的过激行为，无疑成为红军第五次反"围剿"失败的重要原因之一。而毛泽东和刘少奇等在纠正土地问题上的

　　① 毛泽东：《查田运动的初步总结》，《红旗》第 61 期，第 50 页，《红藏·红旗》⑧，湘潭大学出版社 2014 年版，第 138 页；《斗争（苏区版）》第 24 期，第 6～7 页，《红藏·斗争（苏区版）》①，湘潭大学出版社 2014 年版，第 386～387 页。注：《红旗》第 61 期，第 50 页，《红藏·红旗》⑧，第 138 页中为"石城，宁化"，而《斗争（苏区版）》第 24 期，第 6～7 页，《红藏·斗争（苏区版）》①，湘潭大学出版社 2014 年版，第 386～387 页中为"石宁，城化"，实应该为"石城，宁化"。
　　② 毛泽东：《查田运动的初步总结》，《红旗》第 61 期，第 50～51 页，《红藏·红旗》⑧，湘潭大学出版社 2014 年版，第 138～139 页；《斗争（苏区版）》第 24 期，第 7 页，《红藏·斗争（苏区版）》①，湘潭大学出版社 2014 年版，第 387 页，两文献个别字略有出入，如《红旗》中的"火力"，《斗争（苏区版）》为"大力"。
　　③ 《红色中华》第 17 期第 5 版，1932 年 4 月 13 日，《红藏·红色中华》①，湘潭大学出版社 2014 年版，第 111 页。

"左"倾错误、贯彻正确的土地革命路线和政策等方面，产生了重要影响。毛泽东等实行纠偏，组织进行《关于查田运动的总结》之后，各地对照文件，很快将错划的阶级成分予以纠正。如胜利县查田运动前共有地主、富农1581户，查田运动又查出536户。毛泽东在大量调查研究和总结过去经验教训基础上，起草了《关于土地斗争中一些问题的决议》（又称1933年10月10日颁布的第49号命令），加上之前的《怎样分析农村阶级》等文章以文件形式下达以后，共有1300余户下降为中农成分，下降面占地主、富农总户数的61%。瑞金县大柏地乡原有地主21户，下降成分的有20户，江背乡原有地主、富农50户，两天就改正33户；会昌县沙心区改正62户，比查田运动查出的还多24户，高陂区在1个月内就改正70余户，超过查田运动查出的总数1/3，雩都县段屋区把40户地主、富农改为中农、贫农。①

另外，在"左"倾错误直接导致红军第五次反"围剿"失败后，越来越多的同志意识到了王明"左"倾的错误，越来越多的人认识到毛泽东土地政策的正确性和合理性，逐渐认可毛泽东调查研究和实事求是的工作方法，从而逐渐团结在毛泽东的周围。这恰好为后来遵义会议的胜利召开奠定了基础。

---

① 中共赣州地委党史工作办公室编：《赣南人民革命史》，中国党史出版社1998年版，第294页。

第四章　两刊中中共领导人关于新的领导方式思想的讨论

1932年到1933年，在中央苏区掀起了关于"新的领导方式"的讨论热潮。在这一讨论热潮中，毛泽东、张闻天、陈云等领导人曾围绕这一主题专门撰文，涌现了不少闪光的理论文章，其中《斗争》上曾发表过的系列文章有：张闻天的《关于新的领导方式》（一、二、三、四）（《斗争》的第2期、第5期、第20期、第28期），陈云的《这个巡视员的领导方式好不好?》（《斗争》第18期），罗迈的《这算是新的领导方式么》（《斗争》第32期），还有《目前党组织上的中心任务——弼时同志在湘赣两省组织会议上报告的一部分》（《斗争》第5期）等。这些文章从实行集体领导、进行具体指导、密切联系群众和讲究领导艺术这几个方面展开，但中心是党群关系、群众观点，其提倡的注重党群关系的思想方法和工作作风，同"左"倾教条主义是根本对立的，是我党群众路线理论形成过程中的重要财富。

我们从以上这些文章可以明显看出，这一讨论的兴起与当时党组织建设中的巡视员制度的建立紧密关联。

第一节　巡视制度的建立

一　关于"新的领导方式"与巡视制度的关系

张闻天在《关于新的领导方式（一）》①中开篇指出当时普遍的现象：

① 《斗争（苏区版）》第2期，第6~8页，《红藏·斗争（苏区版）》①，湘潭大学出版社2014年版，第22~24页。

在巡视工作中，没有一个负责的同志，或者只有一个负责的同志在那里包办一切，没有集体的领导。这种普遍的现象，在当时的党内，不仅没有受到严厉的批评，反而被冠以所谓的"新的领导方式"，反过来批评指责"在领导机关内的领导只能是官僚主义的，脱离群众的领导"①。张闻天认为，这种所谓的"新的领导方式"决不能算是新的领导方式，真正的新的领导方式"决不是取消领导，而是在加强领导"②。而要加强领导，必须健全领导机关，实现集体领导。因此，张闻天主张组建"巡视委员会"的组织，并就为什么没有建立起好的巡视制度的认识论原因进行了分析，对具体什么样的人可以做巡视员等问题做了说明。

1933 年 7 月 15 日的《斗争（苏区版）》第 18 期刊登了陈云的《这个巡视员的领导方式好不好？》③ 的文章。该文描述了农业工人工会一个努力工作的巡视员的窘况。因为领导方法工作简单，办事不从实际出发，在工人中缺少威信，所以也影响了工会工作的开展。如去某县参加某区召集的农业工人工会支部长联席会时，缺乏威信。该联合会八个支部只到了五个支部长；办事不从实际出发，其报告提出七个工作要各支部长去做等方面。陈云在全面掌握情况的基础上，着手帮助这位巡视员，具体分析了该巡视员在工作方法、领导艺术方面所犯的诸多的错误，分析其错误产生的原因，热情指出了改变领导方法、努力提高自己工作能力的途径与措施。陈云建议通过发起关于领导方法的大讨论，来帮助各级工会干部改进工作方法，增强组织、领导能力，促进苏维埃运动的深入发展。

由此可见，关于"新的领导方式"的讨论，与该时期苏区的巡视制度的建立紧密关联。

二　中国共产党巡视制度的确立

巡视制度是我国古代监察制度的一种主要形式，其目的在于用流动的

---

① 《斗争（苏区版）》第 2 期，第 6 页，《红藏·斗争（苏区版）》①，湘潭大学出版社 2014 年版，第 22 页。

② 同上。

③ 《斗争（苏区版）》第 18 期，第 17～19 页，《红藏·斗争（苏区版）》①，湘潭大学出版社 2014 年版，第 297～299 页。

方式，割断监督者与被监督者之间的利害关系。该制度萌芽于原始社会，确立于秦汉时期，成熟于隋唐宋，强化于明清。如汉武帝时在中央设十三刺史定期巡察所辖郡国，并在郡内设督邮巡察县；唐中宗时设置了十道巡按制度，代表中央巡视各州县；明太祖朱元璋曾不定期地派出监察御史巡按地方，明成祖朱棣正式确立御史巡按制度，设立十三道监察御史，平时归中央监察机关都察院管理，但在履行职能时直接对皇帝负责，尤其是到地方执行职务"口含天宪"被称为"巡方御史"，权限较大。尽管朝代更迭，但巡视制度为历代君主所采用，是一种行之有效的督察地方官吏的措施，在历代相袭相因中，逐渐制度化。①

中国共产党的巡视工作及其制度的建立是随着党的队伍的不断壮大和指导革命斗争的实践需要而产生和发展，并且是在这一实践过程中逐步建立起与党的工作相适应的巡视条例、制度和工作方式方法的。

第一次明确规定设立中央分派各地指导工作的特派员，开始创立特派、巡视的工作方式是在 1922 年 7 月党的二大通过的《中国共产党章程》。该章程明文规定："中央执行委员会得随时派员到各处召集各种形式的临时会议，此项会议应以中央特派员为主席。"② 1925 年中央扩大会议通过的《组织问题决议案》，决定"增加中央特派巡行的指导员，使事实上能对于区及地方实行指导全部工作"③。这一《决议案》是中共中央重视巡视工作的开端和标志。

1927 年 4 月 27 日到 5 月 9 日在武汉召开的党的"五大"会议上，第一次选举产生了以王荷波为主席的中央监察委员会。由于当时国内政治局势的急剧逆转，白色恐怖加剧，各地党组织相继遭受重大破坏等，随着王荷波的牺牲，中央监察委员会事实上并没有开展实质性的工作。但该组织是专门的党内监督机构，在党的建设史上具有里程碑的意义。鉴于当时的革命形势和背景，"八七"会议上决定派出巡视员到各级党组织指导工

---

① 关于这一部分的内容，详细请参考宋文瑄、展西亮《中国巡察制度概览》（红旗出版社 2014 年版）第一篇，按照朝代更迭顺序对中国古代巡察制度发展历程进行研究分析，共分为七章，对先秦、秦汉、魏晋南北朝、隋唐五代、宋辽金元、明代、清代七个时期的巡察制度的演变进程、体系设计进行了研究，分析了其主要特点与不足。

② 中央档案馆编：《中共中央文件选集》（第 1 册），中共中央党校出版社 1991 年版，第 96 页。

③ 《中国共产党组织史资料》（第 8 卷），中共党史出版社 2000 年版，第 67 页。

作，帮助各地恢复和整顿党组织。1927 年 11 月，中央通过《最近组织问题的重要任务议决案》，首次提出"应当开始建立各级党部的巡视指导制度"，并向各级党部派出巡视员。由此党正式决定从中央至地方建立并实行巡视制度。12 月 1 日，中央就党的组织工作发表中央第 17 号通告，保证"自中央以至各级党部坚决的切实执行组织决议案"，"中央为实现上列的目的，派人巡视各重要党部实地指导"，要求："中央，省委，县委，市委必须经常的有一人巡视下级党部直至支部小组的工作。"① 该通告还规定了巡视员的任职条件。12 月 10 日，又发出关于党的组织工作中央第 20 号通告②，要求中央派出同志到重要的省份及重要的工农区域指导改组并巡视，认为当时巡视制度的重点是，恢复和重建各级党组织，指导各级党的领导机关的改造工作。1928 年 5 月 18 日，中央又发布关于白色恐怖下党组织的整顿、发展和秘密工作的第 47 号通告。该通告对巡视工作与保密性方面作了新的规定，并要求广东、湖南等省须有五六个巡视员，其他省份须有两个或两个以上的巡视员。

为使巡视工作能有效进行，1928 年 10 月，中共中央发出第 67 号通告《巡视条例》，要求各级党部切实执行，以加强对各级党组织工作的指导和建设。该通告对各级党部的巡视员人数、人选的决定，巡视员的条件、职责，巡视的时间、任务等都作了具体明确的规定，初步尝试建立巡视制度。1931 年 5 月，党的六届四中全会通过了《中央巡视条例》，就中央巡视员的条件、基本任务、工作方法、职权、教育和纪律等方面做出具体规定。同时要求各地参照建立相应巡视制度。《中央巡视条例》的颁布与实行，是中国共产党第一次正式以党内法规的形式明确把党的巡视工作制度化，标志着党内巡视制度正式建立，为之后中共巡视制度的发展和完善奠定了基础。

其中《中央巡视条例》明确指出了巡视工作中的领导方式的问题。主张中央巡视员必须严格检查各地党部的领导成分与领导方式；巡视员要避免走马观花、只审阅文件的工作方式，要尽可能到各中心区域，特别是支部中去考察，要向各级党部详细解释中央巡视条例，至少每两周向中央

---

① 中央档案馆编：《中共中央文件选集》（第 3 册），中共中央党校出版社 1991 年版，第 534～538 页。

② 中央档案馆编：《中共中央文件选集》（第 4 册），中共中央党校出版社 1991 年版，第 204 页。

报告一次等。因此，该《条例》一颁布，苏区各地纷纷参照建立相应的巡视制度。而就领导方式而言，苏区各地尤其是中央苏区开展了"新的领导方式"的转变，从理论和实践方面推动了这一工作方式转变的发展。

巡视工作中关于领导方式的问题，其目的在于密切上下级关系，是加强中央对地方、上级对下级工作指导的重要方式。

1928 年 10 月 17 日，中央就党内组织工作发出第 7 号中央通告《关于党的组织——创造无产阶级的党和其主要路线》，指出："为了解下级党部的生活和群众工作的实际，使上级指导能正确而且合于实际，能密切的传到下级党部，那么只有经常的派人巡视才有可能。"并鲜明指出"巡视制度是保证上级党部正确指导的主要方法"，"各级地方支部，需遵照中央巡视条例切实执行"[①]。中共六届三中全会更要求"中央对于地方，省委对于支部，经过巡视工作必须有直接的实际的了解和指导"[②]。1931 年中共六届四中全会后，中央为实行全部工作的彻底转变，更加强调巡视工作，尤其是巡视工作中的领导方式、方法，对使用巡视的方法来加强党的领导的必要性有了更加深入的认识。在领导方式方面，《中央巡视条例》明文要求废除过去"偏重形式上的文件如通告、指示信等"的领导方式，改用"活的指导"，即"派人去直接巡视与加强省委及地方工作"。"必须建立完全的巡视制度，为着要肃清委派制度，也必须改用巡视的方法来加强对于各级党部的领导。"[③] 在此之后，中央又多次重申，在机关组织、领导方式与工作方法上必须坚决反对过去那种一纸空文了事的通告式、公文式的"领导"，极力减少文件的往来，要求采用"活的领导"，普遍建立巡视制度。

针对当时许多省份领导机关的相继被破坏，1931 年 6 月 6 日，中央发出《党的机关组织与工作方式的转变》第 228 号通知。该通知认为这些领导机关的被破坏，根源在于党在"立三路线"之下脱离群众而形

---

① 中央档案馆编：《中共中央文件选集》（第 4 册），中共中央党校出版社 1991 年版，第 651、652 页。

② 中央档案馆编：《中共中央文件选集》（第 6 册），中共中央党校出版社 1991 年版，第 314 页。

③ 中央档案馆编：《中共中央文件选集》（第 7 册），中共中央党校出版社 1991 年版，第 133 页。

成的机关主义、官僚主义的方式尚未根本肃清，从而导致群众基础薄弱。通过血的教训，号召机关组织与工作方式的彻底改变。因此，该通知提出 8 条关于实行党的机关组织与工作方式的转变。如"（一）党的各级指导机关，必须实行群众化的原则，彻底肃清架空的机关主义的组织方式，吸收在业的同志……尤其要使指导机关密切与群众的联系。""（二）采用活的领导，极力减少文件的来往；省委，市委县委直到区委，都要有固定的巡视员，经过巡视员传达指导机关的决议与检查下级党部的工作。要根本转变过去公文形式的指导而成为实际有效的活的指导；机关内部要根本转变过去只凭书信来往的方式而成为个人负责当面解决问题的方式，这样去根本肃清官僚主义的工作方式。""（五）各级党部的书面报告，绝对废除空洞的虚文，要有实际材料的内容，提出具体的问题，严格的裁判过去'立三路线'下夸大，欺骗的恶习。"①1932 年 1 月 12 日，在给湘鄂西中央分局和省委的指示信中要求普遍建立巡视制度和固定的经常的巡视员，并指出，巡视员不是"交通"，不是上级与下级之间的"中间组织"②。

可以说，这一时期巡视制度的逐步建立和完善，对传达落实中央指示、恢复发展地方党组织、指导解决党内纷争、密切联系群众等方面发挥了重要作用，尤其是在密切联系群众方面。因此这次"新的领导方式"或者领导方式的转变，又可称为"群众化"的"领导方式"的转变。巡视工作得到了群众的高度认可，如当时苏区歌谣有首题为《巡视制度好》唱道："干部常来我们乡，巡视我乡谈家常，油盐柴米样样问，温暖送到心窝上。"③

正是在这一背景下，苏区在贯彻实施巡视工作制度过程中，在实行"活的领导方式""新的领导方式"的转变过程中，却出现了不少的问题。这正是《斗争》等期刊展开关于"新的领导方式"的讨论的重要原因。

---

① 《中国共产党组织史资料》（第 8 卷）《文献选编》（上）（1921.7～1949.9），中共党史出版社 2000 年版，第 408 页。

② 中央档案馆编：《中共中央文件选集》（第 8 册），中共中央党校出版社 1991 年版，第 81 页。

③ 中共江西省委党史研究室编：《井冈山精神永放光芒》，江西人民出版社 2003 年版，第 242 页。

第二节　关于"新的领导方式"的讨论

我们从前面可以获知，关于巡视工作的条例规定中，一是强烈反对官僚主义，二是倡导组织工作和领导方式的彻底转变。1932 年到 1933 年中央苏区关于"新的领导方式"的讨论也是因此而发。

一　关于"新的领导方式"的讨论的由来

1932 年 12 月，毛泽东到省、市、县各级机关召开调查会，了解到这样一种情况："汀州市政府只管扩大红军和动员运输队，对于群众生活问题一点不理。汀州市群众的问题是没有柴烧，资本家把盐藏起来没有盐买，有些群众没有房子住，那里缺米，米价又贵。这些是汀州市人民群众的实际问题，十分盼望我们帮助他们去解决。但是汀州市政府一点也不讨论。所以，那时，汀州市工农代表会议改选了以后，一百多个代表，因为几次会都只讨论扩大红军和动员运输队，完全不理群众生活，后来就不高兴到会了，会议也召集不成了。扩大红军、动员运输队呢，因此也就极少成绩。"① 因此，毛泽东对汀州市官僚主义作风作了严厉批评。1932 年 10 月至次年元月，毛泽东在汀州市福音医院休养期间起草了《关心群众生活，注意工作方法》一文，对汀州的官僚主义作风做了点名批评。1933 年，在中央苏区掀起了转变领导方式讨论的热潮。毛泽东、张闻天、陈云等领导人曾围绕这一主题专门撰文，其中《斗争》上曾发表过的系列文章有：张闻天的《关于新的领导方式》（一、二、三、四）（《斗争》的第 2 期、第 5 期、第 20 期、第 28 期），陈云的《这个巡视员的领导方式好不好?》（《斗争》第 18 期）②，罗迈的《这算是新的领导方式么》（《斗争》第 32 期）③ 等。

陈云早在 1929 年 12 月，在江苏省委常委上报告江阴县的情况时，就

---

① 《毛泽东选集》第 1 卷，人民出版社 1991 年版，第 137 页。

② 《斗争（苏区版）》第 18 期，第 17~19 页，《红藏·斗争（苏区版）》①，湘潭大学出版社 2014 年版，第 297~299 页。

③ 《斗争（苏区版）》第 32 期，第 18~19 页，《红藏·斗争（苏区版）》①，湘潭大学出版社 2014 年版，第 554~555 页。

批评了江阴县委"不经过支部组织和群众会议的个人英雄主义的领导方式"①。1930年12月中旬在中国江苏省委常委会上，陈云提出领导方式也要转变，讨论问题不要一般化，要抓住中心问题。1932年6月，陈云在《全总依据职工国际八次会议给我们的任务对山东特派员的工作指示》中就曾指出，"在领导方式上，要虚心听取厂内工人的意见，肃清一切官僚命令倾向"②，明确无产阶级领导方式与官僚主义、命令主义倾向的对立性。1932年9月下旬，陈云在中共临时中央政治局常委会议并在讨论关于支部工作的决议时明确反对不了解实际情况，盲目提要求的错误的领导方式。他指出："现在上海各区委对基层支部的实际情况不甚了解，一开始便提出许多要求，使支部同志不知如何做起，这种领导方式应改变。"③

　　陈云在全总执行局会议上就农业工人工会一个品质很好、工作很努力的巡视员两次巡视工作中的表现，分析了当时领导干部的一个普遍现象的原因：由于工作方式刻板僵化，不会生动活泼地领导，结果工作毫无成绩，从而写了《这个巡视员的领导方式好不好？》一文。该巡视员一次是去某县巡视，在某区召集区的农业工人工会支部长联席会，结果是该区八个支部，那天只到了五个支部长。在会上，该巡视员作报告时居然不切实际、不分轻重地安排了七件事情要各支部去做，而对工人提出的与工人切实相关的两个现实要求没有安排讨论，而是大家空空洞洞讨论巡视员的报告。最后，巡视员提出要求各支部承诺扩大红军多少名，各支部长承诺了一两名，会议就此结束。还有一次是在城市的杂货工会支部和杀猪工会支部全体会员的联席会议上，该巡视员又作了三个内容的报告：（一）过去经济斗争中的错误，或"左"或右；（二）停止向雇主强迫介绍失业工人；（三）取消参加工会工作人员和政府工作人员的长期工资。其报告遭到了城市工人强烈的反对。工人说："停止强迫介绍，老板不会主动请工人，工人大家要失业，长期工资（参加工会与政府工作的）取消了，工人家里没有饭吃。"④ 最后，这个大会无果而终。陈云通过对该巡视员的两次巡视工作及其效果的全面了解，认为该品质很好工

---

①　中央文献研究室编：《陈云年谱》上卷，中央文献出版社2000年版，第78页。

②　同上书，第131页。

③　同上书，第140页。

④　《斗争（苏区版）》第18期，第17页，《红藏·斗争（苏区版）》①，湘潭大学出版社2014年版，第297页。

作很努力的巡视员工作却又毫无成绩的原因在于工作方式刻板僵化，不会生动活泼地领导。而这种呆板空洞无内容的领导方式也是当时许多做领导工作的同志的通病。这一现实要求必须改变领导方式。

同时，"这个方式可以阻止工人的积极性，不会推动支部工作，对于工作不会有任何收获，而且使工人对于工会领导发生不满意，影响到这个支部的健全和巩固"①。这种普遍存在的领导方式不仅不会调动反而会妨碍工人的积极性，不利于支部工作的推动，进而还会影响到党组织支部的健全和巩固。基于其严重的后果，也必须改变领导方式。

那么，这种领导方式究竟错在哪里，与之相对应的该如何改变呢？陈云从四个方面进行了分析：一是出席会议以前，毫无准备。指出，应该在开会之前找区工会的常驻或个别的支部长来了解工人有些什么要求，商量如何达到这些要求，采取什么办法等，并将这些内容放到工作报告中。群众是很高兴很愿意来一起讨论自己的要求的，也只有这样才能推动支部在农民群众中间的工作。如解决"没饭吃"的粮食问题，就要去发动群众的互助运动。如果没有这种关乎具体内容的准备说服工作，当有人反对其报告时就只能"目瞪口呆"。或者就是"蛮不讲理"的"命令"了。陈云认为，这种毫无准备的领导方式是"一定要破产的，不能推动工作的"②。二是不应该在支部会议中提出一大批的七件工作。这是大忌，让人不知道究竟做哪件工作好。不分轻重、不分先后提出一大堆的任务会让支部同志产生"能力不够做不到"或"只会打官话"的感觉，从而拒绝任务。三是要从工人最高兴的工作做起，如"没饭吃"的问题而要求免土地税。从群众最高兴的工作做起所取得的效果就如同用钥匙去打开锁着的两扇大门，只有从工人愿意做，感觉需要做的工作开始做起，才能把他推动起来，才能调动其积极性，来推动支部工作，推动全盘工作。陈云认为："所以领导的艺术，在于了解群众的心理，灵好的活泼的领导。"③ 四是要有具体的方法，要把握他们的情绪。就拿扩红运动来说，我们领导会

① 《斗争（苏区版）》第18期，第17页，《红藏·斗争（苏区版）》①，湘潭大学出版社2014年版，第297页。

② 《斗争（苏区版）》第18期，第18页，《红藏·斗争（苏区版）》①，湘潭大学出版社2014年版，第298页。

③ 同上。

议的同志，应该告诉他们工作的方法，要他们首先去找工人、农民中平常积极工作或者愿意当红军的人谈话，谈话的内容应该怎样，并且告诉他们去动员愿意当红军的人在群众大会上自动报名，作广大的鼓动。这种方法"不是原则的粗糙的指导，而且细心的具体的领导，一定可以推动支部的工作而获得特效"①。就情绪方面来说，"只有把握着支部同志的每一时期工作上发生的各种'失望'的'忽略'的情绪，给以具体的预先的领导，才能使支部同志团结于我们领导之下，完全信仰我们的领导，而使工作推动，大批的创造出细心的有毅力的新的工作干部"②。

当然，在该文中，陈云也明确了该文的写作目的，"希望全苏区同志大家来参加关于'领导方式'的讨论，把各人的好的坏的经验通通写出来，增加我们自己的工作能力，因为对于支部的领导方式是一切工作的关键，我们有了完全正确的决议案，但是要把正确的决议，运用到群众中去成为实际工作，必须经过一种灵巧的工作方法与艺术的领导方式"③。这一过程无疑也是运用"批评与自我批评"的方法。

罗迈的《这算是新的领导方式么？》④ 一文，主要是针对中少共胜利县委油印的《执行中央局和省委关于十月革命十六周年纪念节及中华苏维埃临时中央政府成立两周年纪念的一个月运动周》和《中少共胜利县委组织部指示信》两个文件里空洞毫无内容而做出的严厉批评。认为其内容不过是重抄一遍中央省委的指示，改动几个字或加上些地名而没有更具体的内容的这种所谓"决议""决定"和"指示信"等。罗迈认为，这不仅毫无意义，而且还浪费纸张、浪费油墨工人的劳动等，同时就《中少共胜利县委组织部指示信》中的六大项内容一一进行批评，由此，强调报告、指示、决议等方面要求内容一定要具体。

二 张闻天关于新的领导方式的论述

张闻天于 1933 年 2 月至 9 月发表了《关于新的领导方式》的长篇文

---

① 《斗争（苏区版）》第 18 期，第 19 页，《红藏·斗争（苏区版）》①，湘潭大学出版社 2014 年版，第 299 页。

② 同上。

③ 同上。

④ 《斗争（苏区版）》第 32 期，第 18~19 页，《红藏·斗争（苏区版）》①，湘潭大学出版社 2014 年版，第 554~555 页。

章，分四篇先后发表在《斗争》第 2 期、第 5 期、第 20 期和第 28 期（其中第四部分同时发表在《红旗》第 62 期）。该文集中论述了我们党在中国革命斗争过程中新的领导方式的基本内容——认清党群关系以及如何实现党对群众的领导问题。张闻天指出，新的领导方式的目的在于：使党的支部在群众中起到它的核心作用，使党变成领导最广大群众的党；其基本的内容有两个方面：党与群众的关系与党怎样领导群众的问题。在他看来，新的布尔什维克的领导方式是同群众在一起的，既说服群众又领导群众。而官僚主义的旧的领导方法则是脱离群众、命令群众的。张闻天指出，在苏区，由于政权掌握在党的手里，这更便利于官僚主义者倚仗政权达到其目的。因此，他多次提醒要警惕官僚主义。在他看来，我们党所以能说服群众，使群众执行党的路线，是因为党有正确的理论和策略，我们党的每一个口号都是"为了群众的切身利益"。正因为如此，我们党要在"细心的、耐烦的去说服群众"的过程中"组织群众"，正确地"去代表群众的意思"，既"要跟群众学习"，又要"负责的谨慎的去领导群众"。此外，张闻天还指出，要帮助群众用自己的经验了解党的政策；假如党犯了错误，党的政策不能代表群众利益时，党就必须承认错误、修改政策；要使党真正成为群众的领导者，我们不仅要教育群众，说服群众，而且要跟群众学习，因为群众常常能创造出许多实现党的策略与口号的新的具体方式与方法。此外，还要耐心听取群众的呼声。就宣传工作而言，一方面要具体了解宣传对象，具体了解群众的生活、情绪、兴趣与要求；另一方面要把群众的切身利益同党的基本口号加以联系等。

张闻天于 1933 年 2 月起发表了《关于新的领导方式》（一、二、三、四）的文章，集中论述了如何处理党群关系。文章指出了我们党在中国革命斗争过程中新的领导方式的基本内容——认清党群关系以及如何实现党对群众的领导问题。认为党群关系中最主要的方法就是说服。因为我们党的每一个口号都是"为了群众的切身利益"，因此我们党要在"细心的、耐烦的去说服群众"的过程中"组织群众"，正确地"去代表群众的意思"，"要跟群众学习"，"负责的谨慎的去领导群众"。文章主张：要帮助群众用自己的经验了解党的政策；党有错误就承认错误、修改政策；党要跟群众学习，耐心听取群众呼声；宣传工作要具体了解宣传对象，具体了解群众的生活、情绪、兴趣与要求；要把群众的切身利益同党的基本口号加以联系等。

《关于新的领导方式》（一）[①]一文指出了当时巡视工作普遍存在的问题，缺乏集体领导，只有包办主义，其实质就是取消领导，因而倡导集体领导，完善巡视制度，机关明确分工，实现真正的领导方式的转变。

张闻天指出，当时存在这样一种普遍的现象：没有一个负责的同志，或者只有一个负责的同志在那里包办一切，什么集体的领导是没有的。这种普遍的现象，在当时的党内，不仅没有受到严厉的批评，反而被冠以所谓的"新的领导方式"，反过来批评指责"在领导机关内的领导只能是官僚主义的，脱离群众的领导"[②]。张闻天认为，这种所谓的"新的领导方式"决不能算是新的领导方式，真正的新的领导方式，"决不是取消领导，而是在加强领导"[③]。而要加强领导，必须健全领导机关，实现集体领导。"首先必须把领导的机关健全起来，必须有一个领导的集体，必须把一切重要的问题在这个集体内讨论，决定，然后负责执行。只有这种集体的领导，才能同包办主义，命令主义，事务主义做有力的斗争。"[④]而当时党和苏维埃政府的领导机关却没有这种集体的领导。当时普遍的是"个人的领导"，是包办一切的，命令的，应付敷衍的不良现象。这种"个人的领导"把每一个领导者（也许还是很好的同志）变成疲于东奔西走的巡视员。张闻天认为，真正的"新的领导方式"要求"集体的领导"，"这是绝对的真理"。

其次，呼吁组建"巡视委员会"的组织。反对形式上的提拔，主张真正有耐心地教育这些提拔的干部。认为当时党面临的问题不是"没有干部"，而是"我们没有去提拔干部"。而巡视员制度的建立和巡视员委员会的组建刚好能有效地解决这一问题。

最后，真正的"新的领导方式"除了"集体的领导"关乎巡视制度外，还必须要有明确的分工。而这种明确的具体的分工，在当时党的机关

---

① 《斗争（苏区版）》第2期，第6~8页，《红藏·斗争（苏区版）》①，湘潭大学出版社2014年版，第22~24页。

② 《斗争（苏区版）》第2期，第6页，《红藏·斗争（苏区版）》①，湘潭大学出版社2014年版，第22页。

③ 同上。

④ 《斗争（苏区版）》第2期，第6~7页，《红藏·斗争（苏区版）》①，湘潭大学出版社2014年版，第22~23页。

内是没有的，"或者有其名而无其实"，并就宣传部和组织部的工作分析其"有名无实"的分工状况，"更正确些说，就是什么事都一个人做，根本说不上分工！（因为集体领导还没有。）"① "建立各部门的工作，对于我们党的领导机关是绝对必要的，我们的宣传部必须真正能建立起它的各级宣传部的系统，想出一切宣传鼓动的方法使我们党的主张与策略深入到群众中去。"② 认为过去那种革命战争紧急状况下"发一张宣言写几个标语的宣传方法"已经完全不够，不能满足当时的需求，而需要更多"口头的与活的群众的宣传鼓动方式去动员群众参加革命战争"③。而组织部的工作也是多元化的，如关于领导方式如何转变，如何去动员党外群众，如何去建立支部工作，如何考察与提拔干部等。因此，每一个部门的工作必须尽量吸收同志参加，并且在工作中训练他们，造成更多的新的干部。总之，"只有在领导机关内有了这种的集体与分工，有了各部的工作与巡视员制度的建立，才能说新的领导方式已经有了必要的基础。不然，一天到晚喊转变领导方式，重复的说反对事务主义，包办主义等，都不过是嘴上的空谈"④。

《关于新的领导方式》（二）（《斗争》第 5 期，1933 年 3 月 15 日）一文，着重批评空洞的领导，倡导具体的切实的领导。

张闻天指出，旧的领导方式是包办主义的、命令主义的、事务主义的，只是一般的空洞的指示，"一千零一遍的背诵我们党的一些紧急任务，决没有办法使这些任务变为实际的行动"⑤。这种一般的空洞的指示不过是一种"消极的""最便利不过"的方式。"这样把一切官僚主义领导的责任都轻轻放到下级同志身上去了。这当然是最便利不过的事！然而同时这是官僚主义最好的标本。"⑥ 而没有看到具体的切实的领导。而要真正转变我们的工作，"最大限度的发展党员的积极性……使一般的空洞

---

① 《斗争（苏区版）》第 2 期，第 8 页，《红藏·斗争（苏区版）》①，湘潭大学出版社 2014 年版，第 24 页。

② 同上。

③ 同上。

④ 同上。

⑤ 《斗争（苏区版）》第 5 期，第 12 页，《红藏·斗争（苏区版）》①，湘潭大学出版社 2014 年版，第 76 页。

⑥ 同上。

的领导变为具体的切实的领导，应该是我们党完成目前紧急任务的必要条件"①。张闻天认为："具体的领导首先要求领导机关更充分的了解下面情形。……而是切实的去了解下面的情形，耐心的倾听下面同志的意见，使党的指示具体化，具体的帮助下面同志执行党的指示。"②

而要具体地了解下面的情况，就需要好的下级的报告。因此对下级党的"报告"有新的要求，要求有具体的内容。"这种报告决不能是一些枯燥的数目字（笔者注：原文为'字'）的搜集，或者是旁观者当地情形的客观的描写，……这丝毫也不能告诉我们任何的实际情形。"③ 这些"写满一些死的数字与统计的""死的报告"不仅无助于我们了解实际情况，而且还会把人弄得昏头昏脑。因此，张闻天坚决反对这种"死的报告"，认为："我们需要的报告是活的，实际的，党的报告。"④ 这种"活的报告""须是党在具体环境中执行党的具体任务的报告，须是具体指出党在实际工作中所以获得成绩与发生缺点的原因以及工作中所遭到的困难的报告"⑤。对于一个具体的工作要做具体的讨论，决定具体的方法，这才是具体的领导。

张闻天指出："一般的报告，一般的讨论，一般的决定，与一般的总结；这差不多是我们工作中很普遍的现象，分别的具体的领导是很少的，甚至完全没有的。"⑥ 因此，张闻天从党的组织建设等方面提出，党的领导机关必须同这种现象作具体的斗争。从省委到县委到区委都来实行具体的领导。"总之，从一般的领导到具体的领导，从空洞的计划到实际的活动，才能说我们的领导方式有了必要的转变。"⑦

《关于新的领导方式（三）——学习领导群众的艺术》，该文主题在于党群关系，分析详见后文《张闻天关于群众化理论的阐释》。

---

① 《斗争（苏区版）》第 5 期，第 12 页，《红藏·斗争（苏区版）》①，湘潭大学出版社 2014 年版，第 76 页。

② 同上。

③ 同上。

④ 《斗争（苏区版）》第 5 期，第 13 页，《红藏·斗争（苏区版）》①，湘潭大学出版社 2014 年版，第 77 页。

⑤ 同上。

⑥ 同上。

⑦ 《斗争（苏区版）》第 5 期，第 15 页，《红藏·斗争（苏区版）》①，湘潭大学出版社 2014 年版，第 79 页。

第三节　关于"新的领导方式"的理论意义

围绕党群关系的问题，对新的领导群众方式提出了基本的原则："把群众的切身的问题，同党的基本口号密切的联系起来"，认为这是布尔塞维克动员群众的基本原则之一。这种反对"强迫命令主义"的领导群众的艺术观是中共反对教条主义和本本主义的经验总结。同时，布尔塞维克的自我批评思想也是中国共产党党建理论的重要内容。此外，在巡视工作方法方面积累了不少的经验，进行了丰富的理论探索，为此后巡视制度的建立与完善奠定了基础，是中国共产党组织建设方面的重要内容。

一　反对"官僚主义""命令主义"作风

首先，这种布尔塞维克的新的领导方式，于"官僚主义""命令主义"的不良作风问题有振聋发聩、催人梦醒的意义，在《红旗周报》中有经典表述。前面我们提到张闻天《关于新的领导方式》的系列文章，之所以主张将"新的领导方式"的中心放在党群关系、群众观点上，都是为了配合当时反官僚主义斗争的需要。《关于新的领导方式——再谈学习领导群众的艺术》一文开篇就指出"反对强迫命令"。全文从四个方面分析新的领导艺术时，也是以详细分析为什么强迫命令的方法依然到处存在的形式贯彻始终，以批评反面的不良的做法的形式从正面提出群众化的要求。这一精神在《红旗周报》其他文章中也有体现。如《应该怎样去领导群众——论群众工作中的一个问题》一文主张："在群众中间，经过群众，依靠群众与群众在一起（不跑前，亦不落后）而同时领导群众，要在领导的时候保持并增加与广大的群众联系。"[①] 认为李立三主义的错误在于：站在群众之外，命令群众的方法代替了在群众中间与群众一起来领导群众的方法。而其危害与其"命令"结果一样，使党从无产阶级革命争斗的首领，变成空洞无实力的少数阴谋家的小团体，造成党的部分干部是怎样的不懂得布尔什（原文作"雪"）维克领导的艺术，在领导群众

---

① 半轩：《应该怎样去领导群众——论群众工作中的一个问题》，《红旗周报》第2期，第4页，《红藏·红旗周报》①，湘潭大学出版社2014年版，第8页。

时，组织斗争时是怎样的呆板、机械和蠢笨。毛泽东在《粉碎五次"围剿"与苏维埃经济建设任务》一文中也认为，在经济建设工作的领导方式上主张群众化，反对官僚主义；在工作方法上要和群众商量办事，反对命令主义。他指出：要使我们各个口号、各项工作得到广大群众拥护，一是"要从组织上去动员群众"；二是"动员群众的方式，应该不是官僚主义的。官僚主义的领导方式，是任何革命工作所不应有的"①，"要把官僚主义方式这个极坏的家伙，抛到粪缸里去，没有一个同志喜欢它。每一个同志喜欢的应该是布尔塞维克的工作方式，即群众化的方式"②。批评了官僚主义的两种表现方式：一是机会主义的消极怠工，即不理不睬或敷衍塞责；另一种是命令主义，认为："我们一定不能要命令主义，我们要的是努力宣传，说服群众，按照具体的环境，具体表现出来的群众情绪，去发展合作社，去推销公债票，去做一切经济动员的工作。"③ 而反对官僚主义作风，突出作风建设正是中国共产党党建方面的重要内容之一。张闻天等人提出的新的领导方法的思路，对我们弄清楚为什么要反对官僚主义、怎样克服官僚主义等问题有一定的启迪意义，这也是中共党史党建理论中的重要部分。

其次，张闻天在文中强调了领导群众工作的"具体性"的要求。这一要求也是我们防范官僚主义、命令主义乃至形式主义的法宝，也是反对教条主义、本本主义过程中的经验总结。

前面我们已经提及，1932～1933 年关于领导方式讨论的热潮一方面是基于毛泽东到省、市、县各级机关召开调查会发现强迫命令作风而起，因此与调查研究、注重实际，反对教条主义、本本主义紧密相关。早在 1929 年 6 月中共第六届中央执行委员会第二次全体会议的《政治决议案》就曾特别强调，全党的马克思列宁主义的理论教育工作"要注意与实际斗争策略，党的日常工作，发生密切的联系，离开策略，离开工作去高谈理论，

---

① 《红旗》第 62 期，第 21 页，《红藏·红旗周报》⑧，湘潭大学出版社 2014 年版，第 215 页。

② 《红旗》第 62 期，第 21～22 页，《红藏·红旗周报》⑧，湘潭大学出版社 2014 年版，第 215～216 页。

③ 《红旗》第 62 期，第 22 页，《红藏·红旗周报》⑧，湘潭大学出版社 2014 年版，第 216 页。

这是一种清谈的倾向"①。而党的日常工作与实际斗争策略无一离得开人民群众。因此，毛泽东强调中共从"群众的实践"中具体落实党的政策。毛泽东认为，纠正主观主义错误的方法之一就在于"使党员注意社会经济的调查和研究，由此来决定斗争的策略和工作的方法，使同志们知道离开了实际情况的调查，就要堕入空想和盲动的深坑"②。在1930年5月的《反对本本主义》一文中，毛泽东更是明确指出，本本主义的结果不是机会主义就是盲动主义，因此，主张"注重调查！反对瞎说！"认为纯主观的"瞎说一顿""一定要失掉群众，一定不能解决问题"，而"调查就是解决问题"③。文中明确反对脱离群众和群众的实际斗争与生活的这种本本主义、教条主义。《关心群众生活，注意工作方法》一文也力斥官僚主义，"我们要学习长冈乡、才溪乡，反对汀州市那样的官僚主义的领导者！"④"一切工作，如果仅仅提出任务而不注意实行时候的工作方法，不反对官僚主义的工作方法而采取实际的具体的工作方法，不抛弃命令主义的工作方法而采取耐心说服的工作方法，那末，什么任务也是不能实现的。"⑤

二　"自我批评"的方法

张闻天还强调了科学的"自我批评"方法在领导群众中的重要性。张闻天认为，自我批评是改变领导方式的有力武器。

张闻天批评："我们有的一些同志只满足于背诵圣经式的千篇一律的自我批评，而对于活生生的新鲜的经验，则采取了漠视的态度。"⑥ 反对滔滔不绝地讲套话，千篇一律的陈词滥调。"布尔塞维克的自我批评应该成为我们党改善我们对于群众的领导方式的有力的武器。这种自我批评应该具体分析我们在领导群众中的经验，指出我们自己工作中的错误与缺

①　中共中央文献研究室编：《建国以来重要文献选编》第5册，中央文献出版社1993年版，第203页。

②　《关于纠正党内的错误思想》，《毛泽东选集》第1卷，人民出版社1991年版，第92页。

③　《反对本本主义》，《毛泽东选集》第1卷，人民出版社1991年版，第109、110页。

④　《关心群众生活，注意工作方法》，《毛泽东选集》第1卷，人民出版社1991年版，第138页。

⑤　同上书，第140页。

⑥　《斗争（苏区版）》第28期，第16页，《红藏·斗争（苏区版）》①，湘潭大学出版社2014年版，第484页；《红旗》第62期，第83页，《红藏·红旗周报》⑧，湘潭大学出版社2014年版，第277页。两文献文字略有出入，《红旗》中为"而对于生活的新鲜的经验"。

点，使我们以后能够更好的领导群众，这种自我批评有它的时间性，特殊性，与连续性。它一层深一层的向着取得领导群众的艺术的方向前进。自我批评的价值也就是在这里。"① 布尔塞维克的自我批评具体而言，需要对如动员红军、推销公债等事件中发生的严重现象进行反思，不能将责任全部推到下层同志身上，将自己置身事外。需要反思自己为了纠正这些错误中除了一般的空洞的指示外，到底做了什么具体的工作，到底给下面的同志提出了什么具体的办法。批评当时存在的缺乏自我批评的现象，认为这也是妨碍我们改善动员群众工作的一个方面。"或者是忏悔式的背诵圣经式的自我批评，或者是没有自我批评。"② 认为张如心③在《红校斗争》④ 第 7 期、第 8 期上的《自我批评》，只不过是流水账，"同布尔塞维克的自我批评还相差十万八千里"⑤。

　　可见，张闻天不仅回答了"什么是自我批评"，"如何做自我批评"的问题，而且回答了"自我批评的价值是什么"的问题。

---

　　① 《斗争（苏区版）》第 28 期，第 16 页，《红藏·斗争（苏区版）》①，湘潭大学出版社 2014 年版，第 484 页；《红旗》第 62 期，第 83 页，《红藏·红旗周报》⑧，湘潭大学出版社 2014 年版，第 277 页。两文献文字略有出入，《红旗》中为"而对于生活的新鲜的经验"。

　　② 同上。

　　③ 张如心（1908～1976），广东省兴宁市人。是马克思主义的理论家，教育家，中国共产党历史中理论教育工作战线上着名的"红色教授"之一，是提出"毛泽东思想"这一科学概念的第一人。他的一生与毛泽东思想结下不解之缘，为毛泽东思想的研究、宣传贡献了毕生精力。1926 年 2 月，考进苏联莫斯科中山大学，成为该校第一期学员，接受马克思列宁主义的教育。1931 年 6 月，加入中国共产党。同年，出版了《哲学概论》，详尽介绍了马克思列宁主义哲学的基本原理，对广大知识青年学哲学起到了积极作用。1931 年 8 月，他奉党组织的指示，赴江西苏区任红军总政治部《红星》报主编。该报版面不大，但栏目众多，其中就有"自我批评"的栏目。1932 年 2 月，任红军后方政治部宣传部长兼瑞金红军学校团政治委员、训练班主任。1933 年冬，他调红军总政治部宣传部，任红军马克思主义研究会主任等职，是被毛泽东称之为"很受欢迎"的教员之一。1941 年 12 月 29 日，中共中央政治局决定调他任毛泽东的读书秘书。1941 年至 1943 年，担任延安中央研究院中国政治研究室主任，着重研究了毛泽东的思想。1943 年 5 月以后，先后担任中央党校三部副主任和延安大学副校长等职。期间，系统地研究、宣传毛泽东思想。1941 年 2 月 8 日，张如心写了一篇题为《论布尔什维克的教育家》的论文，发表于 1941 年 3 月 20 日《共产党人》杂志第 16 期，文中首次使用了"毛泽东同志的思想"这一概念。

　　④ 《红校斗争》中国工农红军学校政治部出版，32 开油印版。专门反映红军学校教学和生活、斗争情况。现存有第 5 期。

　　⑤ 洛甫：《关于新的领导方式》，《红旗》第 62 期，第 84 页，《红藏·红旗周报》⑧，湘潭大学出版社 2014 年版，第 278 页。

批评与自我批评思想是中国共产党在总结革命建设过程中的实践经验的基础上形成和发展起来的，是我党的优良作风之一。但究竟如何开展"批评与自我批评"尤其是"自我批评"的工作，如何剖析反思自己的工作等方面，不少党员缺乏正确的方法和科学的认识，民主生活会往往"空话连篇""千篇一律""名不副实"，出现"或者是忏悔式的背诵圣经式的自我批评，或者没有自我批评"的现象，因此张闻天强调"布尔塞维克"的"自我批评"法，让大家认识到科学的"自我批评"的价值所在。

自我批评在当时苏区是加强党的领导的重要环节。1931 年 7 月共产国际执委主席团扩大会议通过的《共产国际执委主席团给中国共产党的信》中就明确指出："应当在苏区建立党的监察委员会。必须在当地条件允许之下，尽量发展党内民主与自我批评。特别是在苏区自我批评能成为而且应当成为加强党领导链环最重要的手段，成为两条战线上斗争的武器，特别是反对实际工作中的机会主义。"① 开展批评与自我批评，这是当时报业的特色。当时不少报刊上都设有"自我批评"的专栏，如被毛泽东称为"最受欢迎的教员"之一的张如心，主编的《红星》报，该报版面不大，但栏目众多，其中就有"自我批评"专栏。《斗争（苏区版）》由炳（化名）等负责"自我批评"这一专栏。

表 4 - 1　　　　　　　《斗争（苏区版）》"自我批评"专栏

序号	篇　名	作者	期刊卷数	期刊页码	发表时间	《红藏》卷数及页码
1	没有下文的空洞计划	炳	2	11 ~ 12	1933 年 2 月 4 日	①27 ~ 28
2	何等客气的要求	炳	2	12	1933 年 2 月 4 日	①28
3	把一切责任放到支部同志身上	炳	3	20	1933 年 2 月 24 日	①48
4	硬化的千篇一律的工作报告	炳	4	16	1933 年 3 月 5 日	①64
5	吊在空中的两条战线	炳	4	16	1933 年 3 月 5 日	①64

---

① 中央档案馆编：《中共中央文件选集》（第 7 册），中共中央党校出版社 1991 年版，第 753 页。

序号	篇　名	作者	期刊卷数	期刊页码	发表时间	《红藏》卷数及页码
6	具体领导在哪里？	炳	8	20	1933 年 4 月 15 日	①132
7	平均主义是具体领导最凶恶的敌人	凯丰	10	15	1933 年 5 月 1 日	①163
8	克服锦标主义的革命竞赛	小超	10	15 ~ 16	1933 年 5 月 1 日	①163 ~ 164

资料来源：《红藏》收录的《斗争（苏区版）》相关文章。

　　《斗争（苏区版）》第 4 期 1933 年 3 月 5 日 "自我批评" 一栏，曾就《硬化的千篇一律的工作报告》针对工作报告的内容展开了批评。文章通过会昌独立团报告的例子说明，这种千篇一律的工作报告随处可见，而其后果是："这样的报告，简直没有法子使你了解事情的真相。"① 如独立团内的工作到底怎样，进步或者退步究竟表现在什么地方，党采取了什么办法去加强对于它的领导等，这些重要的问题，从这种千篇一律的报告中都无从知道。② 在反对千篇一律的样板文的基础上，主张不要 "死的报告"，而要求 "活的报告"，即有具体内容有助于了解各种情况的报告。

　　1933 年 4 月 15 日第 8 期刊发了《具体领导在哪里？》一文，刊发了江西省委于 3 月 8 日给建宁中心县委的指示信，批评："在这一指示信上什么都有但同时又是什么都没有。这样的指示信可以油印好之后，发到江西任何一县。这真是官僚主义式的一般的领导的标本。可惜这样的指示信，我们所看到的不止一封！"③

　　1933 年 5 月 1 日第 10 期，发表了凯丰的《平均主义是具体领导最凶恶的敌人》。作者认为《真理报》有名的社论 "布尔塞维克的工作方法" 是中国关于新的领导方法的指南，值得每个党员详细研究并且融化到工作中

---

　　① 　《斗争（苏区版）》第 4 期，第 16 页，《红藏·斗争（苏区版）》①，湘潭大学出版社2014 年版，第 64 页。

　　② 　同上。

　　③ 　《斗争（苏区版）》第 8 期，第 20 页，《红藏·斗争（苏区版）》①，湘潭大学出版社2014 年版，第 132 页。

去。批评《革命与战争》杂志上所发表的两篇文章：《以胜利的进攻来粉碎帝国主义国民党对中区的大举进攻》与《纪念苏联红军的成立加紧扩大和巩固红军粉碎罗明路线》，认为翻过来覆过去，重复着在前几期里所写的文章的字句，不过是"大题目"庸俗化。作者认为"这种毫无内容的皮相的形式主义，这种毫无益处的革命的空话"①，是不能去担当革命的任务的。主张我们的报刊去适应群众的需要，铲除皮相的和毫无内容的形式主义与革命的"空炮"。明确指出，我们要反对像《革命与战争》论文的作者所犯的那种平均主义，认为"一切形式的平均主义都是具体领导最凶恶的敌人"，"是马克思主义庸俗化之最恶劣的形式"②。小超《克服锦标主义的革命竞赛》一文，针对1933年2月28日晚上的中央政府总支部关于革命竞赛的总结与评判召开的全体党员大会上，无线电学校和中央政府支部站在十足的庸俗的锦标主义的观点等，使会议中心陷入争分数、争等级的顽强热烈的争执中而整整延长了三小时以上。作者多次使用"很可惜的"来表达他对党支部大多数同志的失望。他指出，大多数的同志对革命竞赛的真义与怎样正确运用缺乏了解而完全离开了正确的立场。由此强调把布尔塞维克的革命竞赛与庸俗的锦标主义区分开来，认为前者应该在为迅速执行党的决议和工作的基础出发，应该保证在每个党员的发动与发展积极性的基础上，应该是先进的教育落后的，落后的学习先进的，警惕着自己的落后而要求进步，而绝不是为了竞赛而"竞赛"。可见，这种革命竞赛建立在自觉自愿的基础上，自觉自身的落后状态，而自愿接受先进教育，同时还有一种紧迫感、危机感，警惕落后而自觉要求进步。而笔者认为，就先进者而言，也需有着自觉自愿的心态，而不是命令式的教育。

　　针对这种对革命竞赛立场、目的、方法的无知，《斗争（苏区版）》在第45期、第48期以连刊的方式特别刊发了列宁的《怎样组织竞赛？》一文，来加以理论学习与指导。

　　这些关于批评与自我批评的思想为后来党的作风建设奠定了基础，尤其是延安整风运动时期。如在延安整风运动中，提倡干部进行思想反省，

---

①　《斗争（苏区版）》第10期，第15页，《红藏·斗争（苏区版）》①，湘潭大学出版社2014年版，第163页。

②　同上。

并写出带有自我批评性质的反省笔记。在 4 月 20 日中央学习组的会议上，毛泽东曾指出："康生同志在前天动员大会上讲的批评与自我批评，批评是批评别人，自我批评是批评自己。批评是整个的，但自我批评就是说领导者对自己的批评是主要的。"①

三　巡视工作方法

在关于"新的领导方式"的讨论中，一是通过具体的事实凸显了建立和完善巡视制度的必要性，同时也为之提供了丰富的经验总结与理论摸索；二是明确了要建立巡视制度的态度，分析了建立巡视制度的意义。

陈云的《这个巡视员的领导方式好不好？》，对一个巡视员会前毫无准备、部署大批工作、不了解群众迫切要求解决的问题，缺少工作方法，领导方式呆板，不会具体活泼地领导等方面加以分析，提出了改进的办法，强调要从群众迫切要求解决的工作做起，提高领导艺术，调动党外群众的积极性，取得领导工作的主动权，掌握灵巧的工作方法和艺术的领导方式等。该文凸显了提高教育巡视员的素质和工作水平的呼吁，即重视对巡视员的培训与教育。

由于当时的白色恐怖统治，当时党的机关组织破坏严重，领导干部损耗严重。1933 年 1 月 31 日国民党特务机关破获共青团中央机关，最后陆续逮捕共青团中央总书记兼共产党中央政治局委员王云程、青年团中央组织部长孙际明、中央宣传部长秘书于桂生、中央秘书长陈卓文、中央交通科主任蔡平、中央文书科长刘永清、中央发行科长邱迅赤、湘鄂赣省委书记蓝乔、闽西少先队主任郑荣光等三十余人。② 如此造成苏区领导干部资源损耗巨大，不得不立即从优秀的工农群众中进行选拔予以补充。因此，苏区时期把提拔新的领导干部当作是组织上的战斗任务。据资料记载，当时江西省委县一级干部中，在 16 个县的 419 名县级干部中，工人有 192 人，农民有 184 人。他们的党龄一般都比较短，其中，1931 年至 1932 年入党的 190 人，1933 年入党的 39 人，进训练班、列宁师范或红军学校接

---

① 毛泽东：《关于整顿三风》（1942 年 4 月 20 日），《党的文献》1992 年第 2 期。

② 以上史料和数据都是杨奎松教授根据台北"国史馆"藏蒋中正档案整理而成。详见杨奎松《国民党的"联共"与"反共"》，社会科学文献出版社 2011 年版，第 311、313 页等。

受过马列主义基本知识训练的只有 68 人。他们普遍的文化水平比较低，受过中小学教育的只有 25 人，可以写点东西的 129 人，略识字而不能动笔的 181 人，还有 84 人完全是文盲。① 县级领导干部如此，而巡视员也存在较大的问题。如张闻天《关于新的领导方式》一文中所反映的巡视员短缺及工作能力薄弱的问题。"我们过去总以为只有工作能力非常强，能当省委或县委委员的同志，才能充当巡视员。"而这种人不好找，所以缺乏巡视员。张闻天认为当时党面临的问题不是"没有干部"，而是"我们没有去提拔干部"，主张："只要立场正确，斗争坚定的做过相当工作的工人雇农等份子，虽是在能力上比较薄弱，都可以提上来做省的或县的巡视员。他们在巡视工作的过程中可以很快的得到进步，成为有能力的干部。"② 针对这些巡视员要经常地教育他们，培养他们，逐渐把他们培养成为能够独立担任领导工作的得力的干部。提拔这种干部坚决反对形式上的提拔，主张真正有耐心地、经常地去教育这些提拔起来的干部。

基于《斗争（苏区版）》等期刊中体现的巡视员巡视工作的问题，为了提高教育巡视员的素质和工作水平，苏区还成立过教育巡视员训练班，由闽西苏维埃政府文化部开办。每班三十人，要求各县选派三至五人，各直属区选派一至三人。另外，教育人民委员部成立后，还创办了瑞金列宁师范学校。该校前后共培养了六百多名教师，其中有九人留下来，以教育部巡视员的身份到瑞金的各个区去负责建立列宁小学，其余学员大都成为列宁小学的教师骨干。③ 这些对提高巡视员的理论素养，改变其领导方法，培养领导艺术等方面起了重要的作用。

另外，《斗争（苏区版）》等期刊还发出了建立巡视制度的呼吁，分析了巡视制度建立的作用和影响。

张闻天曾在《关于新的领导方式》（一）一文中呼吁组建"巡视委员会"的组织。而当时，党和苏维埃却并没有建立很好的巡视制度。张闻天指出："巡视制度在党的领导机关下面，一直到现在并没有很好的建立

---

① 罗迈：《把提拔新的领导干部当作是组织上的战斗任务》，《斗争（苏区版）》第 25 期，第 10、11 页，《红藏·斗争（苏区版）》①，湘潭大学出版社 2014 年版，第 422、423 页。

② 以上见《斗争（苏区版）》第 2 期，第 7 页，《红藏·斗争（苏区版）》①，湘潭大学出版社 2014 年版，第 23 页。

③ 余伯流、凌步机：《中央苏区史》，江西人民出版社 1999 年版，第 215 页。

起来。有些省委或县委下面，已经利用了个别的巡视员帮助巡视工作，但这还是偶然的，不经常的现象。党的领导者并没有事前同巡视员关于巡视的对象做详细的讨论，事后也没有好好听巡视员的报告，给巡视员的工作以批评，这种来教育巡视员，来提高巡视员的效能。"① 可见《中央巡视条例》在实际的工作中并没有得到贯彻和实施。鉴于当时巡视工作的现状，张闻天主张建立巡视制度，在每一省委每一县委下面必须要立刻有十个以至几十个巡视员，组建巡视员委员会这一组织。认为该组织的建立，"不但可以使上级与下级的机关发生切实的与活泼的关系，而且使党的上级领导机关真正能细心的去领导下级，加强对于下级的领导"②。因此，在该文中，张闻天主张通过建立巡视制度，组建巡视委员会，来协调好党的集体领导与各级各部门之间的分工的关系，协调好从省委到县委以至区委之间的关系。要求巡视员到基层中去，到群众中去，倾听基层真实的呼声，了解群众切实的需求，而不要走马观花般搜集罗列数字，打听消息，以此确保基层信息渠道的通畅以及上级对下级机关日常工作的检查和及时指导，从而，做出适当的具体的工作计划，做出切实的灵活的领导。可见，巡视制度的建立能为新的领导方式的转变提供必要的准备，是"新的领导方式"的必要条件。

另外，任弼时在《目前党组织上的中心工作》一文中就强健地方党部的组织与领导问题，明确指出要建立巡视制度。认为："真正建立巡视制度，这不独能使指导机关能经常了解下层组织与群众状况，传达上级党部的一切决定，而且可以减少常委下乡的时间，是帮助各级委员会建立集体领导的必要条件。"③ 可见，巡视制度是实现集体领导的一个必要条件。文中指出了巡视员的作用及其任务："巡视员除传达上级的决议外，要能帮助下面来具体执行这一决议，解决困难的问题；要注意发挥下层群众的工作积极性与创造性，而不是去代替他们，要考查县区委及支部的领导方式。省县委巡视员不仅巡视和检查下级党部的工作，要深入到支部去，选

---

① 《斗争（苏区版）》第 2 期，第 7 页，《红藏·斗争（苏区版）》①，湘潭大学出版社2014 年版，第 23 页。

② 同上。

③ 《斗争（苏区版）》第 5 期，第 8 页，《红藏·斗争（苏区版）》①，湘潭大学出版社2014 年版，第 72 页。

择一个或两个支部，特别是中心支部模范支部或最落后的支部，去细心考察与倾听他们的意见，并注意干部的引进。"① 同时，对省委、县委和区委的巡视员作了规定："以后区委可以在支部中，特别是模范中心支部中指定几个积极有经验的同志来作区委的巡视员，他们不脱离生产，区委可分配他们去负责巡视某一乡某一项工作，如指定他巡视这一乡的苏维埃工作赤少队或某一小组的工作，区委每月召集一次或两次巡视员会议，倾听他们对工作的报告与意见，给以具体的指示和新的任务，区委委员除经常出席支部与帮助支部解决各项问题外，要经过他们（巡视员——笔者注）来更深刻的了解支部的实际情形。"② "县的巡视员可增加到五个人，大县可增加到七八人，省委可有十四五个巡视员。"③ 强调巡视工作中"要反对只抄统计的走马看花式的巡视，同时我们要改变过去认巡视员一定要比下级党部负领导工作的能力强，才能胜任的观点，只要对某项工作有特别经验（如对解决土地问题有特别经验的）工作积极，政治发展，成份好的，就可以开始分配他做某项或某几项具体工作的巡视。在每次出发前，具体的告以当地的要注意要解决的几项中心问题，给以具体的任务与解决任务的具体办法。要有巡视会议根据巡视员的报告给以具体的个别的指示，这样来训练培养巡视员的工作能力"④。等等。

我们不能否认，在 1928 年到 1931 年间用法律法规的形式将巡视工作制度化的过程中，仍存有不少的问题，特别是两个条例中赋予巡视员的个人权力过大。如《中央巡视条例》强调，巡视员是中央对各地党部考察和指导工作的全权代表。这种权力向上集中的特点表现在以下方面："组织上，巡视员有加强和改造各地党部的任务"；"巡视员对中央须负绝对的责任，在巡视地方党部时，须表示自己是忠实的领导者"⑤。在巡视工作中，直接将经过的详细情形报告中央，"在巡视过程中必须作巡视日

---

① 《斗争（苏区版）》第 5 期，第 8 页，《红藏·斗争（苏区版）》①，湘潭大学出版社 2014 年版，第 72 页。

② 同上。

③ 同上。

④ 《斗争（苏区版）》第 5 期，第 8~9 页，《红藏·斗争（苏区版）》①，湘潭大学出版社 2014 年版，第 72~73 页。

⑤ 中央档案馆：《中共中央文件选集》（第 7 册），中共中央党校出版社 1991 年版，第 222 页。

记，至少两礼拜向中央报告一次"；"中央接到每次报告之后，应按时回答，并予以新的指示"；"在回到中央以后，首先须作极详细的书面工作报告，提出具体的工作意见"；"巡视员对自己巡视的地方工作，须特别细心，如有前后不符，或因处理不当，致遭损失，须向中央负政治责任"；"各地党部在中央巡视员工作完结之时，对巡视员须作一总的批评，用书面写给中央"①。可见，巡视员是直接对中央负责的，是中央对各地党部考察和指导工作的全权代表，具有极大的权力。而当这种权力运用不当时便会出现严重后果。

　　我们以巡视员杜修经的事实为例来说明。1928 年 5 月，经中央巡视员贺昌"指定（湖南省委）巡视员数人：杜修经、李润均、蒋长卿，其余在物色中。往湘西巡视"②。1928 年四五月以后，杜修经先后四次上井冈山。前两次因故未能到达井冈山，第三次到了井冈山，见到了毛泽东、朱德、陈毅等，传达了湖南省委的指示。回到湖南省委后向省委汇报了所了解的情况，湖南"省委从机会主义的单纯军事的保存红军实力的观点出发，决定要红军突出包围，到湘南去"。省委又派杜修经第四次去井冈山传达省委不切实际地要求红四军离开根据地立即向湘南发展的错误决定。经红四军军委、湘赣边特委和永新县委联席会议讨论，认为当前统治阶级正处于暂时稳定时期，分兵去湘南不利于根据地政权的巩固，决定不执行这一意见，并报告湖南省委。到了 1929 年 7 月中旬，杜修经不顾永新联席会议的决定，形式地执行湖南省委的命令，附和红军中部分官兵欲回家乡的情绪，引导红军两个团向湘南冒进，结果导致"八月失败"，使红军损失一半，边区县城尽失，被杀的人、被烧的房屋很多，使革命事业遭受了损失挫折，给边区人民带来了重大的灾难。在"八月失败"事件中，明显出现了代表上级组织的巡视员个人权利超越下级党组织集体领导的问题。后来杜修经回忆时深刻认识到"八月失败"是违反毛主席革命路线就失败的具体证明。③

---

① 中央档案馆：《中共中央文件选集》（第 7 册），中共中央党校出版社 1991 年版，第 227 页。

② 《贺昌文集》，中共党史出版社 2006 年版，第 157 页。

③ 参见林道喜编著《井博印记·杜修经忆"八月失败"及其前后》，中央文献出版社 2012 年版，第 116 页。

可以说，在巡视制度的最初设计和运行中，充分体现了权力向上高度集中的特点，这点有利于党的统一领导和政令畅通，但在党的路线发生错误时也会成为强大反面力量，如前面杜修经传达中央"左"倾路线命令一样造成"八月失败"的事实就是证明。1931年党的六届四中全会后，王明"左"倾教条主义统治中央，向全国派遣大批"钦差大臣"，他们运用手中的绝对权力，压制和打击持不同意见的干部，大力推行"左"倾错误路线，致使中国革命陷入危机。这些铁一般的事实证明需要在实践过程中合理规定巡视员的职权。苏区期间的经验和教训为此后的巡视制度的完善积累了经验。如1938年中央通过的《中共扩大的六中全会关于各级党部工作规则与纪律》废止了1931年通过的《中央巡视条例》关于"巡视员是中央对各地党部考察和指导工作的全权代表""组织上，巡视员有加强和改造各地党部的任务"等规定，严格、科学地重新界定了巡视员的职权范围。

总之，苏区时期对巡视制度的探索及其实践过程中的经验总结为这一新规定对巡视制度中的权力结构进行了调整和平衡，使其更为合理科学等方面积累了丰富的理论和经验。苏区对"新的领导方式"的探讨，对扩大党内民主、发挥下级党组织的积极性、加强党委集体领导和各级各职能部门的合理分工等方面都有深刻内涵和重要的理论贡献。

第五章　两刊中中共领导人关于
群众路线的探究

两刊明确提出了"群众路线""布尔塞维克"的群众化工作方法，主张去接近群众，去夺取群众，去组织群众，去领导群众，在群众中间，经过群众，依靠群众与群众在一起。同时领导群众，要在领导的时候保持并增强与广大群众的联系，明确了"群众路线"的具体的领导方法，为我党关于如何处理党群关系提供了明镜式的借鉴范例。

第一节　群众路线的理论来源及其提出

一　"群众路线"的理论来源

"群众路线"理论作为中国共产党的根本政治路线和组织路线，也是党的基本领导方法和工作方法，是群众观在党的工作中的实际运用，是中国共产党在领导广大人民群众的革命实践活动中，继承马克思主义群众观而形成的，是中国共产党集体智慧的结晶，是毛泽东思想活的灵魂。

马克思、恩格斯通过对德国古典哲学的扬弃，形成了马克思主义的世界观和方法论，其中包括群众观点，倡导人的实践主体性，认为人民群众是历史的创造者。马克思主义群众观的形成经历了孕育阶段、形成阶段、成熟阶段和发展阶段，不是一蹴而就的，而是在革命实践过程中，从不完善到逐渐完善，最终形成系统而又科学的群众观。①

---

① 参见王茜《马克思群众观研究》第四章《马克思群众观形成与发展的理路》，博士学位论文，南开大学，2013年。

关于"群众"的定义，马克思主义认为这是一个重要的历史范畴。列宁曾指出："同志们，应当懂得什么是群众。左派同志们，德国共产主义工人党过分滥用了这个词。""'群众'这个概念，是随着斗争性质的变化而变化的……"①，并从争取革命胜利的角度，分析了"群众"这个概念在不同条件下的不同含义，界定了 1905 年和 1917 年的三次革命中的"群众"概念。当革命的准备已经很充分时，"群众这个概念发生了变化，它指的是大多数，并且不单单是工人的大多数，而且是所有被剥削者的大多数；革命者只能作这种理解，其他任何含义都是不可理解的。……为了取得胜利，必须取得群众的支持"②。

马克思主义认为，人民群众是指一切推动社会历史前进力量的总和。认为历史的活动就是群众的活动，人民群众是历史的创造者。《神圣家族》一文批评了埃德加尔关于"工人什么也没有创造，所以他们也就一无所有"的观点，第六章曾就"精神"和"群众"进行了专门的论述，"到目前为止，批判的批判看来或多或少是对各种各样的群众性的对象进行批判的研究"③。"先前，群众性看来或多或少是被批判的多种对象和多种人物的特性；现在，多种对象和多种人物却变成了'群众'，而'群众'则变成了一种对象和一种人物。以前的一切批判的关系都已化为绝对的批判的英明同绝对的群众性的愚蠢的关系。"④ 并由此批判布鲁诺·鲍威尔关于群众同历史关系问题的看法，认为"因为历史的活动和思想就是'群众'的思想和活动"⑤，"历史活动是群众的活动，随着历史活动的深入，必将是群众队伍的扩大"⑥。恩格斯指出，马克思发现了人类历史规律，"即人们首先必须吃、喝、住、穿，就是说首先必须劳动，然

---

① 《共产国际第三次代表大会文献·捍卫共产国际策略的讲话》（1921 年 7 月 11 日），《列宁全集》第 42 卷，人民出版社 1987 年版，第 34 页。

② 同上书，第 35 页。

③ 《神圣家族》，《马克思恩格斯文集》第 1 卷，人民出版社 2009 年版，第 282 页。

④ 同上书，第 283 页。

⑤ 同上书，第 286 页。

⑥ 同上书，第 287 页。

后才能争取统治，从事政治、宗教和哲学等"①。可见，人民群众是物质财富的创造者，在从事物质生产实践活动中，人民群众是其中的真正主体，是整个社会全部活动的前提和基础。因此，在物质生产活动中，人民群众对社会的发展起着决定性作用。群众不仅仅是物质生产活动的主体，同时也是精神财富的创造者。"希腊艺术的前提是希腊神话，也就是已经通过人民的幻想用一种不自觉的艺术方式加工过的自然和社会形式本身。这是希腊艺术的素材。"② 人民群众不仅以自己丰富的生活和实践提供了精神文化生产的原料，而且在于他们对这些原料进行初步的加工，甚至直接完成了许多精神产品的创造。可见，对人民群众所从事的实践活动的概括和总结都是真正非常有价值的精神财富。群众除了创造物质财富和精神财富外，还是社会变革的决定力量，决定社会变革的方向。《共产党宣言》最后一句话"全世界无产者，联合起来"，典型地体现了人民群众是变革社会制度、推动历史前进的决定力量的群众史观思想。群众的这种历史主体性还表现为历史是群众合力的结果。"无论历史的结局如何，人们总是通过每一个人追求他自己的、自觉预期的目的来创造他们的历史，而这许多按不同方向活动的愿望及其对外部世界的各种各样作用的合力，就是历史。"③

马克思主义群众观对中国共产党的影响，是离不开列宁和斯大林的，一方面当时中国共产党广泛学习苏俄社会主义革命和建设的经验；另一方面，这种学习实际上又离不开共产国际这一传话筒。这点在《共产国际与中国革命关系史》等著作中都有详细论述，这里不详述。

列宁的群众观，对 20 世纪二三十年代的中国共产党影响颇深。根据列宁对群众观点的论述，我们可以将其要点概括如下。

首先，群众是社会主义的基础，既是社会主义革命的基础，又是社会主义建设的基础。其一，"群众是革命的基础"。列宁通过对革命实践的

---

① 恩格斯：《卡尔·马克思》，《马克思恩格斯选集》第 3 卷，人民出版社 1995 年版，第 335~336 页。

② 马克思：《政治经济学批判导言》，《马克思恩格斯选集》第 2 卷，人民出版社 1995 年版，第 29 页。

③ 恩格斯：《路德维希·费尔巴哈和德国古典哲学的终结》，《马克思恩格斯选集》第 4 卷，人民出版社 1995 年版，第 248 页。

经验总结，得出结论：群众是革命的主要力量，在革命工作中，群众工作至关重要，离开群众，无产阶级革命就不会取得成功，无产阶级政权就会得不到巩固。"只有相信人民的人，只有投入生机勃勃的人民创造力泉源中去的人，才能获得胜利并保持政权。"① 列宁在《社会民主党在俄国革命中的土地纲领》中指出，在无产阶级夺权的革命活动中，"没有千百万觉悟群众的革命行动，没有群众汹涌澎湃的英勇气概，没有马克思在谈到巴黎工人在公社时期的表现时所说的那种'冲天'的决心和本领，是不可能消灭专制制度的"②。在他看来："马克思主义和其他一切社会主义理论的不同之处在于，它出色地把以下两方面结合起来：既以完全科学的冷静态度去分析客观形势和演进的客观进程，又非常坚决地承认群众……的革命毅力、革命创造性、革命首创精神的意义。"③ "谁的后备多，谁的兵源足，谁的群众基础厚，谁更能持久，谁就能在战争中取得胜利。"④ 列宁把"劳动群众拥护我们"这一点称为"全世界共产主义运动不可战胜的根源就在这里"⑤。可见，列宁尊重人民群众作为社会发展与变革的决定性力量，只有广大人民群众参与的社会革命才会赢得最后胜利的果实。

其二，革命取得胜利后，革命成果的巩固和建设也离不开人民群众这一社会主体。"如果布尔塞维克不能把大多数非无产阶级劳动群众吸引过来，不能把他们从社会革命党和其他小资产阶级党派那里争取过来，那么这些条件就只能够提供一种极短暂的和极不巩固的胜利。"⑥ "可以在取得政权过程中和取得政权以后得到工人阶级和非无产阶级劳动群众十分广大阶层的充分支持以及在取得政权后，能够通过教育、训练和争取愈来愈多的劳

---

① 《全俄中央执行委员会会议文献——关于一部分人民委员声明退出人民委员会问题的讲话和决议案)》（1917 年 11 月 17 日），《列宁全集》第 33 卷，人民出版社 1985 年版，第 57 页。

② 《列宁全集》第 17 卷，人民出版社 1988 年版，151 页。

③ 《反对抵制》（1907 年 6 月 26 日），《列宁选集》第 1 卷，人民出版社 1995 年版，第 747 页。

④ 列宁：《莫斯科征收党员周的总结和我们的任务》，《列宁全集》第 37 卷，人民出版社 1986 年版，第 231 页。

⑤ 列宁：《工人国家和征收党员周》，《列宁全集》第 37 卷，人民出版社 1986 年版，第 231、217 页。

⑥ 列宁：《立宪会议选举和无产阶级专政》，《列宁全集》第 38 卷，人民出版社 1986 年版，第 11 页。

动群众来支持、巩固和扩大自己的统治。"① 认为："新政权颁布了符合广大人民群众的要求和希望的法律，从而在新的生活方式的发展道路上立下了里程碑。……群众生气勃勃的创造力正是新的社会生活的基本因素。……生气勃勃的创造性的社会主义是由人民群众自己创立的。"② 可见，列宁认为，政权的建立和长期存在的基石在于广大人民群众的支持，依靠的是广大群众的信任。可以说，群众是无产阶级革命和社会主义建设的依靠力量，在革命和政权的建设过程中，需要相信群众，依靠群众，坚信人民群众是历史的创造者，是社会变革的决定力量。

其次，其群众工作方法可以概括为全心服务群众，相信依靠群众，教育引导群众，组织领导群众，引导群众参与政治管理活动。列宁主张全心服务群众，要求国家在制定大政方针政策，开展社会政治、经济、文化工作时都必须正确地表达人民的意愿，代表人民的利益，即坚持以维护和实现群众的利益作为国家政策法令法规的基础。他提出"工农政权办事首先考虑广大人民群众的利益，实质上也就是整个社会的利益"③，"群众的人数有千百万，——政策应当是从千百万人着眼，而不是从几千人着眼。只有从千百万人着眼，才会有实事求是的政策"④。列宁不仅理论上如此坚持群众观，在实践中也坚决贯彻群众观。如为应对国内外战争危机，十月革命后曾实行余粮征集制"战时共产主义"政策，但在其后的实施过程中出现严重偏差，群众的不满情绪与日俱增，甚至有局部的农民暴动发生。这时列宁指出："农民对于我们和他们之间所建立的这种形式的关系是不满意的，他们不要这种形式的关系，并且不愿意再这样生活下去。这是不容置辩的。他们的这种意愿表达得已经很明确了。这是广大劳动群众的意愿。我们必须考虑到这一点。我们是十分清醒的政治家，能够直率地说：让我们来修改我们对农民的政策吧。目前的这种状况，再也不能继续

---

① 列宁：《共产主义运动中的"左派幼稚病"》，《列宁全集》第 39 卷，人民出版社 1986 年版，第 31 页。

② 《全俄中央执行委员会会议文献·答左派社会革命党人的质问》，《列宁全集》第 33 卷，人民出版社 1985 年版，第 52～53 页。

③ 《列宁全集》第 42 卷，人民出版社 1987 年版，第 212 页。

④ 列宁：《关于战争与和平的报告》（1918 年 3 月 7 日），《列宁选集》第 3 卷，人民出版社 1972 年版，第 464 页。

下去了。"① 由此，开展了以同农民个人利益的结合和个人负责的原则②为
基础的新经济政策。列宁明确指出："在人民群众中，我们毕竟是沧海一
粟，只有我们正确地表达人民的想法，我们才能管理。否则共产党就不能
率领无产阶级，而无产阶级就不能率领群众，整个机器就要散架。"③ 就
相信群众，引导群众参与政治管理活动而言，列宁指出："不是全心全意
从各方面去支持群众，而是不相信群众，怕他们发挥创造性，怕他们发挥
主动性，在他们的革命毅力面前发抖，这就是社会革命党人和孟什维克的
领袖们最严重的罪过。"④ 认为："我们需要的是新型的党，另一种性质的
党。我们需要的是能够经常同群众保持真正的联系的党，善于领导这些群
众的党。"⑤ "如果党不相信工人阶级，不让工人担负重要职务，这样的党
是应该打倒的。"⑥ 列宁认为，新政权是完全不同于沙俄政府的。沙俄政
府是赤裸裸的"刺刀的力量"，是"警察局"的手腕，是"金钱"的力
量，是用来镇压人民的暴力机制，而社会主义国家依靠的是人民群众。新
政权"完全是靠不加任何限制、最广泛、最有力地吸引全体群众参加政
权来维持的"⑦，这种新政权"对大家都是公开的，它办理一切事情都不
回避群众，群众很容易接近它；它直接来自群众，是直接代表人民群众及
其意志的机关"⑧。针对人民群众文化水平低，政治参与意识薄弱的特点，
党必须积极地教育和训练人民群众，启发人民群众的觉悟，使人民群众能
具备社会主义事业发展所必需的素质和能力。"而我们应当赶快用我们的
一切宣传手段、一切国家力量、一切教育、一切党的手段和力量来说服非

---

① 《关于以实物税代替余粮收集制的报告》，《列宁全集》第 41 卷，人民出版社 1986 年版，
第 51～52 页。

② 《列宁全集》第 42 卷，人民出版社 1987 年版，第 191 页。

③ 列宁：《俄共（布）第十一次代表大会文献——俄共（布）中央委员会政治报告》
（1922 年 8 月 27 日），《列宁全集》第 43 卷，人民出版社 1987 年版，第 109 页。

④ 列宁：《革命的一个根本问题》（1917 年 9 月 20 日），《列宁全集》第 32 卷，人民出版
社 1985 年版，第 162 页。

⑤ 《共产国际第二次代表大会文献——关于共产党的作用的发言》（1920 年 7 月 23 日），
《列宁全集》第 39 卷，人民出版社 1986 年版，第 225 页。

⑥ 列宁：《俄共（布）第十次代表大会文献——关于俄共（布）中央政治工作报告的总结
发言》，《列宁全集》第 41 卷，人民出版社 1986 年版，第 41 页。

⑦ 《关于专政问题的历史》，《列宁全集》第 39 卷，人民出版社 1986 年版，第 378 页。

⑧ 《列宁全集》第 39 卷，人民出版社 1986 年版，第 379 页。

党农民"，积极开展大规模的教育工作，才能有效"克服农民群众中的守旧、无知和不信任等思想残余"①。要求工人政党"应当既以理论家的身分，又以宣传员的身分，既以鼓动员的身分，又以组织者的身分'到居民的一切阶级中去'"② 开展教育工作。社会民主党只有通过教育、训练和引导，启发人民觉悟，让人民群众理解党和国家的政策实质、目的、任务、条件和实现形式，人民群众才能更加主动积极地支持党的政策，执行党的决策，更加主动自觉地参与社会主义建设，因为"思想一旦掌握群众，就变成力量"③。我们不仅要相信群众，依靠群众，教育引导群众，还需要组织领导群众。列宁在《社会民主党在民主革命中的两种策略》一文中指出："我们党的一切组织和团体每天经常进行的全部工作，即宣传、鼓动和组织工作，都是为了加强和扩大同群众的联系。这种工作在任何时候都是必要的，但是在革命时期会显得更加必要。"④ 只有党时刻保持与群众的这种联系，不脱离人民群众，并且领导人民群众，才能凸显党作为工人阶级和全民族先锋队的政治价值。

此外，列宁坚持要从人民群众中选拔国家管理人才，一方面要突破"所谓普通工人和农民不能管理国家的这种资产阶级的旧偏见"⑤；另一方面党要善于"从蕴藏着大量管理和组织人才的普通工人、农民中间去选拔工作人员"⑥。认为："我们在组织方面的任务，就是要从人民群众中选拔出领导者和组织者。这一项巨大的工作，现在已经提到日程上来了。"⑦列宁在 1922 年 12 月 23 日至 29 日口述的《我们怎样改组工农检查院》中，曾建议扩大工农群众在整个机关工作人员中的比重，建议党的代表大会"从工人和农民中选出 75～100 名（这当然是大致的数字）新的中央监察委员。当选者也像一般中央委员一样，应该经过党的资格审查，因为

---

① 《列宁全集》第 40 卷，人民出版社 1986 年版，第 145 页。

② 《怎么办?》，《列宁选集》第 1 卷，人民出版社 1995 年版，第 366 页。

③ 《布尔什维克能保持国家政权吗?》，《列宁全集》第 32 卷，人民出版社 1985 年版，第 324 页。

④ 《列宁选集》第 1 卷，人民出版社 1995 年版，第 528 页。

⑤ 《列宁全集》第 33 卷，人民出版社 1985 年版，第 276 页。

⑥ 《列宁全集》第 38 卷，人民出版社 1986 年版，第 86 页。

⑦ 《列宁全集》第 33 卷，人民出版社 1985 年版，第 276～277 页。

他们也应享有中央委员的一切权利"①。与此同时，列宁要求党政机关及其公职人员要接近群众，了解群众所需，把握群众情绪。党政机关及其公职人员"应当生活在工人群众之中，非常熟悉他们的生活，能够在任何时候任何问题上正确无误地判断群众的情绪，判断他们真正的需要、愿望和想法……能够用同志的态度对待群众、关心满足群众的要求，以此赢得群众的无限信任"②。列宁认为："不接近群众，就会一事无成。"③"如果我们连群众的情绪都摸不透，不善于跟群众打成一片，把工人群众发动起来，那就根本谈不上发挥社会民主党的革命先锋队的作用了！"④

针对列宁这一群众观，斯大林曾作《论列宁·信用群众》（通译《论列宁·相信群众》）一文，盛赞列宁"到群众中去学习，仔细地去了解他们的行动，注意去研究群众斗争的实际经验"的群众观。

列宁主义理论对中国共产党的影响非同小可，我们以斯大林著作《论列宁主义基础》一书为例略作说明。毛泽东曾明确指出不太爱看斯大林的著作，因为斯大林喜欢"站在别人的头上发号施令"，认为其著作中充斥着这么发号施令的气氛。但却有三本书是例外的，那就是《论列宁主义基础》《联共（布）党史简明教程》（即简称《联共党史》）和《苏联社会主义经济问题》。⑤ 1929 年 11 月，毛泽东在福建长汀分别给中央和主持中央工作的李立三写信，提出的要求就是寄些书刊来。在给中央的信中，明确希望将党内出版的斯大林《列宁主义概论》（即斯大林《论列宁主义基础》）和瞿秋白《俄国革命运动史》寄来，还说："另请购书一批（价约百元，书名另寄来），请垫付。"⑥ 由此可见，《论列宁主义基础》一书的重要性。

《论列宁主义基础》是斯大林 1924 年 4 月初在斯维尔德洛夫大学的讲演文稿。该著写于列宁逝世不久，当时斯大林的地位和权威还未达到后来被神化的地步，故其论述比较实在。1924 年 4、5 月间在《真理报》上

---

①　《列宁选集》第 4 卷，人民出版社 1995 年版，第 780 页。

②　《关于工会在新经济政策条件下的作用和任务的提纲草案》，《列宁全集》第 42 卷，人民出版社 1987 年版，第 372 页。

③　《致索·瑙·拉维奇》，《列宁全集》第 47 卷，人民出版社 1990 年版，第 543 页。

④　《谈谈政治同教育的混淆》，《列宁全集》第 10 卷，人民出版社 1987 年版，第 334 页。

⑤　陈晋：《毛泽东阅读史》，生活·读书·新知三联书店 2014 年版，第 123 页。

⑥　同上书，第 67 页。

发表，编入《斯大林全集》第 6 卷。这部著作由序言、列宁主义的历史根源、方法、理论、无产阶级专政、农民问题、民族问题、战略与策略、党、工作作风十个部分组成。该著批判了以托洛茨基为首的反对派对列宁主义的攻击和歪曲，论述了列宁主义的产生条件、国际性质、同马克思主义的有机联系以及对马克思主义的发展，阐发了列宁主义的革命论、国家论及列宁关于无产阶级新型政党的理论。斯大林在书中论述了革命的理论同革命实践的辩证关系，进一步阐明了列宁关于无产阶级专政的理论，概括了列宁主义关于建立无产阶级新型政党的学说。可见该著是一篇比较系统地论述列宁主义基本问题的文献，该书有对"列宁主义"的经典定义，认为列宁主义是帝国主义和无产阶级革命时代的马克思主义。确切些说，列宁主义是无产阶级革命的理论和策略，特别是无产阶级专政的理论和策略。指出了列宁主义是帝国主义和无产阶级革命时代的马克思主义，揭示了列宁主义同马克思主义的关系和世界历史意义。

早在 1924 年 12 月 20 日，上海《新青年》季刊第 4 期"国民革命号"发表了由蒋光慈①翻译的《列宁主义之民族问题的原理》（即斯大林的《论列宁主义基础》）。1925 年，瞿秋白翻译了《列宁主义概论》，原载《新青年》第 11 卷（不定期刊）第 1 号（列宁号）（1925 年 4 月 20 日出版），1927 年 1 月，上海新青年社发表瞿秋白翻译斯大林的《列宁主义概论》（即《论列宁主义基础》）。

这本由斯大林著、瞿秋白翻译的《列宁主义概论》，1926 年由上海商务印书馆第一次印刷发行。有意思的是，该著曾是"红色学校""第二黄埔军校"——中山军事学校的政治课程。"军校采用军事与政治并重，理论与实际相结合的方针，授课内容除了军事理论和军事技术外，还设有社会科学概论、帝国主义侵略中国、列宁主义概论、土地问题、农民问题、军队的政治工作等课程。学校对于共产党员和积极争取加入共产党的学员，还专门加授'什么是共产党'和'共产主义 ABC'等党课。"② 恽代

---

① 蒋光慈（1901～1931），原名侠僧，笔名光赤，六安人。"五四"时期参加芜湖地区学生运动。民国 10 年（1921）赴苏联莫斯科东方大学学习。次年加入中国共产党，回国后从事文学活动，曾任上海大学教授。民国 16 年与阿英、孟超等人组织"太阳社"，编辑《太阳月刊》《新流》《时代文艺》《拓荒者》等文学杂志，宣传革命文学。

② 邢照华：《黄埔军校生活史：1924～1927》，商务印书馆 2014 年版，第 321 页。

英曾在《计划 1927 年工作》一文中指出："我们一定要认识支配着近代人心，而且能够在中国国民运动中有很大影响的马克思主义列宁主义，与依据此主义奋斗而成为中国良友的第三国际与苏俄。"并从书名、作者或编者、定价和出版社四个方面介绍以下书籍：《共产主义的 ABC》（新青年社，二角，汉口长江书店），《马克思主义浅说》（中国青年社，一角，汉口长江书店），《列宁主义概论》（新青年社，二角，汉口长江书店），《苏俄研究》（赵文炳编，广州中央军事政治学校），《国际社会运动小史》（高尔松编，三角，上海光华书店）。并作出要求："上列各书在我们这一年至少看完一大半，我们要借此得着一切必要的知识。"① 严帆所著的《中央苏区新闻出版印刷发行史》（中国社会科学出版社 2009 年 9 月版）对《列宁主义概论》一书是这样介绍的："斯大林著。1931 年 11 月出版，红军第十二军政治部印。铅印，32 开本。"② 该书为 32 开铅字印刷，当时发行定价"大洋贰角"。该版书中的主要编目有：引言，列宁主义——马克思主义的展开；第一章，列宁主义的历史根源；第二章，方法；第三章，理论；第四章，无产阶级专政；第五章，农民问题；第六章，民族问题；第七章，战略与策略；第八章，党；第九章，工作里的作风。该版最后一页刊有"公历一九三一年十一月中华苏维埃第一次全国代表大会开幕日翻印"，翻印者是"红军第十二军军政治部"，是该部占领福建长汀的汀州城后在汀州一带进行休整期间刊发。③ 由此可以推断，是该部理论学习的必备之书。据《中央苏区新闻出版印刷发行史》介绍，中央苏区印刷发行马列主义著作不多，主要有马克思、恩格斯的《共产党宣言》；列宁的《国家与革命》《三个国际》；斯大林的《列宁主义概论》等近 20 部，其中发行价格在贰角以上的只有三四部。这说明这些比较重要的马列著作，发行数量比较少，而《列宁主义概论》名列其中，也由此彰显了该著的重要性。

　　《列宁主义概论》一书的流传，为中国共产党人提高理论素养，拓展知识，认真总结和吸取第一次大革命失败的教训起到很大的指导作用。尤

---

① 参见《恽代英全集》第 9 卷，人民出版社 2014 年版，第 10～12 页。

② 严帆：《中央革命根据地新闻出版史》，江西高校出版社 1991 年版，第 153 页。

③ 参见洪荣昌《红色收藏中华苏维埃共和国革命文物探寻》，解放军出版社 2014 年版，第 26～29 页。

其是毛泽东、张闻天等人，更是把《列宁主义概论》当宝贝，以至后来的1942年5月，召开延安文艺工作者座谈会，毛主席还教育干部要读五本书，其中之一就是《列宁主义概论》。

该著中关于党的部分和关于工作的作风部分，曾就群众观有过精辟论述。我们以张闻天《关于新的领导方式》一文为例，说明该著对当时中国共产党理论知识方面的重要影响。

张闻天《关于新的领导方式（三）——学习领导群众的艺术》，该文主题在于党群关系。他在文中曾多次以《列宁主义概论》一书的引文来进行论证。如在谈及扩红工作和退还公债、工会等工作的开展过程中出现的命令主义和官僚主义时，张闻天认为这种现象是一刻也不能容许的，引用斯大林的观点加以说明。"斯大林同志说得好：'党的权威，是依靠工人阶级的信仰来维持的。工人阶级的信仰，是不能以武力获得的。因为用武力去取得信仰，反而失掉了信仰。'（《列宁主义概论》一六六页）"①在谈及党与群众的关系时，张闻天指出，斯大林在《列宁主义概论》一书还指出："党必须天天得到无产阶级群众的信仰，党的策略，党的行动，必须得到群众的拥护。党不应命令群众。而要说服群众，帮助群众用他们自己的经验，能够体验出党的政策是正确的。所以党必定要作无产阶级的领导者，先锋与导师。（同书，一六八页）"② 张闻天论及党的政策与群众对政治的盲昧与无知时指出："斯大林同志说得好：'我们现在假设因为工人阶级对于政治的盲昧，党的政策虽然大体正确，却不能引起大多数人的信仰与拥护。让我们再假设，因为时机没有成熟，党还不能够使工人阶级认识出党的政策的健全。在这种情形之下，党是否能固执他的行动，勉强群众去行动呢？决定不是的！在这种情形之下，假若党要领导得很好，一定要知道怎样去等候，等候群众相信了党的政策的健全，并且一定要帮助群众用自己的体验去认识。'（同书，一七七○页）"③

张闻天在论述党群关系时指出，我们要教育群众，说服群众，更要向

---

① 《斗争（苏区版）》第20期，第9页，《红藏·斗争（苏区版）》①，湘潭大学出版社2014年版，第325页。

② 《斗争（苏区版）》第20期，第10页，《红藏·斗争（苏区版）》①，湘潭大学出版社2014年版，第326页。

③ 同上。注：此处的一七七○页有误。

群众学习。称斯大林也曾在《列宁主义概论》里指出："党一定要洗耳静听群众的呼声，留心群众革命的情绪，研究群众斗争的实质，细心考察他们的政策是否健全！——因此不只要教训群众，还要跟群众学习。（同书，一六八页）"① 关于要向群众学习这一点，斯大林在《列宁主义概论》中还曾指出："现在正是群众的政治行动高涨的时期，党特别要时时留心注意群众的呼声，群众的要求，而且对于党的政策要格外地小心，特别使他表现弹性，而且现在假若共产党都是独断独行者，便格外容易妨碍党对于群众的领导。（同书，一八八页）"②

另外，张闻天在谈到反对命令主义、强迫主义时又补充说明"这并不是禁止一切强迫"，指出："斯达林同志说：'当这种强迫是根据于大多数劳苦群众的信从的时候，当党已经得到大多数人的拥护的时候，强迫的方法是可以用的。'（同书，一八〇页）"③

张闻天不仅对《列宁主义概论》一书的理论了如指掌，对列宁的其他文献和理论也是耳熟能详。他在该文中还曾多处引用列宁的文本。如认为当党的政策与群众的愿望存在矛盾时，必须适时修改党的政策。他借用列宁在联共第十次大会中讨论废止强迫征收，实行新经济政策时指出的："'我们绝对的不能禁止群众发表一切的意见，我们必须诚恳地承认农民已经不满意我们建立的系统，而且已经不能再忍受了。这是没有疑义的。他们已经把他们的意见，表示得十分明显了。我们已经违反着广大劳动群众的愿望。我们一定要顾及群众的愿望，而且毫不固执地说：让我们从新考虑这个问题吧。'（《列宁全集》第十八卷第一册，一三八页）"④ 如列宁在联共十一次党大会上所说的有价值的观点也值得重视。列宁指出："在群众之中，共产党不过如汪洋大海中的一滴，所以除非我们正确地代表群众的意识，我们就不能管理。因为不然，共产党便不能领导无产阶

① 《斗争（苏区版）》第20期，第11页，《红藏·斗争（苏区版）》①，湘潭大学出版社2014年版，第327页。

② 《斗争（苏区版）》第20期，第12页，《红藏·斗争（苏区版）》①，湘潭大学出版社2014年版，第328页。

③ 《斗争（苏区版）》第20期，第11页，《红藏·斗争（苏区版）》①，湘潭大学出版社2014年版，第327页。

④ 同上。

级，无产阶级便不能领导群众，于是整个机器便会破碎了。"①

基于对斯大林弹性理论和列宁的群众观点，张闻天概括了新的领导方式的主要内容："细心的，耐烦的去说服群众，正确的去代表群众的意识，负责的谨慎的去领导群众。"②

由此可见，当时的党内领导人的理论素养，尤其是对马克思主义理论的把握和熟悉运用。而把握马克思主义理论正是马克思主义中国化的必要前提。

二　"群众路线"的提出

关于"群众路线"的提出，什么时候提出，由谁提出，何时成为比较成熟的概念，何时形成系统的理论等问题，学术界仍存有不少争议。就笔者目前所了解到的史料，"群众路线"的提出，一方面源于苏俄理论的渲染；另一方面是中共领导集体结合革命实践总结出来的，是集体智慧的结晶。中共历史"群众"观最初萌芽于1921～1927年，期间主要侧重于"争取群众"，中共更多强调的是对群众的宣传和教育，将其视为革命力量的主要来源，是中国革命的主要同盟军；逐渐明朗于苏区期间（1927～1937年尤其是苏区期间），随着大革命的失败，革命形势使中共更加迫切地需要走向群众、组织群众和领导群众，不仅需要从群众中来，而且还需到群众中去。定型形成理论是在延安时期（1937～1949年）。

关于群众路线，有个优先权问题的争议，这种争议主要集中在李立三和周恩来。

李立三在1928年11月根据中共六大的路线同江浙地区负责人谈话时第一次将"群众路线"四字连用。他说："在总底争取群众路线之（下），需要竭最大的努力到下层群众中去。"有人据此认为"李立三最早提出群众路线的概念"③。当然，也有学者对此提出异议。如王德木通过词义和

---

① 《斗争（苏区版）》第20期，第12页，《红藏·斗争（苏区版）》①，湘潭大学出版社2014年版，第328页。

② 《斗争（苏区版）》第20期，第13页，《红藏·斗争（苏区版）》①，湘潭大学出版社2014年版，第329页。

③ 转引自《关于建国以来党的若干历史问题的决议（注释本）》，第546页，转引自施光耀《李立三最早提出群众路线的概念》，载《毛泽东思想研究》1991年第4期，第145～146页。

语法分析，认为李立三上述话语应该解读为争取群众的路线，是"争取群众＋路线"，而非"争取＋群众路线"。由此认为，在李立三那里，即使有了一定的群众路线的思想，但群众路线的概念尚未被明确提出来。王德木进而提出是周恩来首先明确使用"群众路线"的概念①。笔者认为，在李立三那里，只能理解为"群众路线"四字同时出现，而不能理解为我们今天理论层面的"群众路线"概念，将其话语解读为"争取群众的路线"是合适的。这是体词性偏正短语，其修饰语是一个动宾搭配式的定语，中心语是"路线"，严格来说应是"总的路线"。总的什么样的路线，是总的争取群众的路线，而"在总底争取群众路线之（下）"是做全局的状语，表示条件或者状态。如此理解，也与群众路线形成历程中第一个阶段主要是争取群众的阶段相吻合。

之所以认为是周恩来最早提出"群众路线"的概念是基于他在1929 年9 月主持起草的《中共中央给红四军前委的指示信》。周恩来在该文件中专节论述了红军与群众的关系，认为筹款工作"要经过群众路线"，没收地主豪绅财产，"要经过群众路线"，"对于需用品可渐次做到由群众路线去找出路"。文件指出："第五，关于筹款工作，亦要经过群众路线，不要由红军单独去干。""没收地主豪绅财产是红军给养的主要来源，但一定要经过群众路线，在最短促时间中也要注意这一工作方式的运用。""对于需用品可渐次做到由群众路线去找出路，红军自己办固然好，但同时要能由群众供给与募集才能建立红军与群众的更密切关系。"②

尽管在优先权上，尚存争议，不过学术界一致认为，对群众路线的经典论述是毛泽东。

毛泽东在《查田运动的群众工作》中明确提出了"群众路线"的提法。在这篇文章的结尾，他指出："只有依照上面所述的策略与方法，来动员广大群众，才能使查田运动得到完满的成功。一切不做宣传，或宣传不正确，不认真，不普遍：查阶级，通过阶级与没收分配，不按阶级路线

① 王德木：《周恩来最早提出"群众路线"的概念》，《毛泽东思想研究》1992 年第2 期，第151 页。

② 《周恩来选集》（上卷），人民出版社1984 年版，第37、39、40 页。

与群众路线，不得群众赞助与同意：都不能使查田运动收到成绩，反会使群众不满，阻碍查田运动的进行。"① "因此，反对查田运动中的侵犯中农消灭富农的'左'倾机会主义，反对包庇地主富农的'左'倾的机会主义，反对官僚主义的领导方式与工作方法，是正确开展查田运动的必要条件。"②

文章还就查田运动中如何发动群众，即发动群众的方法方面做了详细的说明。"要按照当地环境提出具体口号"，"要揭破地主富农的每一欺骗口号，向群众作广泛的解释"③ 等，并对宣传的方式方法作了具体说明。还强调，查田运动中群众路线方法要求：首先，定阶级要通过贫下中农。在农村划分阶级，在程序方面，必须首先使群众了解什么是阶级的划分。文章指出，在查阶级即查出地主富农、查出剥削者时，一定要经过群众宣传的阶段，发动群众去查，并将调查结果交由贫农团大会来定。认为只有"经过大家讨论，大多数人举手赞成，才算在贫农团通过了"。然后还要经过乡查田委员会、区土地部审核，最后还要开村子群众会。"一定要在本人村子里召集群众大会，向群众报告本人的剥削情形与生活情形，看群众赞成不赞成：赞成的通过。不赞成的再去调查，决不可硬要通过。如果硬要通过，就会引起群众不满。这就是命令主义，要坚决反对的。"④ 其次，没收地主土地财富及富农多余的土地、耕牛、农具等也要经过群众，"只有经过村子群众大会得到群众的同意后，才能实行。决不可不得群众

① 《红旗》第63期，第37页，《红藏·红旗周报》⑧，湘潭大学出版社2014年版，第331页；《斗争（苏区版）》第32期，第8～9页，《红藏·斗争（苏区版）》①，湘潭大学出版社2014年版，第544～545页。

② 《红旗》第63期，第38页，《红藏·红旗周报》⑧，湘潭大学出版社2014年版，第331～332页；《斗争（苏区版）》第32期，第8～9页，《红藏·斗争（苏区版）》①，湘潭大学出版社2014年版，第545页。

③ 《红旗》第63期，第32页，《红藏·红旗周报》⑧，湘潭大学出版社2014年版，第326页；《斗争（苏区版）》第32期，第5页，《红藏·斗争（苏区版）》①，湘潭大学出版社2014年版，第541页。

④ 《红旗》第63期，第35页，《红藏·红旗周报》⑧，湘潭大学出版社2014年版，第329页；《斗争（苏区版）》第32期，第7页，《红藏·斗争（苏区版）》①，湘潭大学出版社2014年版，第543页。

同意就去没收，决不可黑夜里去没收"①，认为没收的地主的财产，除开现款等交政府财政部外，其他一切东西，都应分发群众，这是提高群众斗争热情的好方法。

为了广泛动员群众开展大规模的经济建设，毛泽东在南部十七县经济建设大会上作了《粉碎五次"围剿"与苏维埃经济建设任务》的报告。文章明确指出："每一个同志喜欢的应该是布尔塞维克的工作方式，即群众化的方式。"② 毛泽东指出：经济建设的目的是为着革命战争的胜利，也是为着改善群众的生活。在经济建设工作的领导方式上主张群众化，反对官僚主义；在工作方法上要和群众商量办事，反对命令主义。他指出：要使我们各个口号、各项工作得到广大群众拥护，一、"是要从组织上去动员群众"；二、"动员群众的方式，应该不是官僚主义的。官僚主义的领导方式，任何革命工作所不应有的……要把官僚主义方式这个极坏的家伙，抛到粪缸里去，没有一个同志喜欢它。每一个同志喜欢的应该是布尔塞维克的工作方式，即群众化的方式"③。批评了官僚主义的两种表现方式：一是机会主义的消极怠工，即不理不睬或敷衍塞责；另一种是命令主义，以发展公社和推销公债为例，说明了命令主义的危害。认为："我们一定不能要命令主义，我们要的是努力宣传，说服群众，按照具体的环境，具体表现出来的群众情绪，去发展合作社，去推销公债票，去做一切经济动员的工作。"④ 毛泽东在这里明确提出了"布尔塞维克"的群众化的工作方式，简明回答了如何领导群众如何处理党群关系的问题。

《红旗周报》第1期的《击破国民党进攻红军的新计划》一文提出了"到群众中去"的观点。文章指出，主张在非苏区内，坚决执行"到群众中去"的口号，强调群众路线的重要性。"党的一切组织应当利用一切可

---

① 《红旗》第63期，第35页，《红藏·红旗周报》⑧，湘潭大学出版社2014年版，第329页；《斗争（苏区版）》第32期，第7～8页，《红藏·斗争（苏区版）》①，湘潭大学出版社2014年版，第543～544页。

② 毛泽东：《粉碎五次"围剿"与苏维埃经济建设任务》，《红旗》第62期，第22页，《红藏·红旗周报》⑧，湘潭大学出版社2014年版，第216页。

③ 毛泽东：《粉碎五次"围剿"与苏维埃经济建设任务》，《红旗》第62期，1933年11月20日，第21～22页，《红藏·红旗周报》⑧，湘潭大学出版社2014年版，第215～216页。

④ 《红旗》第62期，第22页，《红藏·红旗周报》⑧，湘潭大学出版社2014年版，第216页。

能，去接近群众，去夺取群众，去组织群众，去领导群众的斗争，使他们能帮助与拥护苏维埃和红军。"①

　　1931 年 3 月 16 日，《红旗周报》第 2 期题为《应该怎样去领导群众——论群众工作中的一个问题》的文章，明确提出了布尔塞维克的领导艺术的工作原则——群众化原则。文章指出："我们在一切的工作中间，特别是群众的工作中间，我们领导的艺术，我们工作的原则，应该是：在群众中间，经过群众，依靠群众与群众在一起（不跑前，亦不落后）而同时领导群众，要在领导的时候保持并增加与广大的群众联系。"② 认为仅靠先锋队了解苏维埃的口号还是不够，必须要使广大群众、整个的工人阶级真正了解我们的口号而积极参加斗争。要做到这点，必须靠"群众自己的政治的，争斗的经验"③。而我们的争斗手段和组织方式，必须要能够促进广大群众，在自己的经验上真正认识到我们口号的正确。文章指出，在群众路线方面，李立三主义的错误在于：站在群众之外，命令群众的方法代替了在群众中间，与群众一起来领导群众的方法。认为"立三路线"时代所用的一切争斗的手段和组织方法是从几个党的工作人员的革命的"热忱"中幻想出来的，而不是如布尔什维克所主张的，从适合客观条件和群众情绪，及保证使广大群众走向和参加革命争斗出发。其危害则是和其"命令"结果一样，使党从无产阶级革命争斗的首领，变成空洞无实力的少数阴谋家的小团体。并举出了两个例子说明了"立三路线"的消极影响：党的部分干部是怎样的不懂得布尔什（原文作"雪"）维克领导的艺术，在领导群众时，组织斗争时是怎样的呆板、机械和蠢笨。认为在领导群众斗争时，我们要记着列宁的教训（见"左"派幼稚病），革命不能只靠先锋队，必须要群众有自己的政治经验，真正了解到苏维埃政府的正确性。

　　《红旗周报》主张，这种群众化的工作方式需要提起群众的积极性，发挥群众的主人翁意识。1931 年 4 月 18 日第 6 期增刊刊登了列宁的《革命军队与革命政府》，其中论述了革命军队的任务，组建革命政府的必要

---

① 吾真：《击破国民党进攻红军的新计划》，《红旗周报》第 1 期，第 4 页，《红藏·红旗周报》①，湘潭大学出版社 2014 年版，第 4 页。

② 半轩：《应该怎样去领导群众——论群众工作中的一个问题》，《红旗》第 2 期，第 4 页，《红藏·红旗周报》①，湘潭大学出版社 2014 年版，第 8 页。

③ 同上。

性：在政治上指导群众，认为建立革命政府这一任务可以并且应当由群众来解决。指出六个基本的要点作为一切革命政府政治的旗帜和最近将来的纲领，由此使得群众对革命政府有同情的了解，使一切群众的革命力量都集中在这六个最紧要的事情之上。革命政府应当提起"民众"和组织他们革命的积极性。1931 年 3 月 9 日第 1 期有文明确指出："红军是苏维埃政权最重要的保护者，他是阶级的军队，无论在任务上和精神上，他与国民党军阀和帝国主义的军队是根本不相同的。"① 后者与群众隔离，是进行侵略战争和军阀混战的，而红军与群众一体，是工农群众自己的军队，是解放工农群众的武装力量。

《再论巩固党的组织的迫切任务》一文分析指出，当时巩固党的组织的几个中心问题，首先是加强群众工作，认为："党的建设最重要的任务，是要最高限度的加强群众中的工作。"② "正确的布尔塞维克的群众工作，这是最主要的巩固党的坚强的存在，反对和打击统治阶级的进攻之基本的前提。没有一个例子不在说明每地组织之所以经常与最容易受到敌人的破坏之主要原因，都是由于当地党在群众中工作的削弱与隔离。"③ 通过分析得出结论："党在群众中工作的削弱，这是党在组织上所以不能巩固自己组织的最主要的原因。" 从而主张 "真正的而不是空谈的动员党的组织去加紧群众中的工作"④，认为这是当时巩固党的组织必须要抓紧的一环，"估计到党在群众中工作的削弱，这是党在组织上所以不能巩固自己组织的最主要的原因"⑤。并指出巩固党的组织这一环节的四个主要任务，如健全布尔塞维克的工作，与群众工作大胆联系起来，最大限度恢复我们的阵地；要在保卫工人阶级及劳动群众的日常利益上去组织每一问题对敌人进攻的回答。认为："要执行党的决定，第一需要群众工作，要巩

①　《苏维埃第一次全国代表大会关于红军问题决议草案》，《红旗》第 1 期，第 3 页，《红藏·红旗周报》①，湘潭大学出版社 2014 年版，第 3 页。

②　《红旗》第 59 期，第 52 页，《红藏·红旗周报》⑦，湘潭大学出版社 2014 年版，第428 页。

③　同上。

④　《红旗》第 59 期，第 53 页，《红藏·红旗周报》⑦，湘潭大学出版社 2014 年版，第429 页。

⑤　同上。

固党的组织，第二还是需要群众的工作！"①

《答杨幼麟同志——关于转变存在着革命形势为胜利的大革命及对富农的策略问题》一文更是明确了布尔塞维克的群众化工作的总的内容。文章强调了当时革命形势下的大革命路线"包括着苏区和非苏区的党，用一切力量来夺取群众，组织群众，准备群众，领导群众，在政治和经济的斗争中间提高他们的革命的积极性……"②

1931 年 12 月 16 日出版的《红旗周报》附刊中指出："我们的党，是群众的党！我们必须用一切力量，在错误中去学习领导千百万工农群众！我们的格言是：依靠群众，经过群众，领导群众！"③

1932 年 3 月 8 日，新的苏区中央局通过了《关于在粉碎敌人四次"围剿"的决战面前党的紧急任务决议》，认为在粉碎敌人四次"围剿"的决战面前党有关于八大紧急任务的决议，认为："同时集中火力向脱离群众的官僚主义的领导方式开火，也是完成这些紧急任务的主要条件。一切决定的执行，必须面向群众，必须依靠群众，经过群众。……应该成为广大群众的运动。"④

可见，苏区时期的《红旗周报》和《斗争（苏区版）》周刊不仅明确了"群众路线"的提法，也宣传了我党在苏区将群众路线衍生出关心群众生活，注重领导群众的工作方法，把党的建设、革命胜利和群众的切身利益相结合，把人民群众争取到党的周围来反帝、反国民党等一系列受群众拥护，经得起实践考验的群众化思想，有很重要的理论价值和现实意义。

第二节　中共领导人关于苏区群众化工作方式的阐释

一　中共领导人对群众化工作方式问题的解答

《红旗周报》科学地回答了中央苏区"如何说服争取群众""如何宣

---

① 《红旗》第 59 期，第 54 页，《红藏·红旗周报》⑦，湘潭大学出版社 2014 年版，第 430 页。

② 《答杨幼麟同志——关于转变存在着革命形势为胜利的大革命及对富农的策略问题》，《红旗》第 63 期，第 84 页，《红藏·红旗周报》⑧，湘潭大学出版社 2014 年版，第 378 页。

③ 洛夫：《十三日示威的经验》，1931 年 12 月 16 日《红旗周报》附刊，第 3 页，《红藏·红旗周报》③，湘潭大学出版社 2014 年版，第 211 页。

④ 《斗争（苏区版）》第 2 期，第 3 页，《红藏·斗争（苏区版）》①，湘潭大学出版社 2014 年版，第 19 页。

传发动群众""如何组织领导群众"等问题，在我党群众路线的形成过程中有很重要的历史意义，是党的建设中重要的一部分，也是马克思主义中国化的重要内容。

出发点是全心服务群众，立足点是相信依靠群众。出发点和立足点都是如何说服争取群众问题的前提。"两刊"明确了我党要真心实意为群众谋利益，来说服群众，取得群众信任的主张。张闻天指出："我们要必须在实际上解决这些问题（如像犁牛、工具、肥料、水利、种子等），使群众相信我们是处处为了他们的利益，为了改善他们的生活而斗争的。这种日常的艰苦工作，最容易取得群众对于我们党的信仰，便利于我们去说服他们来完成我们所提出的任务。"① 我们要围绕群众具体的困难如粮食盐布疋的严重缺乏，商品不能流通，农民中普遍存在的如犁牛、工具、肥料、水利、种子等问题，开展犁牛合作社等具体工作，解决群众的具体问题。"一切事实都证明，只有我们真正细心的了解群众的困难，耐心解决他们的困难，为保护他们的利益而斗争时，说服群众，动员群众工作，才能顺利的进行。"② 不仅如此，张闻天还强调这一工作的"经常性"而不是简单的"临时的突击工作"。也有文主张："必须使我们党的口号适合广大群众的要求，正确估计某一时期某一具体环境的特殊情况，运用适当的具体的斗争形式及方法（如对于水灾事件，我们可以组织灾民团，领导吃大户，没收豪绅地主富农粮食救济灾民等方式）。"③

对此毛泽东有文指出："要得到群众的拥护吗？要群众拿出他们的全力放到战线上去吗？那末，就得和群众在一起，就得去发动群众的积极性，就得关心群众的痛痒，就得真心实意地为群众谋利益，解决群众的生产和生活的问题，盐的问题，房子的问题，衣的问题，生小孩的问题，解决群

---

① 《红旗》第 62 期，第 77 页，《红藏·红旗周报》⑧，湘潭大学出版社 2014 年版，第 271 页；《斗争（苏区版）》第 28 期，第 13 页，《红藏·斗争（苏区版）》①，湘潭大学出版社 2014 年版，第 481 页。

② 《红旗》第 62 期，第 78 页，《红藏·红旗周报》⑧，湘潭大学出版社 2014 年版，第 272 页；《斗争（苏区版）》第 28 期，第 13 页，《红藏·斗争（苏区版）》①，湘潭大学出版社 2014 年版，第 481 页。

③ 《红旗周报》第 16 期，第 32 页，《红藏·红旗周报》①，湘潭大学出版社 2014 年版，第 348 页。

众的一切问题。""一切群众的实际生活问题，都是我们应当注意的问题。"①可见如何争取群众的重中之重正是"真心实意为群众谋利益"。毛泽东早在1929年4月，在根据地初创时期就提出每个共产党员要如和尚念"阿弥陀佛"一样随时都要念叨"争取群众"。

制高点在于宣传发动群众。就如何宣传发动群众的问题，我们需要围绕"怎样去接近群众"，"怎样开始向群众说话"，"怎样使群众相信我们所说的话"等问题开展，主张采取多种宣传鼓动形式，包括标语、口号、宣言、传单、画报、壁报、小册子乃至各种群众教育大会来进行。就内容而言，主要包括三个方面。

其一，我们要从群众的切身问题或需求出发，并同党的中心工作、目标任务紧密结合起来。对群众有具体的了解，来搞好宣传鼓动工作，说服群众。张闻天提出："把群众的切身的问题，同党的基本口号密切的联系起来，这是布尔塞维克动员群众的基本原则之一。"② 使党的政治口号"变成群众自身的，群众所深刻了解的活跃的有血肉的口号"。强调要体察下情，实行具体的领导。"在官僚主义命令主义的领导之下，我们决不会知道这一部份人，或那一部份人，这一地方的人，或那一地方的人的生活、情绪、兴趣与要求。要了解这许多问题必须要有最具体的领导……感觉到群众每一脉息的跳动。"③ 必须深入群众，了解群众之所需，满足群众之所求。"一千零一次的背诵党的基本口号，是完全不够的。这里需要把这些口号具体化，把这些口号在不同的环境，不同的人群中执行起来。这就要求我们考察、研究、探索、猜摩和熟知各种人群的生活与要求的特点，把我们的总的政治口号与路线同群众这些日常的甚至细小的生活问题密切的联系起来。"④

　　① 《毛泽东选集》第一卷，人民出版社1991年版，第138~139页。

　　② 《红旗》第62期，第76页，《红藏·红旗周报》⑧，湘潭大学出版社2014年版，第270页；《斗争（苏区版）》第28期，第11页，《红藏·斗争（苏区版）》①，湘潭大学出版社2014年版，第479页。

　　③ 《红旗》第62期，第76页，《红藏·红旗周报》⑧，湘潭大学出版社2014年版，第270页；《斗争（苏区版）》第28期，第12页，《红藏·斗争（苏区版）》①，湘潭大学出版社2014年版，第480页。

　　④ 《红旗》第62期，第76~77页，《红藏·红旗周报》⑧，湘潭大学出版社2014年版，第270~271页；《斗争（苏区版）》第28期，第12页，《红藏·斗争（苏区版）》①，湘潭大学出版社2014年版，第480页。

其二，在宣传工作中，中央苏区尤其注重宣传群众的情绪，既包括对中共苏区革命工作的热忱支持，又包括对反动派的抵触愤恨情绪。毛泽东曾就经济建设的任务指出："号召群众购买三百万公债票，发展一百万人的合作社，调剂粮食，巩固金融，发展贸易，号召他们为着这些口号而斗争，把群众的热忱提高起来。"[①]《怎样加强党的动员群众工作》一文从反面的角度强调了我党充分利用群众的反帝情绪来动员群众、争取群众、领导群众反帝反国民党的重要性。主张要会估计具体的形势，利用群众对于剥削者的一切不满，利用工农群众的每个反抗，"不管他如何微弱"，来发动并扩大群众革命运动。正是通过对群众情绪的把握，有了群众的支持，才使我党在白色恐怖的环境下闯出了一片红色天地，使苏区建设如火如荼地进行。于后者，如禅难《反帝运动的领导》（第3期）一文，主张抓住每个侵略压迫事件的时效性，利用各种方式包括宣传、演讲会等发动群众反帝运动。第11期刊登的《动员群众扩大反帝运动的决议》一文，号召大家用尽一切力量来动员群众击碎国民党的企图，开展反帝活动。一方面重视宣传，在党报和革命团体的出版物上经常登载关于反帝运动的系列资料，以帝国主义的每次暴行和国民党各派的每一民族改良主义的宣传为具体对象，立刻印发有鼓动性的标语、口号、宣言、传单、画报、壁报以及小册子等到各种群众中去散发，揭穿国民党"反帝"的假面具。另一方面，借用各个反帝纪念节号召群众进行反帝运动。同时，抓住群众的日常生活的各个迫切的问题如反对火油、米粮、房租等的涨价，进行反帝的鼓动性宣传和组织运动等。

其三，注重通过宣传一方面消除群众对我党的怀疑不信任等顾虑，如《为中国民族的独立与解放而斗争》（第26期）中指出："无疑的，共产党在这一反帝斗争中，是扩大了它的政治影响，然而还有广大的群众，总还觉得共产党的主张是远水救不得近火，还觉得共产党没有能灵敏的满足他们的民族的要求。甚至以为共产党是根本反对'爱国运动'、'抵货运动'与'民族运动'的。"[②]因此，我们要通过具体的宣传活动，让群众

---

①　《红旗》第62期，第76页，《红藏·红旗周报》⑧，湘潭大学出版社2014年版，第270页。

②　《红旗》第26期，第6页，《红藏·红旗周报》③，湘潭大学出版社2014年版，第10页。

真切体会到我党真心实意为群众谋利益的政策，从而获得信任得到支持。另一方面，揭露取消派、国民党等当时所实现的一系列欺骗民众的政策和措施，引导民众看清其真实面貌和真实目的。如第 29 期的《论民众革命与民众政权的口号》和《取消派内部关于政权问题的争论与我们的主张》等文，通过对建立所谓"民众政权"主张的分析，揭露取消派的真实面貌。《红旗》第 27 期附刊（1931 年 12 月 14 日）刊登了《国民党的丑态百出》（柏生）、《赶快揭破汪精卫的遮眼法——国民救国会议》（子华）、《"国民救国会议"还是"党官救党会议"》（丁九）等文章，集中揭露国民党"国民救国会"的欺骗民众的实质。1931 年 10 月 24 日及随后一期的《红旗周报》附刊刊发了《满洲事变中各个反动派别怎样拥护着国民党的统治？》（思美）、《满洲事变中各个反华反动派别怎样拥护着国民党的统治？》（思美）两篇文章，全面揭露各个反华反对派拥护国民党统治，欺骗民众、利用民众的本质。

　　陈广《由群众要求武装到群众夺取武装》，开篇分析了各阶级对于在反日运动怒潮中普遍化的群众武装呼声的不同看法。借宝山事件、满洲事件剖析国民党对于群众武装的根本态度，借救国义勇军教育纲领，使得在"统一指挥"口号统御一切群众的武装要求，揭露出国民党对日宣战的欺骗性，"应认识国民党对日宣战的欺骗是在想控制群众武装，反对群众自己武装，而暗中却准备去缔结出卖满洲的条约"[1]。认为广大的工农贫民及革命学生群众，要组织自己的武装队伍，打倒国民党资本家及一切反革命派的欺骗的武断的领导！并以中国大革命等历史事件为例来揭露国民党的虚伪性、欺骗性，认为"国民党军阀地主资本家及一切反革命派别都是帝国主义营垒中的工具"。由此号召群众"我们要夺取国民党军阀的武装过来，武装被压迫民众自己！""为要求武装而斗争！""为夺取武装而斗争！"[2]

　　落脚点，组织领导群众。就如何领导组织群众的问题，《红旗周报》提出了"布尔塞维克"的群众领导艺术的方法。这一领导方法是与立三路线、官僚主义、命令主义等错误思想作斗争而得出来的。

---

　　① 陈广：《由群众要求武装到群众夺取武装》，《红旗》第 21 期，第 18～19 页，《红藏·红旗周报》②，湘潭大学出版社 2014 年版，第 156～157 页。

　　② 陈广：《由群众要求武装到群众夺取武装》，《红旗》第 21 期，第 21 页，《红藏·红旗周报》②，湘潭大学出版社 2014 年版，第 156～159 页。

半轩在《应该怎样去领导群众——论群众工作中的一个问题》一文中指出：在群众路线方面，李立三主义的错误在于，站在群众之外，命令群众的方法代替了在群众中间，与群众一起来领导群众的方法。认为"立三路线"时代所用的一切争斗的手段和组织方法是从几个党的工作人员的革命的"热忱"中幻想出来的。而其危害与其"命令"结果一样，使党从无产阶级革命争斗的首领，变成空洞无实力的少数阴谋家的小团体。并举出了两个例子说明了"立三路线"的消极影响：党的部分干部是怎样的不懂得布尔什（原文作"雪"）维克领导的艺术，在领导群众时，组织斗争时怎样的呆板、机械和蠢笨①。《击破国民党进攻红军的新计划》一文，认识到"立三路线"的恶果：使党与群众的联系削弱了，使党对群众斗争的领导减轻了。主张肃清之。文中还特别指出："所以在执行这些任务时，一定要坚决的反对右倾，同时不放松反'立三路线'的斗争。"②

罗迈在《为新区边区工作的布尔塞维克转变而斗争》一文中强调要执行明确的阶级路线去争取群众。指出了争取群众工作中的两个严重的错误：没有发动工人的经济斗争和"乱打土豪""反水群众"的错误做法。认为这两种错误有一个共同之处：是非阶级路线的错误。主张"要用暴力和群众的革命手段肃清反革命"，"要最大限度的武装工农群众，创造坚强的游击队"；"要开展反机会主义的斗争和巩固党的铁的纪律"③。

如《怎样加强党的动员群众工作》一文主张："必须厉行两条路线的斗争，肃清'立三路线'与一切'左'右机会主义及其工作方式，必须打破一切消极与关门主义的态度。""必须打破一切消极及宗派主义倾向。"④

如毛泽东在《粉碎五次"围剿"与苏维埃经济建设任务》一文中主

---

① 参见半轩《应该怎样去领导群众——论群众工作中的一个问题》，《红旗》第 2 期，第 4 页，《红藏·红旗周报》①，湘潭大学出版社 2014 年版，第 8 页。

② 吾真：《击破国民党进攻红军的新计划》，《红旗周报》第 1 期，第 4 页，《红藏·红旗周报》①，湘潭大学出版社 2014 年版，第 4 页。

③ 罗迈：《为新区边区工作的布尔塞维克转变而斗争》，《红旗》第 63 期，第 39、42、44、46 页，《红藏·红旗周报》⑧，湘潭大学出版社 2014 年版，第 333、336、338、340 页。

④ 华冈：《怎样加强党的动员群众工作》，《红旗周报》第 16 期，第 32 页，《红藏·红旗周报》①，湘潭大学出版社 2014 年版，第 348 页。

张，在经济建设工作的领导方式上主张群众化，反对官僚主义；在工作方法上要和群众商量办事，反对命令主义。他指出：要使我们各个口号、各项工作得到广大群众拥护，一是"要从组织上去动员群众"；二是"动员群众的方式应该不是官僚主义的。官僚主义的领导方式，任何革命工作所不应有的"，"要把官僚主义方式这个极坏的家伙，抛到粪缸里去，没有一个同志喜欢它。每一个同志喜欢的应该是布尔塞维克的工作方式，即群众化的方式"。批评了官僚主义的两种表现方式：一种是机会主义的消极怠工，即不理不睬或敷衍塞责；另一种是命令主义，以发展公社和推销公债为例，说明了命令主义的危害。认为："我们一定不能要命令主义，我们要的是努力宣传，说服群众，按照具体的环境，具体表现出来的群众情绪，去发展合作社，去推销公债，去做一切经济动员的工作。"① 力斥官僚主义，"我们要学习长冈乡、才溪乡，反对汀州市那样的官僚主义的领导者！""一切工作，如果仅仅提出任务而不注意实行时候的工作方法，不反对官僚主义的工作方法而采取实际的具体的工作方法，不抛弃命令主义的工作方法而采取耐心说服的工作方法，那末，什么任务也是不能实现的。"②

二　张闻天关于群众化理论的阐释

张闻天《关于新的领导方式（三）——学习领导群众的艺术》一文的主题在于党群关系的处理。

张闻天一方面肯定了自开展新的领导方式的讨论半年来省委和个别县委取得的成绩；另一方面又指出一般的县委及县委以下的组织在转变领导方式方面的不足，错误地把这种转变简单理解为多找几个巡视员，多开会，多讨论问题，这种误解导致这种状况：县委书记以及各部干事坐在机关里但不知道做什么，只好睡觉、算伙食费。县委的议事日程天天开会讨论，讨论主题从"苏维埃工作"到"群众工作"，但谁也不知道这个"群众工作"究竟是什么。张闻天对此提出强烈批评，认为这是对新的领导

---

① 毛泽东：《粉碎五次"围剿"与苏维埃经济建设任务》，《红旗》第 62 期，第 21~22 页，《红藏·红旗周报》⑧，湘潭大学出版社 2014 年版，第 215、216 页。

② 《毛泽东选集》第一卷，人民出版社 1991 年版，第 140 页。

方式的讽刺。他同时自我批评指出，他之前在《斗争（苏区版）》上发表的关于新的领导方式的那两篇文章所说的新的领导方式的目的，如在于加强党的领导，使党真正能够具体地实际地领导下级党部，领导机关内的分工与集体，建立各部工作与巡视制度等这些不过是新的领导方式的"必要的基础"与前提，而并不是目的。

张闻天在该文中指出，新的领导方式的最主要的表现，"不是去看这个县委的书记是不是在家，各部工作人员是多是少，有无开会的议事日程等等，而是要看党在群众中的领导作用，要看党是否能灵敏的反映下面的群众情形，很迅速的解决群众的迫切问题，动员与组织群众来响应党的每一个号召"①。新的领导方式的目的"是在使党的支部在群众中能够起它的核心作用，是在使党变成领导最广大群众的党"②。可见，新的领导方式的基本内容包括两个方面：一是党与群众的关系；二是党怎样领导群众。张闻天将新的领导方式与官僚主义的领导方式做了比较，后者是脱离群众的，方式就是命令群众的，前者是"同群众在一起"，方式是说服群众，领导群众的。就当时而言，苏区党内盛行的就是命令主义，如扩大红军工作会议中捆绑开小差的人，强制支部同志当红军，不服从者被整晚关在会场不放，退还公债中的强制摊派，国家保卫局恐吓群众等。如此这般的怪现象，张闻天认为"是不能一刻容许的"③。

在党与群众的关系方面，张闻天认为要分清两种情况。第一种是共产党代表群众的利益的时候，即便群众不理解、不明白党的策略，与党发生冲突，也只能用说服、等待的方式获得群众的信任、理解和支持。张闻天从扩大红军工作的经验与教训中说明了这一点：说服群众，获得群众信任，取得成绩。强迫命令群众，宣告破产。在他看来，在新的领导方式方面，对于群众对政治的盲昧与无知，仍需要解释、说服群众，使群众了解党的策略，真正体会党是代表群众本身的利益，学会等候群众相信党的政策，帮助群众用自己的体验去认识党的政策。

第二种情况是共产党自己犯了错误，党的政策不能代表群众的利益，

---

① 《斗争（苏区版）》第20期，第9页，《红藏·斗争（苏区版）》①，湘潭大学出版社2014年版，第325页。

② 同上。

③ 同上。

导致党与群众之间发生冲突时，党必须重新考虑政策，修改政策，承认自己的错误，而不能强迫命令，不顾一切而坚持错误。如苏区肃反运动中所导致的群众对党的恐怖，中央苏区后来承认错误，并作出修改那样。如扩大红军中如果一味强迫命令，必定会造成群众的登山与反抗。如此这般，共产党自然会失去对群众的领导权。对于党的政策出现错误，导致党与群众的关系紧张时的处理方案，必然只有依照群众的利益、群众的需求和群众的要求来修改党的大政方针和决策，正如列宁根据群众的情绪和群众的利益需求而结束临时"战时共产主义"政策，实行新经济政策一样。

就以上两种情况而言，张闻天认为："在任何情形之下，党决不能脱离群众，党必须同群众在一起，依靠在群众身上，去完成党所提出的正确的任务。"① 这种依靠群众，同群众在一起的主要的工作方法就是"说服群众"。但"说服群众"并不是禁止一切强迫，并不排除强迫的方法，但强迫的方法的应用是有条件的，即当党获得大多数群众的拥护的时候，对小部分群众采取强迫的方法。

张闻天认为，党内两条战线的主要任务之一就是实现党对群众的领导权。无论是右倾机会主义还是"左"倾机会主义，其后果是一致的，都会使党失去对群众的领导资格，不过是前者表现为对群众力量的估计不足与不信任，后者表现为"左"的革命词句脱离实际情形，脱离群众。

既然党在任何时刻都不能失去对群众的领导权，那么如何真正实现对群众的领导呢？张闻天认为要注意三个方面：教育群众，说服群众，更要向群众学习。"我们不只要教育群众，说服群众，而且要跟群众学习。"② 基于教育群众、说服群众和向群众学习的立场，张闻天认为，在工作中要去思考群众想的是什么，要的是什么，而不能像官僚主义那样对群众之所想所思置若罔闻。这是一味地机械地命令群众去执行党的任务，一旦群众不执行或执行不好时，就对群众"悲观失望"，骂群众"太平享乐""群众落后"等，以此来掩盖对群众的领导的破产。

党在对群众的领导过程中，之所以要向群众学习，是因为群众往往能

---

① 《斗争（苏区版）》第 20 期，第 11 页，《红藏·斗争（苏区版）》①，湘潭大学出版社 2014 年版，第 327 页。

② 同上。

创造出许多实现党的策略与口号的新的具体方式与方法。例如在"动员所有模范队，模范少队，整营整团加入红军"的口号下，兴国模范师加入红军的这种新的方法与形式，曾被积极运用到扩大红军及其他工作中，并取得了很大的成绩。而官僚主义的那种自高自大的命令方式容易使党失去对群众的领导，如全总执行局曾订立过不少可笑的劳动合同与集体合同，使群众失去了对工会领导机关的信仰，如此这般自然不能实现对群众的领导。因此，我们要如列宁、斯大林倡导的那样，相信群众，敢于向群众学习。基于斯大林党性理论和列宁的群众观点，张闻天概括了新的领导方式的主要内容："细心的，耐烦的去说服群众，正确的去代表群众的意识，负责的谨慎的去领导群众。"①

《斗争（苏区版）》第 28 期刊登了张闻天《关于新的领导方式（四）——再谈学习领导群众的艺术》（该文也曾刊登于《红旗》第 62 期）一文。文章开篇指出："在《斗争》二十期上我说到我们领导群众的主要方法是在说服群众，使群众相信我们的主张的正确，使群众执行我们党所提出的每一任务。"② 该文再次强调："反对强迫命令。"新的领导方式强调以说服群众的方式代替以往的强迫命令。而如何说服群众，则是布尔塞维克的领导艺术。自然，我们要说服群众，就要搞好宣传鼓动工作。

该文详细分析了为什么强迫命令的方法依然到处存在。其原因有：第一，没有群众的宣传鼓动工作。批评传统宣传鼓动工作中的刻板性和一般性，主张活泼的具体的群众的宣传鼓动工作。要解决"怎样去接近群众"，"怎样开始向群众说话"，"怎样使群众相信我们所说的话"等问题来执行我们的任务。张闻天认为，要达到这一目的，我们首先必须要了解宣传鼓动的对象。当然，张闻天强调，对宣传鼓动对象的了解也不是一般的，而是具体的，如他们的生活、情绪、兴趣与要求，等等。文中提出："把群众的切身的问题，同党的基本口号密切联系起来，这是布尔塞维克

---

① 《斗争（苏区版）》第 20 期，第 13 页，《红藏·斗争（苏区版）》①，湘潭大学出版社 2014 年版，第 329 页。

② 《斗争（苏区版）》第 20 期，第 10 页，《红藏·斗争（苏区版）》①，湘潭大学出版社 2014 年版，第 478 页。注：《红旗》第 62 期该处原文为："见《红旗》59 期上我说到我们领导群众的主要方法是在说服群众，使群众相信我们的主张的正确，使群众执行我们党所提出的每一任务。"

动员群众的基本原则之一。"① 张闻天认为，我党过去宣传鼓动工作的根本错误就在于不知道应用这一原则，不知道如何使党的政治口号"变成群众自身的，群众所深刻了解的活跃的有血肉的口号"②。而要做到这一点，就必须转变我们整个的领导方式——强调要体察下情，实行具体的指导。"在官僚主义命令主义的领导下，我们绝不会知道这一部份人，或那一部份人，这一地方的人，或那一地方的人的生活、情绪、兴趣与要求。要了解这许多问题必须要有最具体的领导……感觉到群众每一脉息的跳动。"③ 要做到这一点，自然要求我们的宣传鼓动工作者不能只是留声机似的简单背诵或传达党的精神和任务，还必须深入群众，了解群众之所需，满足群众之所求。"一千零一次的背诵党的基本口号，是完全不够的。这里需要把这些口号具体化，把这些口号在不同的环境，不同的人群中执行起来。这就要求我们考察、研究、探索、猜摩和熟知各种人群的生活与要求的特点，把我们的总的政治口号与路线同群众这些日常的甚至细小的生活问题密切的联系起来。"④ 也就是说，要说服群众，就要搞好宣传鼓动工作。要做好宣传鼓动工作，我们不仅要一般地了解宣传鼓动对象，还必须进一步了解特定对象的生活、情绪、兴趣与要求，要从群众的切身问题或需求出发，并同党的中心工作、目标任务紧密结合起来。

第二，认为要说服群众，除了群众的宣传鼓动之外，还应该在实际上来解决群众的切身困难和问题。张闻天认为，有些党组织一次数次讨论的总是扩大红军、推销公债，却鲜有成绩，其主要原因之一就是对当地群众的切身困难和问题没有引起重视，更没有设法去帮助群众解决这些困难。尽管我们在实行土地法与劳动法后，我们大大改良了群众的生活，满足了群众最基本的要求。但是由于国民党新的进攻与新的封锁，给群众造成了

---

① 《斗争（苏区版）》第 28 期，第 12 页，《红藏·斗争（苏区版）》①，湘潭大学出版社 2014 年版，第 480 页；《红旗》第 62 期，第 76 页，《红藏·红旗周报》⑧，湘潭大学出版社 2014 年版，第 270 页。

② 同上。

③ 同上。

④ 《斗争（苏区版）》第 28 期，第 12 页，《红藏·斗争（苏区版）》①，湘潭大学出版社 2014 年版，第 480 页；《红旗》第 62 期，第 76～77 页，《红藏·红旗周报》⑧，湘潭大学出版社 2014 年版，第 270～271 页。

新的痛苦和苦难。具体的如粮食盐布疋（匹）的严重缺乏，商品不能流通，农民中普遍存在的如犁牛、工具、肥料、水利、种子等问题，这些使苏区群众的生活恶化。因此，我们必须在实际上解决这些如犁牛、工具、肥料、水利、种子的问题，使群众相信我们是处处为了他们的利益，为了改善他们的生活而斗争的。这种日常的艰苦工作，最容易取得群众对于我们党的信仰，使利于我们去说服他们来完成我们所提出的任务。① 一切事实（如扩大红军工作）都证明，只有我们真正细心地了解群众的困难，耐心解决群众的困难，为保证群众的利益而斗争时，说服群众，动员群众工作，才能顺利地进行②。不仅如此，张闻天还强调这一工作的"经常性"而不是简单的"临时的突击工作"。认为改善群众的生活，解决群众的困难问题，是我们的经常的耐心的工作，而不简单是一个临时的突击工作。③

　　第三，认为在每一宣传鼓动之后，在说服群众的过程中，我们必须善于组织群众。一方面，主张动员工作与宣传工作紧密结合，纠正过去往往将两者分开的错误做法。如关于推销公债问题上的错误做法，"我们召集了群众会议做了宣传鼓动工作，我们不知道当场就由群众自动认购公债的数目，并且经过群众，组织某乡的推销公债委员会，经过这个委员会去更广泛的推销公债。或者我们不做任何宣传鼓动工作，而把群众关在会场上强迫他们购买，或者由一个同志拿了花名册挨户摊派"④。另一方面，主张通过不同的组织去组织群众、发动群众，我们应当充分利用如青年团、年会、工会、妇联、互济会等各种群众组织。当时，

---

　　① 《斗争（苏区版）》第28期，第13页，《红藏·斗争（苏区版）》①，湘潭大学出版社2014年版，第481页；《红旗》第62期，第77页，《红藏·红旗周报》⑧，湘潭大学出版社2014年版，第271页。

　　② 《斗争（苏区版）》第28期，第13页，《红藏·斗争（苏区版）》①，湘潭大学出版社2014年版，第481页；《红旗》第62期，第78页，《红藏·红旗周报》⑧，湘潭大学出版社2014年版，第272页。

　　③ 同上。

　　④ 《斗争（苏区版）》第28期，第14页，《红藏·斗争（苏区版）》①，湘潭大学出版社2014年版，第482页；《红旗》第62期，第79页；《红藏·红旗周报》⑧，湘潭大学出版社2014年版，第273页。

"我们党对于群众组织的领导还存在着两种极端的倾向，或者是由我们同志去包办，把群众组织变成第二党，或者是根本不管"①。批评当时"不能经过党团来加强党对于群众组织的领导"的普遍现象，"甚至有些同志把苏维埃的党团，当做了党与团的代表，根本不知道党团是什么一回事。或者形式上组织了党团，根本就不起作用"②。换句话说，在群众组织中，我们不能以在党组织中的工作方式去办事，党的领导是经过党团起作用，不是直接取代群众组织本身。在利用已有的组织形式基础上，还要积极寻找新的组织形式。"这里，我们要极大的发展同志与群众的创造性，灵敏的抓住每一新的方式，来动员群众。一切呆板的，固执，迟钝，墨守成规，都是新的动员群众方式的最大敌人。我们不但要知道如何发展群众的积极性，而且要知道如何组织这些群众的积极性。"③

总之，在说服群众的过程中，还要善于组织群众。在群众工作中，必须把宣传与组织紧密结合起来。

第四，必须认真总结经验，把这些经验普遍地应用。张闻天认为，仅仅简单地强调下级不要强迫命令群众而要去说服群众，是不够的，也没有用的。对于下层同志的谩骂责备，也不能改善事情的实质，强调我们要对具体的经验去进行研究总结。认为："我们党的领导机关，不断的以新的具体动员群众的办法，去告诉同志，详细的研究每一新的群众所创造出来的经验，去告诉同志如何来应用这一经验。"④ 反对那种笼统的、抽象的、表面的、一成不变的、公式化的"检阅"，如"政治动员不够""反机会

---

① 《斗争（苏区版）》第28期，第14页，《红藏·斗争（苏区版）》①，湘潭大学出版社2014年版，第482页；《红旗》第62期，第80页，《红藏·红旗周报》⑧，湘潭大学出版社2014年版，第274页。

② 《斗争（苏区版）》第28期，第15页，《红藏·斗争（苏区版）》①，湘潭大学出版社2014年版，第483页；《红旗》第62期，第81页，《红藏·红旗周报》⑧，湘潭大学出版社2014年版，第275页。

③ 同上。《红旗》为："一切呆板的固执、迟钝、墨守成规，都是新的动员群众方式的最大敌人。"

④ 《斗争（苏区版）》第28期，第15页，《红藏·斗争（苏区版）》①，湘潭大学出版社2014年版，第483页；《红旗》第62期，第82页，《红藏·红旗周报》⑧，湘潭大学出版社2014年版，第276页。

主义的斗争不深入""对于扩大红军的重要性估计不足""没有充分的群众动员，强迫命令的方式非常严重""没有充分执行优待红军家属条例等"。主张将兴国动员模范师整师加入红军的经验印成册，分发给大家，以便大家详细研究学习。

第三节　群众路线理论提出的必要性及其意义

"布尔塞维克"的群众化工作方式对当时的苏区建设有很重要的现实意义和价值。

一　群众路线理论提出的必要性与紧迫性

首先，在群众中间，经过群众，依靠群众与群众在一起的争取群众的群众路线，于苏区，不仅具有必要性，还具有紧迫性。苏区当时面临重重困难。其一，苏区经济十分落后，群众生活困苦，商业交易几乎每一个环节都面临繁重的二十多种名目的税收。群众一开始就担心共产党的到来会像地主阶级和封建军阀一样对他们进行掠夺剥削。因此，一开始苏区群众对党在苏区的活动感到恐惧。其二，一些地主、富农利用群众这种恐惧不信任心理，发动群众对共产党进行抵制。其三，苏区社会阶层多样，各个不同阶层有不同的利益诉求，对待共产党和革命的态度也有不同。其四，当地思想意识保守，群众意识觉悟较低。其五，加上当时制度上的不完善，苏维埃政府中存在贪污、浪费和官僚主义的现象，使党在群众中的形象明显受到影响。其六，受白区经济封锁，蒋介石和国民党政府曾制定并使用"心理战""政治战"和"军事战"三种"剿共"办法，加强对日益发展壮大的苏区的"围剿"。国民党"共产共妻""共匪"的恶意宣传，曾经蒙蔽了不少群众和白军士兵等，使群众对中共中央产生不信任感；发动了大规模军事"围剿"，企图消灭新生的苏维埃政权；加紧经济封锁，企图使中央苏区军民"不能存一粒米、一撮盐、一勺水的补给"，造成经济枯竭，无法生存下去。1932年起这种经济封锁更加严密。当地的豪绅地主继续开展长期残酷剥削，1931年又发生大水灾，使得整个苏区已达到深层的崩溃状态，不仅群众日常必需的生产、生活资料极度匮乏，而且政府、红军的经费窘迫。自1931年年底临时中央一些"左"的经济政策推行到中央苏区来，导致苏区经济状况更是雪上加霜。因此，摆在苏区新政府面前的首要任务是争取群众，获得群众的信任，从而开展各方面的工作尤其是经济建设工作。艰难的处境让中共中央更明确地认识到，唯一可以依靠的力量就是苏区的广大群众。扩大红军、支援前线，发展生产，保障军需民食，开展各项政治的、经济的、文化的、社会的斗争和建设，争取历次反"围剿"的胜利，乃至党自身的发展壮大，都离不开广大群众。可以说，离开了苏区人民群众的认同、拥护、支持和参与，党和红军以及苏维埃政府，都将寸步难行、一事无成，因此，"争取群众"成了苏区领导工作中的重要任务之一。

作为中国共产党中央委员会第四份机关报的《红旗周报》，是苏区群众化工作方式、一心为民精神的宣传与鼓动的主要阵地。如第 1 期的《中共苏维埃第一次全国代表大会的法令草案》《劳动法令草案》《土地法令草案》《关于红军问题决议案草案》《经济政策草案》《击破国民党进攻红军的新计划》，从劳动法、土地法等各个方面，向群众介绍了苏区的政策，"红军是苏维埃政权最重要的保护者，他是阶级的军队，不论在任务上和精神上，他与国民党军阀和帝国主义的军队是根本不相同的"。后者与群众隔离，是进行侵略战争和军阀混战的，而红军与群众一体，是工农群众自己的军队，是解放工农群众的武装力量。① "党的一切组织应当利用一切可能，去接近群众，去夺取群众，去组织群众，去领导群众的斗争，使他们能帮助与拥护苏维埃和红军。"②

为了广泛动员群众开展大规模的经济建设运动，全面部署中央苏区的经济建设工作，临时中央政府先后召开两次大会：一次是南部十七县经济建设大会；一次是北部十一县经济建设大会。为此，《红旗周报》围绕解决人民群众生产、生活问题的经济建设政策做了大量的宣传动员工作，如第 59 期的《论苏维埃经济发展的前途》（洛甫）；《查田运动是广大区域内的中心重大任务》；第 61 期的《查田运动的初步总结》（毛泽东）；第 62 期的《立即把反对五次"围剿"的运动开展起来》《粉碎五次"围剿"

---

① 《关于红军问题决议案草案》，《红旗周报》第 1 期，第 3 页，《红藏·红旗周报》①，湘潭大学出版社 2014 年版，第 3 页。

② 吾真：《击破国民党进攻红军的新计划》，《红旗周报》第 1 期，第 4 页，《红藏·红旗周报》①，湘潭大学出版社 2014 年版，第 4 页。

与苏维埃经济建设任务》（毛泽东）、《经济建设的初步总结》（亮平）。《红旗周报》还及时报道、宣传党领导人民群众进行土地革命、分田运动的各种为民谋利益的政策，如第 28 期的《关于"平分一切土地"的口号的决议》，第 63 期的《查田运动的群众工作》（毛泽东）等。同时也及时宣传和推广群众首创的劳动互助社、耕牛合作社、妇女学犁耙、调剂粮食等先进经验，如第 62 期的《合作社怎样工作》（亮平）。这些都是建立在党尊重群众的首创精神，虚心向群众学习，并向群众负责的基础上，经过从群众中来、到群众中去的反复实践的成果。

　　正是有了《红旗周报》等红色刊物的宣传和报道，使群众对苏区红军的态度由最初的恐惧、怀疑、不信任态度转变为极力拥护苏维埃和红军。群众由不信任、排斥等消极态度转变为信任、拥护等积极态度，我们从《红旗周报》的"蓬蓬勃勃的中国苏维埃运动"专栏以及《湘鄂西与闽西苏区通信》（第 14 期）、1933 年 8 月 31 日的《红色中华》报的《瑞金下肖区官山乡红军家属致前方红色战士的信》和毛泽东的《长冈乡调查》等文章，一目了然。群众路线的宣传和贯彻，使得苏区建设如火如荼，充分发挥了根据地党政军民的整体力量，创造了取得反"围剿"胜利的良好条件。

二　明确了该时期的群众路线理论的实质

　　其次，明确了我党群众路线的具体问题，抓住了群众路线的实质问题。尽管党的"二大"明确了"党的一切运动都必须深入到广大的群众里面去"。党的"六大"又指出"党的总路线是争取群众，统一群众，团结群众"①。但是并没有明确如何去争取群众，如何去宣传鼓动群众，如何去领导组织群众的问题。而《红旗周报》一开始就抓住了群众路线的实质，不仅明确了党在工作过程中的工作原则，要"在群众中间，经过群众，依靠群众与群众在一起（不跑前，亦不落后）而同时领导群众要在领导的时候保持并增加与广大的群众联系"②。"去接近群众，去夺取群

---

　　①　中央档案馆编：《中央共产党第二次至第六次全国代表大会文件汇编》，人民出版社 1981 年版，第 27 页。
　　②　《红旗周报》第 2 期，第 4 页，《红藏·红旗周报》①，湘潭大学出版社 2014 年版，第 8 页。

众，去组织群众，去领导群众的斗争，使他们能帮助与拥护苏维埃和红军。"① "用一切力量来夺取群众，组织群众，准备群众，领导群众，在政治和经济的斗争中间提高他们的革命的积极性……"② "我们的党，是群众的党！我们必须用一切力量，在错误中去学习领导千百万工农群众！我们的格言是：依靠群众，经过群众，领导群众！"③ 又系统地回答了"怎样来正确运用下层群众统一战线"(《建立下层统一战线问题》第6期)，"应该怎样领导群众？"(《应该怎样领导群众——论群众工作中的一个问题》第2期；《关于新的领导方式——再谈学习领导群众的艺术》第62期) 等问题，还刊登了《怎样加紧党的动员群众工作》(华冈，第16期)、《怎样转变我们的宣传鼓动工作》(第25期)、《我们怎样领导农民的分粮食的斗争》(第27期)、《我们应该怎样拥护红军的胜利》(第40期)、《怎样巩固赤色小组？》(第42期)、《苏维埃政府怎样为粮食问题的解决而斗争》(第45期) 等文章，从具体的细微的角度回答了我们"怎样去接近群众"，"怎样开始向群众说话"，"怎样使群众相信我们所说的话"，"怎样为群众谋利益" 最终 "群众怎样拥护革命工作" 等问题，在党的建设史上作出了开创性的贡献，是我党群众路线的重要形成阶段。

　　在处理党群关系中，如何有效地满足群众的切身利益，是党始终需要予以关注和解决的重要课题，也是党的群众路线的关键问题。《红旗周报》对这一问题的经验总结和宣传，于我们中华民族的伟大复兴过程中党群关系、干群关系问题的处理，有很重要的借鉴意义。毛泽东曾在1943年6月1日的《关于领导方法的若干问题》中指出："在我党的一切实际工作中，凡属正确的领导，必须是从群众中来，到群众中去。这就是说，将群众的意见 (分散的无系统的意见) 集中起来 (经过研究，化为集中的系统的意见)，又到群众中去作宣传解释，化为群众的意见，使群众坚持下去，见之于行动，并在群众行动中考验这些意见是否正确。然后

---

　　① 《红旗周报》第1期，第4页，《红藏·红旗周报》①，湘潭大学出版社2014年版，第4页。

　　② 《红旗》第63期，第84页，《红藏·红旗周报》⑧，湘潭大学出版社2014年版，第378页。

　　③ 洛夫：《十三日示威的经验》，1931年12月16日《红旗周报》附刊，第3页，《红藏·红旗周报》③，湘潭大学出版社2014年版，第211页。

再从群众中集中起来，再到群众中坚持下去。如此无限循环，一次比一次地更正确、更生动、更丰富。这就是马克思主义的认识论。"① 我们结合前面两章的内容，可以清楚地看出，作为我党集体智慧结晶的这一认识论方面的群众路线在《红旗周报》和《斗争（苏区版）》两刊中已经有了实质内容的经典呈现，不过尚未形成理论系统。可见这一阶段实践的经验积累和理论的探索为延安时期理论的系统化、成熟化奠定了基础。

---

① 毛泽东：《关于领导方法的若干问题》，《毛泽东选集》第 3 卷，人民出版社 1991 年版，第 854 页。

第六章　两刊中中共领导人关于
其他方面的探索

第一节　对马克思主义的传播

通过对两刊刊发文章的整理，两刊对马克思主义相关内容的介绍和传播的文章篇目如下。

表 6 - 1　　　《红旗周报》所刊马克思主义、列宁主义的相关文章目录

序号	篇　名	作者	期刊刊数	期刊版/页	刊发时间	《红藏》卷数及页码
1	革命军队与革命政府（1905 年 7 月 10 日）	列宁	6（增刊）	3 ~ 4	1931年4月18日	①23 ~ 24
2	论布尔塞维主义史中的几个问题——给《无产阶级革命》杂志编辑部的信（1931 年 10 月 30 日）	斯大（达）林	32	1 ~ 16	1932年3月18日	④63 ~ 78
3	为马克思主义而斗争	慧素	39	9 ~ 13	1932年5月2日	④449 ~ 453
4	斯大林同志给阿勒哈罗维奇与亚里史多夫同志的复信——关于给《无产阶级革命》杂志编辑部论《布尔塞维主义历史几个问题》的信（1932 年 1 月 15 日，1932 年 1 月 24 日）		54	16 ~ 22	1933年1月10日	⑦18 ~ 24

续表

序号	篇　　名	作者	期刊刊数	期刊版/页	刊发时间	《红藏》卷数及页码
5	给俄国社会民主劳动党中央委员会外国局的信（1917 年 6 月 17 日）	列宁	57	61 ~ 62	1933 年 1 月 31 日	⑦309 ~ 310
6	关于反对资产阶级报纸的决议草案（1917 年 11 月 17 日）	列宁	57	60 ~ 61	1933 年 1 月 31 日	⑦308 ~ 309
7	为马克思逝世五十周年纪念告民众书（1933 年 2 月 18 日）		58	1 ~ 8	1933 年 3 月 8 日	⑦315 ~ 322
8	中央关于马克思逝世五十周年纪念的决议（1933 年 2 月 17 日）		58	8 ~ 13	1933 年 3 月 8 日	⑦322 ~ 327

资料来源：《红藏》收藏的《红旗周报》相关文章。

表 6 - 2　　《斗争（苏区版）》对马克思列宁主义文献的刊载

序号	篇　　名	作者	期刊刊数	期刊页码	刊发时间	《红藏》卷数及页码
1	列宁和联合中农问题（1928 年 6 月 12 日）	斯大林	11	15 ~ 16	1933 年 5 月 10 日	①179 ~ 180
			13	15 ~ 16	1933 年 5 月 30 日	①211 ~ 212
			15	15 ~ 16	1933 年 6 月 15 日	①247 ~ 248
2	新的任务与新的力量（1905 年 3 月 2 日）	列宁	17	7 ~ 12	1933 年 7 月 5 日	①271 ~ 276
3	革命军部队的任务	列宁	25	19 ~ 20	1933 年 9 月 5 日	①431 ~ 432

序号	篇　名	作者	期刊刊数	期刊页码	刊发时间	《红藏》卷数及页码
4	给圣彼得堡委员会附设的"斗争委员会"信	列宁	26	20	1933 年 9 月 15 日	①452
5	法西斯蒂在中国	斯大林	27	13～16	1933 年 9 月 25 日	①465～468
6	列宁论共产主义的教育		31	4～9	1933 年 10 月 21 日	①524～529
	列宁主义的教育（续）		32	9～14	1933 年 10 月 28 日	①544～550
7	应当使集体农民变成小康者	斯大林	35	1～10	1933 年 11 月 19 日	①589～598
8	关于战胜高尔洽克给工人农民的一封信	列宁	37	4～9	1933 年 12 月 15 日	①624～629
9	列宁论人民委员会与劳战委员会的工作	列宁	39	2～3	1933 年 12 月 19 日	①650～651
10	列宁论游击战争	列宁	40	8～10	1933 年 12 月 26 日	①672～674
		列宁	41	12～13	1934 年 1 月 5 日	②12～13
11	怎样组织竞赛	列宁	45	12～13	1934 年 2 月 2 日	②78～79
		列宁	48	15～17	1934 年 2 月 23 日	②133～135
12	在司伟德洛夫大学的演说	列宁	51	8～13	1934 年 3 月 17 日	②186～191
13	统一战线的斗争	《真理报》社论	54	15～16	1934 年 4 月 7 日	②245～246

序号	篇　名	作者	期刊刊数	期刊页码	刊发时间	《红藏》卷数及页码
14	加紧向机会主义开火	《共产国际》第33期社论，滔天译	65	13～20	1934 年 6 月 23 日	②427～434
15	中国革命与欧洲革命	马克思	68	7～12	1934 年 7 月 21 日	②481～486
16	波斯和中国	恩格斯		12～16		②486～490

资料来源：《红藏》收录的《斗争（苏区版）》相关文章。

这些文章对马克思主义在中国的传播及其理论的中国化方面作出了很大贡献，尤其是在正面评介马恩列革命的一生的基础上，联系中国革命实际，明确中国革命的理论基础和领导力量及领导权等方面贡献较大。如 1932 年 5 月 2 日，《红旗周报》第 39 期刊登的《为马克思主义而斗争》一文，是为了纪念马克思的诞辰日（5 月 5 日）而作的。

该文在分析马克思主义理论与革命行动之间的密切联系的基础上，强调马克思主义理论的具体实践性。文中介绍了马克思诞生的背景，革命的马克思主义的历史进程，尤其是经过十月革命而进向社会主义的目标和实现着社会主义的建设的巨大进步，认为"革命的马克思主义，也已经不仅只是唯一正确的革命的理论，而且是已经生产了伟大的成果"[①]。文中号召要在马克思的诞辰纪念日里，来唤起民众的斗争精神，来学习革命的马克思主义的理论，来加强对千千万万劳动群众的领导。文中指出："没有革命的理论，便没有革命的行动，没有革命的行动，便没有（革命）的理论。这是革命的马克思主义唯一光荣的承继者。英雄地领导了俄国无产阶级创立社会主义的苏联的同志列宁，给予我们布尔塞维克的一句名

---

① 《红旗周报》第 39 期，第 10 页，《红藏·红旗周报》④，湘潭大学出版社 2014 年版，第 450 页。

言，是每一个布尔塞维克学习马克思主义和领导群众斗争之时，一刻也不能忘记的指南针。"① 强调了革命行动与革命理论之间的紧密联系，二者互为前提，相互依存，不可分割。同时，还指出了列宁与马克思主义之间的关系。此外，该文还从行动与理论之间的关系的基础上指出了马克思主义理论必须与实际的具体的行动、具体的斗争相结合，内在包含了马克思主义中国化的必要性的内涵。指出："革命的马克思主义决不是我们武断的教义，也不是学究先生的公式，他是世界革命运动的总结，是实际斗争的方针。离开了实际的具体的行动，便不配说马克思主义的理论，离开了实际的具体的理论，便不会有革命的行动。"② 该文认为，这种对实际的具体的理论和实际的具体的行动的认识，恰好是当时党内最为缺乏的。事实证明，当时的三次大的"左"倾错误思想在党内的领导从认识论上正是没有充分认识到具体的实际的革命斗争与具体的革命理论之间的相互关系，而是对革命理论做教条式理解、做学究式理解的必然后果。"我们还没有学会怎样去领导群众斗争，甚至不愿意在每一次斗争之中去学习教训，去改正我们的错误而几次三番的重复着过去的错误。"③这一事实恰好说明了我们正确认识革命的马克思主义理论与中国具体的实际的革命行为之间的关系的必要性，这也是一切从实际出发，实事求是的理论基础和必要性诠释。该文认为，只有真正地理解那些当前的问题，只有从实际斗争中而不是纯粹学究式、纯粹教条式的理解中来提高我们的认识，才能开展我们的群众工作，才能真正领导起千百万群众来实现当时的严重的任务。

其次，该文强调了马克思主义的革命性。文中指出："我们必须认识，革命的马克思主义是在斗争之中，在和一切反革命的思想斗争之中，在和一切'左'右摇摆的倾向斗争之中，发展壮大起来的理论。……全党同志，必须起来扯碎反革命的托陈取消派的假面具，必须在讨论'斯达林同志给无产阶级革命杂志的信'中来警惕自己，来同这种腐朽的自

---

① 《红旗周报》第 39 期，第 11 页，《红藏·红旗周报》④，湘潭大学出版社 2014 年版，第 451 页。

② 同上。

③ 同上。

由主义的态度，作残酷的斗争。"①

　　最后，该文就如何学习马克思主义理论，如何提高全体党员的理论素养的问题即党内教育运动进行了探讨。"我们应该从现在起，为提高同志政治的理论的水平线而作广泛的党内教育运动。"② 就如何开展党内教育运动方面，结合当时苏区文化建设的开展和取得的成效做出分析，指出："我们应该普及短期训练班设施，应该每一个支部，特别是产业支部的同志，进行列宁小组的组织，来经常的研究并讨论国际及中央所发出的决议及指示信，来讨论并研究苏维埃宪法，劳动法，土地法，经济政策，及少数民族问题决议案等，深切的来认识我们当前的问题和任务；因为这一切东西，才是最具体的最实际的革命的马克思主义的理论的结晶，只有理解我们当前逼于解决的问题，只有把握了我们当前的行动之指针，我们才能真正成为最有力量的布尔塞维克，才能使我们党成为领导千千万万的广大群众的党而完成我们当前的严重任务。"③ 可见，即便是在党内教育运动的开展方面，仍然基于"革命的理论"与"革命的行动"之间不可分割的关系，强调理论对具体革命行动的指导，强调在具体的实际的革命行动中凝练最具体的最实际的马克思主义理论。

　　在马克思逝世 50 周年之际，中国共产党中央委员会对马克思主义作了总体性的评述。《为马克思逝世五十周年纪念告民众书》一文指出："马克思终身为了无产阶级的革命而斗争，他是共产主义同盟和第一国际的组织者和领袖，是全世界无产阶级解放斗争的伟大思想家与指导者。"④该文还对马克思主义概念进行了界定，文中指出："马克思主义是马克思的见解和学说的系统，是人类一切伟大思想的结晶，是国际工人运动经验的总和，是无产阶级的革命宇宙观。"⑤ 同时分析了马克思主义包含的内容，认为"马克思主义指出工人阶级解放的方法与道路，指出人类脱离

---

①　《红旗周报》第 39 期，第 12～13 页，《红藏·红旗周报》④，湘潭大学出版社 2014 年版，第 452～453 页。

②　《红旗周报》第 39 期，第 13 页，《红藏·红旗周报》④，湘潭大学出版社 2014 年版，第 453 页。

③　同上。

④　《红旗周报》第 58 期，第 1 页，《红藏·红旗周报》⑦，湘潭大学出版社 2014 年版，第 315 页。

⑤　同上。

资本奴隶制，脱离一切压迫与剥削的道路。马克思主义认为人类历史的发展必然要走向共产主义，而由资本主义走到共产主义，必然要经过无产阶级革命与无产阶级专政的过渡时期。马克思主义认为资本主义社会中只有无产阶级，才是唯一彻底革命的，只有这个阶级才能成为被剥削与被压迫群众的解放运动的领导者与先锋队。马克思主义着重指出工人运动的国际性……马克思主义无论何时都站在无产阶级方面，认定无产阶级与资产阶级不可调和的矛盾，指出工人的解放，是工人自己的事情，而且只有工人自己团结起来，组织起来，才能获得自己的解放……消灭一切私有制度的无产阶级革命，才能使无产阶级与整个人类得到最后的解放。"①

此外，该文还明确指出了马克思主义与列宁主义之间的承继关系。文中指出："只有'帝国主义时代和无产阶级革命时代的马克思主义'——列宁主义，才是革命马克思主义的直接继续与往前发展。"② 并指出了列宁主义对马克思主义的承继和向前发展的具体内容。"列宁主义在工农革命民主专政问题，无产阶级革命与无产阶级专政问题，作为无产阶级专政形式的苏维埃政权问题，农民与土地问题，民族与殖民地问题，党的学说，无产阶级的战略与策略，帝国主义与帝国主义战争，社会主义建设等等问题上，对于马克思主义，都有许多新的贡献。"③ 并强调了马克思主义与列宁主义在当时的时代背景下的紧密关系及列宁主义的时代意义和价值。"在我们的时代，非有列宁主义，便没有革命马克思主义。只有列宁主义，才把第二国际机会主义所糟蹋了的马克思主义恢复起来和发挥起来。只有列宁主义，才把马克思与恩格斯总括整个世纪的社会主义发展与工人运动的最伟大口号——无产阶级专政，实现起来。只有列宁主义，才创造了继承第一国际传统与接受第二国际工作的效果和抛弃它的机会主义的世界革命参谋部——第三国际。只有列宁主义和以列宁最好的战友与信徒斯达林同志为首的布尔塞维克党，以及第三国际的正确领导，才把社会

①　《红旗周报》第58期，第1～2页，《红藏·红旗周报》⑦，湘潭大学出版社2014年版，第315～316页。

②　《红旗周报》第58期，第3页，《红藏·红旗周报》⑦，湘潭大学出版社2014年版，第317页。

③　同上。

主义从理论变为实际，保证了苏联社会主义胜利的建设，引导了全世界无产阶级日益走向革命的胜利的道路，获得了马克思主义列宁主义在全世界的绝大胜利。"① 该文还分析了斯大林对列宁主义的承继及在苏联第一个五年计划中取得的成绩，由此具体到中国的革命，号召全中国的工农兵劳动群众和革命学生们在纪念马克思逝世五十周年之际，"拥护马克思主义列宁主义"，认为："只有马克思主义列宁主义，才能为中国革命的旗帜！只有中国共产党，才能领导中国革命到最后的胜利！"② 强调："我们要求一切还在三民主义和一切反动派别所欺骗与影响之下的革命份子，团结在马克思主义，列宁主义的旗帜之下，为中国革命的胜利而斗争！"③ 文中分析了各种反马克思主义思潮：从国民党到国家主义派，社会民主党，AB 团，第三党，社会与教育派，托陈取消派等的实质，认为这些"反动派别与思潮""都是帝国主义地主资产阶级反动统治的拥护者"④。如国民党就以"三民主义"反对阶级斗争，反对马克思主义的"理由"，大喊中国"没有"阶级，称马克思主义"不适宜"于中国，来反对压迫工农群众反帝、反国民党的各种革命斗争。对此，文中指出，马克思早在《共产党宣言》中就证明了，"一切过去的历史，'都是阶级斗争的历史'"。认为："在中国，阶级的存在，是无可否认的……在中国，阶级斗争，也同样是无可否认的，而且国民党天天进行着反动的阶级斗争，以镇压罢工的工人，斗争的农民，'围剿'已经得到解放的苏区工农劳动群众与工农红军……现在只有工农劳动群众的阶级利益，才与民族解放利益相符合，只有无产阶级领导之下的民众革命，才能争取中国的独立与统一。只有共产党领导之下的苏维埃政权，才能保证民众战胜帝国主义与国民党。"⑤ 由此可见，当时利用各种节日和纪念日，来宣传马克思主义、列宁主义，

---

① 《红旗周报》第 58 期，第 3～4 页，《红藏·红旗周报》⑦，湘潭大学出版社 2014 年版，第 317～318 页。

② 《红旗周报》第 58 期，第 5 页，《红藏·红旗周报》⑦，湘潭大学出版社 2014 年版，第 319 页。

③ 《红旗周报》第 58 期，第 7 页，《红藏·红旗周报》⑦，湘潭大学出版社 2014 年版，第 321 页。

④ 《红旗周报》第 58 期，第 5 页，《红藏·红旗周报》⑦，湘潭大学出版社 2014 年版，第 319 页。

⑤ 《红旗周报》第 58 期，第 6 页，《红藏·红旗周报》⑦，湘潭大学出版社 2014 年版，第 320 页。

着重联系中国革命的实际，号召广大工农群众在共产党的领导下，团结在马克思主义、列宁主义的旗帜下，开展革命斗争。该文文末打出的标语也经典地印证了这一点："马克思主义列宁主义万岁！苏联社会主义胜利万岁！世界革命万岁！中国革命万岁！中国共产党万岁！"①

列宁逝世后，党报、党刊也发表大量纪念专号、特辑评介列宁，如何史文的《纪念列宁》（《红旗周报》第27期）一文，歌颂列宁是在科学社会主义理论创立后，第一个提出"社会主义可以先在一个国家里面胜利"的人②。文中介绍了1925年共产国际执行委员会扩大的全体会议的议决案中关于马克思和列宁之间的关系方面的内容。"离开了马克思是没有列宁的，然而，自从第二国际的领袖糟蹋了马克思主义之后，自从考茨基等假借着马克思主义的旗帜而修正了马克思主义之后……就不能够不说：在现在的情形之下没有列宁主义就不能够有革命的马克思主义。……机会主义者把马克思对于19世纪伟大的无产阶级运动（英国的大宪章运动，巴黎公社）的估量，都加以曲解，列宁方才肃清了这些机会主义的曲解，并且对于欧美以及其他的日益生长的新的无产阶级的群众运动的经验，加以马克思主义的估量，又估计到20世纪初期开始表示力量的农民运动和民族革命运动的伟大的意义，——这样列宁把马克思的学说提高到了更高的程度。"③介绍了史大林（斯大林）引领苏俄进入社会主义的时期的伟大贡献，认为当时的"共产国际是列宁主义的国际。世界各国的无产阶级，世界各国的共产党，只有在列宁主义的国际的领导之下，才能够取得革命的胜利。中国共产党就是在列宁主义国际的领导之下，纠正党内一些右倾'左倾'机会主义的错误，而向着胜利的道路走进"④。明确"中国现在的苏维埃革命运动，正是遵照着共产国际应用列宁主义到中国的具体的环境的议决案，而在中国共产党的领导之下发展着。中国民权革命转变

---

① 《红旗周报》第58期，第8页，《红藏·红旗周报》⑦，湘潭大学出版社2014年版，第322页。

② 《红旗周报》第27期，第8页，《红藏·红旗周报》③，湘潭大学出版社2014年版，第100页。

③ 《红旗周报》第27期，第7页，《红藏·红旗周报》③，湘潭大学出版社2014年版，第99页。

④ 《红旗周报》第27期，第9页，《红藏·红旗周报》③，湘潭大学出版社2014年版，第101页。

到社会主义革命的前途，在列宁主义和共产国际的指导之下，是极端的清楚的"①。认为中国的革命只有走上列宁主义的道路，才能够得到解放。

其实不仅本书研究的两个期刊有对马恩列生平思想的解释，当时其他党报、党刊评介马恩列生平的内容也很多，其中有经典作家的论述，有国外著作的翻译，有国人的著述，还有各种社论，从不同侧面展示伟人伟大的一生。如 1933 年 3 月 12 日的《红色中华》第 60 期刊登有《纪念马克思与学习马克思列宁主义》和《马克斯逝世五十周年纪念》两文。《马克斯逝世五十周年纪念》一文认为，马克思的一生"就是一部战斗的实践的历史"，他是全世界无产阶级革命的导师，是科学社会主义之父，他创造了第一国际，给全人类指明了最后的解放的大道——共产主义社会。他撰写了《资本论》等无产阶级革命理论的文献，是一个最英勇的无产阶级革命的导师。该文还简介了马克思伟大的革命一生，及第二国际对马克思主义的侮辱，他们把马克思主义涂改成平庸的俗物。该文称颂列宁对第二国际的无情揭露，认为他复活了战斗的实践的马克思主义，如取得十月革命的伟大胜利，建立无产阶级专政，创立共产国际，"号召执行马克斯主义的遗训，实现社会主义的工人运动的不朽理想"。主张我们每个共产主义者"必须加紧努力学习马克斯列宁主义，拿着这个武器，在中国共产党领导之下，为实现共产国际的政纲与中华苏维埃的全部胜利而奋斗到底！"② 该期社论《纪念马克思与学习马克思列宁主义》一文强调了列宁主义对马克思主义的承继性，认为"列宁主义是帝国主义时代的马克斯主义，是马克斯主义在帝国主义和世界革命时期中的运用"。同时，列宁主义也是发展了的马克思主义，"列宁主义不只是恢复了被一切机会主义者所曲解和涂污的马克斯主义的革命内容，而且在阶级斗争的新条件中，向前开展了马克斯主义，而且添上了许多极可宝贵的新的内容"③。认为："学习马克思列宁主义是我们的战斗任务，因为'如果没有深刻的马克思列宁主义的理论上的预备，则党员群众易失去不可少的理论基础，在将来

---

① 《红旗周报》第 27 期，第 9～10 页，《红藏·红旗周报》③，湘潭大学出版社 2014 年版，第 101～102 页。

② 《红色中华》第 60 期，第 1 版，《红藏·红色中华》①，湘潭大学出版社 2014 年版，第 403 页。

③ 同上。

形势转变，政治问题复杂，对于党对于革命进程有严重意义的时候，党一定不能应用适合于环境的策略'。（共产国际给中共的信）"① 社论认为，一切鄙视革命理论的偏见和只做书呆子的研究而不与实际相联系，"都是违反了马克思列宁主义的精神，并且包含有妨害工作之最大的危险。因为：'理论如果不与实际联系，就变成了无意识，同样，实际如果不经革命理论的指导，就会变成瞎子。'（斯大林）"② 因此，该社论号召大家"努力学习革命的理论，以马克思列宁主义来武装自己，用这一锐利有力的武器去粉碎敌人，为全中国的苏维埃胜利而斗争！""'学习，学习，再学习'：这是列宁告诉我们的！"③《红色中华》第 177 期的《"五五"节报告大纲——马克思诞生纪念》一文，认为马克思主义重要之处在于阐明作为社会主义社会创造者的无产阶级之世界历史使命，是有系统、有方法的革命的理论。

　　在此之前，《新青年》和《向导》都有关于马克思列宁的评介。我们以《新青年》为例。如 1919 年 5 月出版的《新青年》第 6 卷第 5 号可称为马克思专号，刊登了《马克思学说》（顾兆熊）、《马克思学说的批评》（凌霜）、《马克思的唯物史观与贞操问题》（陈启修）、《马克思奋斗生涯》（渊泉）、《马克思的唯物史观》（渊泉）、《马克思传略》（刘秉麟）、《我的马克思主义观（上）》（李大钊）等，对马克思的传略、唯物史观等方面进行了全面的介绍。如顾兆熊的《马克思学说》一文，从马克思的传记、马克思以前的关系学说、唯物的历史观的大意及其应用，及对唯物历史观的批评、价值论与剩余价值之关系等方面，详细介绍了马克思的唯物史观和经济学说④。此外，1925 年《新青年》复刊开出了第 1 号"列宁号"，刊登了《列宁逝世的第一周年》《列宁》（腊狄客著，华林译）、《列宁主义概论》（瞿秋白）、《列宁主义与中国民族运动》（陈独秀）、《专政问题的历史观》（列宁著，郑超麟译）、《第三国际及其在历

---

① 《红色中华》第 60 期，第 1 版，《红藏·红色中华》①，湘潭大学出版社 2014 年版，第 403 页。

② 同上。

③ 同上。

④ 以上各文详参《新青年》第 6 卷第 5 号，第 450～537 页，《红藏·新青年》⑨，湘潭大学出版社 2014 年版，第 5～95 页。

史上的位置》（列宁著，郑超麟译）、《社会主义国际的地位和责任》（列宁著，陈乔年译）、《列宁主义与杜洛茨基主义》（瞿秋白）、《列宁、殖民地民族与帝国主义》（魏琴）、《列宁与职工运动》（郑超麟）、《列宁与农民》（谢文锦）、《列宁与青年》（任弼时）、《在伟大的墓之前》（蒋光赤）、《列宁年谱》（蒋光赤）等文。① 其中《列宁》一文，称列宁是"第一个无产阶级国家之创立者"，"共产国际之创立者"。瞿秋白的《列宁主义概论》一文，从列宁主义的历史根源、方法、列宁主义与理论、列宁之无产阶级革命论、无产阶级独裁制论、列宁主义与无产阶级的政党等方面概括了列宁主义的主要内容。瞿秋白在《列宁主义与杜洛茨基主义》一文中，阐述了两者的不同，认为列宁主义体现的是多数派，主张无产阶级政党与农民阶级的政党联盟，而杜洛茨基主义是一种少数主义，也是一种机会主义。

1927 年《向导》第 184 期开辟了《列宁逝世 3 周年纪念特刊》，刊登了如白丽的《列宁与解放妇女》等文章。白丽认为列宁是"世界无产阶级首领中第一个主张消灭家庭中和社会中不平等的人"。

此外，还宣传了马恩列对中国革命的认识和支持，成功塑造了马恩列革命的正义的高大形象。作为《红旗周报》和《斗争（苏区版）》周刊主编的张闻天，具有深厚的马列主义理论修养，向来重视马列主义在党内的普及和宣传工作。两刊在当时成为党宣传和普及马列主义的主阵地。在张闻天的领导下，两刊先后刊载了大量的马列著作译文，特别是马克思、恩格斯、列宁和斯大林论述中国革命问题的译文。以《斗争（苏区版）》周刊为例，刊登有马克思的《中国革命与欧洲革命》（第 68 期）、恩格斯的《波斯和中国》（第 68 期）、《列宁论共产主义的教育》（第 31 期）、《论人民委员会与劳战委员会的工作》（第 39 期）、斯大林的《列宁和联合中农问题》（第 13 期、第 15 期）等文章。

对于马克思主义理论的普及和学习的方式，当时出版了一些马列主义的经典文献。早在马克思诞辰 104 周年之际，中央机关于 1922 年 5 月，设立"人民出版社"印行"马克思全书二种""列宁全书五种"各 3000

① 以上各文详参《新青年》1925 年复刊第 1 号，第 1～147 页，《红藏·新青年》⑯，湘潭大学出版社 2014 年版，第 7～153 页。

份；中国劳动组合书记部编印了我国第一本《马克思纪念册》。5 月 5 日，全国共产党组织所在地召开马克思纪念会，分发《马克思纪念册》2 万本。①

1933 年 2 月为马克思逝世 50 周年纪念，《红旗周报》第 58 期刊发了《中央关于马克思逝世五十周年纪念的决议》一文，该决议不仅强调了"马克思主义和列宁主义已成为全世界无产阶级和一切劳苦群众争求解放的旗帜和武器。我们党应比前加倍努力与更广泛地将马克思主义和列宁主义灌输到中国劳苦群众中去，来武装他们，以争取伟大的解放"②。而且中央号召全党切勿一般地、抽象地进行马克思主义和列宁主义的宣传，而要将这一思想和理论战线上的工作与中国革命的迫切任务联系起来，加紧在思想和理论斗争的战线上，向一切假冒的马克思主义和公开仇视革命马克思主义的派别进攻，揭露三民主义是国民党进行反革命的旗帜，厘清马克思主义与布尔塞维克主义之间不可分的关系，同时扩大组织，教育新党员，加强党员的马克思主义和列宁主义的基本教育，认清第二国际的本质，肯定共产国际的领导等。在该决议中指出了以上六大任务尤其是理论教育方面的任务是"非常严重迫切的任务"。根据以上六个任务，中央作出了以下具体的决定：其一，"责成各级党部于马克思逝世日在各地组织群众的纪念大会，根据中央关于马克思逝世五十年纪念的宣言和决议的精神，预先指定同志向各地纪念大会做内容充实而又通俗易懂的报告，在每一个群众的纪念大会上必须组织强有力的党团来尽政治上和组织上指导的责任"。其二，成立各种公开的学术组织（如社会科学研究会，马克思主义研究会等），并在这些组织中，各级党部须派得力同志参加，传达党的影响。其三，向文委提议发动左翼作家在各大城市组织马克思逝世五十年纪念大会，报告"马克思的学说"并向社会科学研究会提议经常地组织社会科学演讲会。其四，各地党的刊物应立刻筹备出版纪念马克思及讨论党内教育问题专号。其五，各级党部应即刻在广大群众中发起拥护党刊和其他革命刊物的工作，并组织群众的募捐。组

---

① 《中共中央选集》第 1 册，中共中央党校出版社 1982 年版，第 28 ~ 29 页。
② 《红旗周报》第 58 期，第 8 页，《红藏·红旗周报》⑦，湘潭大学出版社 2014 年版，第 322 页。

织工农士兵学生的通讯网。改善发行的工作。其六，责成中央宣委立即组织编译《马克思主义和列宁主义之理论基础》和《十二次全会》各种小册子，并印刊斯大林与美国工人代表团之谈话的单行本，须于马克思逝世纪念日前散布出去。《三民主义之批评》一书须在最短期间完成。其七，各区部宣委帮助各支部出版纪念马克思的壁报，文字通俗，与支部的生活和具体任务联系起来，如经过支部发动拥护救国会议的工作。其八，委托中央宣委考察党内教育系统与概况，且拟定加强党内教育工作的具体建议等[1]。该决议尤其明确了马克思主义与列宁主义之间的内在关系，认为马克思主义的继承与发展，是列宁领导的布尔什维克党与党内外各种反马克思主义长期斗争的结果。后来《群众》期刊通过读者和编者的互动，对马克思主义和列宁主义的内在关系进行了解读，认为列宁的贡献，则是把马克思主义提到更高的阶段，使它更向前发展一步。[2]而《解放》期刊刊登的 G. 加克的《马克思主义—列宁主义—统一的、整个的学说》一文更明确强调了马克思主义与列宁主义的统一性和整体性，认为彼此内部地和不可分离地联结着。[3]

基于马克思主义经典著述的翻译、传播，强调要在全党加强理论学习，统一全党思想，认为"加强党员之马克思主义和列宁主义的基本教育，实为我们党目前非常严重迫切的任务"[4]，并作出各地党的刊物筹备出版纪念马克思专号，各支部出版纪念马克思壁报，发起成立各种公开学术组织等决定。正是在这一决议的推动下，1933 年 4 月 9 日，马克思主义研究会正式成立，并在《红色中华》第 69 期上刊发《马克思主义研究会成立》一文，明确："该会宗旨，就在于研究马克思列宁主义，在思想上为共产国际与中共中央的总路线而斗争。"[5] 该文指出了入会的手续，

---

① 《红旗周报》第 58 期，第 8~13 页，《红藏·红旗周报》⑦，湘潭大学出版社 2014 年版，第 322~327 页。

② 《列宁主义的特点》，《群众》第 8 卷，1943 年第 1、2 期合刊。

③ G. 加克：《马克思主义—列宁主义—统一的、整个的学说》，博古译，《解放》1941 年第 123 期。

④ 《红旗周报》第 58 期，第 11 页，《红藏·红旗周报》⑦，湘潭大学出版社 2014 年版，第 325 页。

⑤ 《红色中华》第 69 期，第 3 版，《红藏·红色中华》①，湘潭大学出版社 2014 年版，第 451 页。

同时指出该会除研究理论与实际问题外，会经常举行学术讲演，这点与前面《中央关于马克思逝世五十周年纪念的决议》中具体决议之二相一致。

　　这种借纪念马恩列之机，各党报、党刊纷纷发文介绍学习马列主义的方法，这种对理论学习、统一全党思想的重视，直接为后来所承继。如到了20世纪40年代，要求通读马列主义的基本著作，不仅要"认真的精读马、恩、列、斯的基本著作（读五遍、十遍、几十遍）"，把握多学科知识之间的普遍联系。要求学习自然科学、中国历史地理、国际工人运动史、中国工人运动史、中国革命史等，来获取共产主义所有产生的知识之总和，认为只有具体地汲取这些知识，才能真正融会贯通马列主义的各个原则。要求把马克思列宁主义当作一个统一的、不可分割的整体来学习①，而且还要学习、研究其"批评者"的一切著作②。在此基础上，发动马列主义理论在中国具体环境的应用，即调查研究，认为调查研究为学习马列主义指引了一条捷径，提供了一个宝贵的锁钥。③ 为此，在1941年8月1日，中共作出《关于调查研究的决定》。

　　关于马克思列宁主义理论教育方面，《红旗周报》还明确主张："用马克思列宁主义的革命理论去充实党的干部，是干部教育中最主要的一部分，尤其是因为有许多党员仍然束缚在社会民主党的传统之内，并且有这么多的工人同志还没有受过切实的最初步的马克思列宁主义的教育。"④批评党内部分积极分子"轻视理论"的做法，如以"实际工作太多了"为借口而不阅读马克思列宁主义书籍，强调提高党的积极分子的理论水平要有"认真的尝试"了，如同德国和波兰的共产党的教育网一样，认为学校和训练班的组织狭小又一成不变，批评课程定得太高深，不适合积极分子的当前任务，批评缺乏良好的书籍，批评在党的定期刊物、杂志、新闻上，对党的建设问题没有予以充分的注意。英国共产党在《工人日报》上特辟了关于党的建设与厂内工作问题的专栏，却没有回答《国际通讯》上关于调节党的发展与厂内工作的几篇文章。捷克斯拉夫共产党的机关报

---

① 景仁：《略谈学习马列主义的方法》，《解放》1941年第127期。

② 参见《列宁夫人克鲁普斯卡娅论列宁是怎样研究辩证法的》，《新华日报》1944年1月22日；《列宁是怎样研究马克思著作的》，《解放日报》1946年5月5日。

③ 社论：《掌握马列主义的锁钥》，《解放日报》1942年1月21日。

④ 《党的干部问题》，《红旗周报》第52期，第25页，《红藏·红色中华》⑥，第329页。

《Rude Prave》上曾经有关于党的问题的专栏，后来又没有了，而其党中央的定期刊物《布尔塞维克》改组后，关于党的建设问题的讨论也失去了其篇幅；而美国共产党中央定期的组织刊物《党的组织者》只出了一月号之后便停刊了。可见，各国共产党除捷克斯拉夫和法国之外，还不能编出一本关于党的历史的小册子，可见，加强理论工作的重要性。因此号召"勇敢地引进大规模的无产阶级的新力量，并用马克思列宁主义的理论把他们武装出来"，来帮助完成共产党"日益加重的新任务——夺取工人阶级的大多数和领导无产阶级的阶级斗争"[①]。

《斗争》周刊另外还刊载了一些阐述马克思主义和介绍苏联建设经验的文章。例如张闻天的《俄国十月革命的研究》（第 29 期）、向阳翻译的《苏联第二个五年计划第一年上半年计划执行的总结》（第 40 期）以及《苏联无产阶级新的胜利》（莫斯科通讯）（第 32 期）、《苏联文化建设伟大的成功》（莫斯科通讯）（第 35 期）等。

党报、党刊为纪念马恩列发表了大量社论、文章和译著，这些文章满足了苏区党员、民众学习马列主义理论的需求，促进了马列主义理论在农村革命根据地的传播与普及。通过这种方式，传播了马克思列宁主义，扩大了社会影响，建立了广泛的群众基础。而中共将纪念马恩列的活动与中国革命相结合，有利于增加民众对马列主义的认同感和亲切感，有利于拉近广大民众认识马恩列的时空距离和产生共鸣，由此扩大民众对中国共产党的认同和支持。

第二节　宣传理论方面的贡献

两刊对党的宣传鼓动工作的贡献之一便是为党的宣传工作在思想上和组织上指明了正确方向。如《红旗周报》上刊发的第 3 期的《江苏省委关于党报的决议》、第 7 期的《中共中央关于建立全国发行工作决议案》、第 8 期的《论发行工作》、第 23 期的《目前政治形势与发行工作的任务》、第 27 期的《为发行工作致江苏省委信》等文都对党在发行鼓动工作中出现的实际问题作出了正面回答和相应调整。

---

① 《红旗周报》第 52 期，第 25～26 页，《红藏·红色中华》⑥，第 329～330 页。

一　对发行工作的重视及如何开展发行工作的问题的解答

　　思想准备工作在开展发行宣传工作之初就应当被放在首要的地位，这是毋庸置疑的。但实际上，当时党内不少同志对发行宣传工作却抱有轻视或忽视的错误态度。在 1931 年 3 月 10 日通过的《江苏省委关于党报的决议》中，省委讨论中央政治局关于党报与其他刊物发行问题的决议时，明确指出全党要多注意党报宣传工作，把发行宣传工作落到实处，纠正"立三路线"时代忽略或轻视发行工作的错误。《决议》具体办法第六点中就指出："发行工作在目前必须很快的整理起来，在这里必须坚决纠正过去'立三路线'时代轻视发行工作的错误。"①

　　1931 年 5 月 27 日《红旗周报》之《论发行工作》则更是旗帜鲜明地指出党内同志在发行宣传工作部署中都或多或少地在思想上和组织上表现出的不足："可是党的发行工作一向是未能引起全党的注意，始终未能把这一工作很好的建立起来。这不能不是党严重的损失。"② 全文开篇便引用列宁同志的话论述了发行宣传工作的重要性，"列宁同志说：'发行工作，是一种极端重要的任务。如果因为我们在某一区的发行者，与那一区所有的工厂及最大多数工人的住所之门，得到了密切的联系，那么，无论在暴动或示威的时候，都有很大的作用。'"③ 发行工作的顺利进行不仅利于紧密联系工人群众，使党在暴动和示威中获得广泛而坚实的群众基础，更加会促使党在革命斗争中加速成长为坚强的布尔塞维克主义者。文章中指出："我们要强固党，要使党能在党外的斗争中表示布尔塞维克的坚定性与顽强性，加强党的发行工作，是刻不容缓的百二十万分的必需。"④ 在第 23 期题为《目前政治形势与发行工作的任务》的文章中，于琨在文章中指出："区委与支部是不注意发行工作的，只让发行部一两个专门人才来干，结果我们宣传品多数是停留在支部中（这里我们应该指出是比以前进步的现象，因为几月前多数是停留在区委的），甚至还有一少部分

---

　　①　《江苏省委关于党报的决议》，《红旗周报》第 3 期，第 3 页，《红藏·红旗周报》①，湘潭大学出版社 2014 年版，第 11 页。

　　②　《论发行工作》，《红旗周报》第 8 期，第 3 页，《红藏·红旗周报》①，湘潭大学出版社 2014 年版，第 31 页。

　　③　同上。

　　④　同上。

仍然停留在区委发行部的（如闸北的东西就不能全数送到支部中去）。能够分散到群众中去的真是'凤毛麟角'微之又微了!"① 可见，"所谓扩大政治影响，争取广大群众，在实际工作上是做得不能满意的"②。发行宣传工作的开展在区委和下级支部中遇到的阻碍尤为巨大，大部分区委和支部负责人都对发行工作抱有忽视态度，导致多数宣传品都滞留在区委或支部，未能分发到广大群众手中。遇到这样的阻碍对于要扩大党在群众中的政治影响、争取广大群众支持进而推动全国农民斗争和全国反帝运动的蓬勃发展的任务来说无非是天方夜谭。于琨在文中疾呼："谁忽视了这一工作，谁就是对革命犯了不可容恕的罪恶。"③ 现实中的发行工作不能让人满意，恰好说明了当时环境下加紧分配发行工作是非常有必要的，也是很有意义的。由此指出当时发行工作的任务："是要尽量扩大党的政治影响，要争取与团结千万万劳苦群众在我们的影响之下，加强党对群众的领导，要使党的全部的策略路线更迅速更顺利的执行与实现。"④

　　除以上论述外，由中央发行科于 1931 年 12 月 17 日通过的《为发行工作致江苏省委信》则更加深入地分析了江苏省委在发行工作进程中存在的多个重大问题。其中，问题之一便是江苏省委未曾做到在宣传工作尤其是发行工作思想上的真正转变，文中指出了七个方面的表现："（一）同志中忽视发行工作的倾向，还没有完全转变过来，特别是在区委中表现得更为明显，例如区委没有切实注意与指示区发行部的工作……"⑤ 二是不健全的发行部组织；三是不能动员整个支部同志而只是依靠少数发行负责同志；四是上级发行部工作不到位，只是简单地传达，不能根据实际的或困难的情形确定具体的工作方法；五是对刊物数量不重视，以为越少越好，甚至对发行刊物表示右倾机会主义的恐惧状态；六是忽视群众组织的

---

① 于琨：《目前政治形势与发行工作的任务》，《红旗周报》第 23 期，第 52 页，《红藏·红旗周报》②，湘潭大学出版社 2014 年版，第 248 页。

② 《红旗周报》第 23 期，第 52 页，《红藏·红旗周报》②，湘潭大学出版社 2014 年版，第 248 页。

③ 《红旗周报》第 23 期，第 52~53 页，《红藏·红旗周报》②，湘潭大学出版社 2014 年版，第 248~249 页。

④ 同上书，第 51 页，《红藏·红旗周报》②，湘潭大学出版社 2014 年版，第 247 页。

⑤ 中央发行科：《为发行工作致江苏省委信》，《红旗周报》第 27 期，第 65 页，《红藏·红旗周报》③，湘潭大学出版社 2014 年版，第 157 页。

发行工作的领导与帮助；七是忽视外县的发行工作。针对这种状况，文中提出了相应的整改措施，例如，"省委必须切实纠正各区与外县的忽视发行工作的倾向，应切实的说明发行工作决不是简单地技术工作，而是党的一个很重要的工作部门"①。并再次声明发行工作"不仅是宣传工作的先锋，而且是争取群众的桥梁"②，明确地指出了发行工作对于开展宣传工作和获得群众广泛支持的重要性。主张要全方位健全发行的组织系统，发挥发行部发行刊物、扩大新的发行线索、改良发行技术、加紧领导与督促下级的工作等任务，发挥支部的作用，扩大发行范围，全力做好发行工作。

《红旗周报》指出，发行工作能否做好，党的政治影响能否扩大，首先就要看各支部发行工作做得怎样。而支部的发行工作又是具体的实际的工作，包括如下具体的问题的解决：刊物宣言张贴在什么场所，散发到什么地方、什么人手里，群众是否看到，看后的反应如何。主张发行部要根据实际情形，将宣传刊物带到工厂、兵营、学校中去，张贴散发在看报室、图书室、揭示处、壁报处、走廊上、厕所里以及其他公共场所和群众必经的道路与通衢大道的墙壁上等。利用各种机会和群众讨论，观察群众对党的政治主张的态度怎样和接受的程度怎样等，具体细微地对发行工作的各种问题作了解答。③

《红旗周报》指出并纠正了党在发行宣传工作上抱有的轻视或忽略的错误思想，为党宣传工作的开展奠定了良好的思想理论基础。

除此之外，宣传鼓动工作的开展还有赖于健全系统的宣传组织机构。在全国建立发行网，在党内建立强有力的宣传部，培养宣传鼓动方面的人才，加强宣传鼓动工作的统一领导都是很有必要的。

《中共中央关于建立全国发行工作决议案》于1931年3月5日通过。《决议案》一再谈到当时全国发行工作散漫、没有统一工作计划并且严重脱离群众的现象，认为造成这种现象的原因"主要的是脱离群众工作的

---

① 《红旗周报》第27期，第66页，《红藏·红旗周报》③，湘潭大学出版社2014年版，第158页。

② 同上。

③ 《红旗周报》第27期，第69页，《红藏·红旗周报》③，湘潭大学出版社2014年版，第161页。

'立三路线'在过去党内的领导与各级党部对于发行工作忽视所造成的结果"①，认为当时成立不久的中央出版部所指出的全国发行工作的缺乏及建立全国发行网的计划是正确的；主张要在全国各重要中心区域建立和完善发行路线，建立苏区发行工作，供给以党的、非党的各种重要书籍和刊物，建立发行工作内的巡视制度，经由中央巡视员或出版部自派的巡视员调查某一省区的发行工作，纠正其错误，指导布置具体发行工作的方针等；责令各级地方党委立即成立发行部或发行员，自省委直到群众建立整个发行网，并详细拟定了发行网的组织。

　　而就如何切实地建立全国发行网，《红旗周报》在第 8 期《论发行工作》中做出了明确的论述。在"天津，武汉，厦门，香港，青岛，大连，哈尔滨，杭州，宁波，芜湖，安庆……"等重要中心区域建立接收处，尽快完成发行线路，逐渐建立完善全国发行网。文章指出："依照中央的决定各级组织应该立即成立各级的发行部或发行员担负起系统的有计划的发行工作。而这一工作应特别注意支部之发行工作的建立。"② 对于发行网组织的建立，《中共中央关于建立全国发行工作决议案》指出了六点："（1）省委发行以四人以上组织之，一人专管与省委关系，其余对区委发行。各项出版物由中央发行部交到省委发行部后，须立即发行到各区区委发行部或发行员。（2）区委发行部或发行员将省委发来刊物分发到各支部的发行员。支部发行给各同志。每个党员须担负发行责任，将党的刊物发行给非党员群众。（3）工会等群众组织中的发行，由支部分派给各该组织中的党团区执行。须经过党团的建议，使每个下级群众组织亦担负发行工作，发行给所组织的群众。（4）为督促和检查这一发行工作的实行，在检查工作与报告工作中，发行工作须成为各级党部必不可缺的一项。在检查时实行按级负责制。省委不发行给区委是省委的责任，区委不发行给支部是区委的责任，以此类推。（5）各级党部及各党员须将对各种刊物的发行数量作切实的统计遂送上级以及中央出版部作成全国的统计。绝对禁止将刊物不发给群众，堆积室内或焚烧的行为。凡被发现有这种行为

---

① 《红旗周报》第 7 期，第 4 页，《红藏·红旗周报》①，湘潭大学出版社 2014 年版，第 28 页。
② 《红旗周报》第 8 期，第 3 页，《红藏·红旗周报》①，湘潭大学出版社 2014 年版，第 31 页。

者，对于发行工作怠工看待。（6）提倡各级党部及各党员，关于发行工作的革命竞赛。"① 在成立发行部和发行员的过程中，应十分重视群众在发行工作的核心作用。为使这种发行网行之有效，文章指出在建立发行部或发行员之时，也要建立发行工作的巡视制度和按级负责制，并"提倡各级党部及党员关于发行工作的革命竞赛，竞赛的举行要成为经常的，特别是纪念节，游动示威与鼓动斗争时的工作"②。这无疑是党在实际宣传工作中转变的一个具体表现。

1931 年 12 月 17 日《红旗周报》之《为发行工作致江苏省委信》深入分析了江苏省委在发行工作进程中现存的诸多问题，其中包括：发行部的组织不够健全、未能动员支部的全体同志来执行发行工作任务、上级发行部不能执行领导和督促任务，特别是区发行部忽视群众，不能提供组织发行工作的领导和帮助，文中指出："（二）在组织上多数是不健全的（沪东比较好些）甚至有些区还没有发行部的组织（如浦东，沪中，吴淞）；（三）发行工作基础，只能建筑在少数发行负责同志身上，而不能动员整个支部同志来执行这一工作；（四）上级发行部大体上只能做到简章传达的任务，对于领导与督促的任务执行得非常不够，更不能针对着许多实际的或困难的情形而确定具体的工作方法。"③ 针对上述情形，文章郑重提出了相应的举措来实现发行工作的彻底转变，如健全发行组织系统，加强发行部建设等。这些调整措施使得报刊发行范围得到扩大，党对群众的政治影响更加深入，更进一步地争取了更多的群众加入革命队伍中来，从而推动了国内革命进一步发展。

总之，《红旗周报》在思想上为全党的宣传工作作出了正确的指示，坚决反对"立三路线"时代以来一贯轻视、忽略宣传工作的错误理念，指导全党应把宣传工作放在同组织工作、政治工作同等重要的地位，要做到从思想上重视宣传工作，组织上立足全国，以群众为核心，成立区委发行部及支部，建立全国发行网，组建健全的宣传鼓动工作组织

---

① 《红旗周报》第 7 期，第 4 页，《红藏·红旗周报》①，湘潭大学出版社 2014 年版，第 28 页。

② 《论发行工作》，《红旗周报》第 8 期，第 3 页，《红藏·红旗周报》①，湘潭大学出版社 2014 年版，第 31 页。

③ 《红旗周报》第 27 期，第 65~66 页，《红藏·红旗周报》③，湘潭大学出版社 2014 年版，第 157~158 页。

机构。

二　倡导群众宣传鼓动工作的转变

群众宣传鼓动工作是党宣传工作的一个重要组成部分，它的主要任务就是根据国内外重大事件，紧密联系群众切身的利益，通过多种方式揭露反动派真面目，使群众了解整个事件的真相，从而提高群众的革命情绪和积极性。简而言之，群众宣传鼓动工作的任务主要包括两个方面：一、对国民党反动派和其他反革命派别的真实面目作政治上的揭露。二、深入群众，在各种运动、动员中开展群众鼓动工作，提高群众革命热情，发动更多群众投身到革命中去。

在1931年6月5日中央政治局通过的《动员群众扩大反帝运动的决议》中，提出宣传鼓动工作要通过揭露国民党反动派真面目来发动广大群众投身到革命的道路上来的任务。《决议》还提出，中央及地方应在党报和革命团体的出版物上经常刊登有关反帝运动的文章及材料，并以帝国主义者在中国的暴行和国民党的每一民族改良主义的武断宣言为具体对象，"以揭穿国民党最近的各种'反帝'假面具，尤其是国民会议开幕以来的各种把戏，上海顾代璠，马，乔各惨案，六二三纪念，八一运动，成立中国反帝大同盟，拥护苏联，反对世界大战……"①，只有揭穿了国民党及帝国主义的真面目，使广大人民群众认识到自己的切身利益与中国革命休戚相关，宣传工作达到积极调动群众革命情绪的目的之后，我党的革命才能从根本上取得真正的胜利。

除此之外，范亢就《申报》上刊登的几篇诸如关于批评中国经济学的论文、讨论绥靖、涉及苏联的社会主义性质及列强进攻苏联问题的时评展开深入分析。他在《申报的武断宣传》中指出《申报》所登载的这些"左倾"论调"是极狡猾的反苏联的宣传，这是反社会主义的孙文主义的宣传"②，是《申报》在为了维持它对于民众的各种欺骗，掩饰其与苏维埃革命对抗的真实目的所做的狡辩。而且文章还无情地揭露出

---

① 《红旗周报》第11期，第6~7页，《红藏·红旗周报》①，湘潭大学出版社2014年版，第88~89页。

② 《红旗周报》第39期，第41页，《红藏·红旗周报》④，湘潭大学出版社2014年版，第481页。

《申报》的"左倾""事实上不过是国民党白色恐怖的别动队"① 的真相，认为《申报》的目的就是企图通过翻新花样来歪曲苏联社会主义革命，以期达到蒙蔽、混淆革命群众视线的目的，进而最终实现国民党反革命的统治。

《中央关于江苏省委宣传部干事张高生同志错误的决议》一文谈道："在革命运动向前发展，工农群众加速革命化的条件之下，反革命的统治，一方面固然要加紧白色恐怖的屠杀，但另一方面必须要拿很多武断的宣传来欺骗民众。除蒋介石的许多'大的'把戏不计外，改组派第三党取消派等更立在反蒋的旗帜之下，做欺骗民众的宣传。"② 反革命派别常常利用"反蒋"口号来达到蒙蔽广大群众，掩饰其真实反革命意图的目的。《论发行工作》一文明言"改组派，取消派，新生命派，胡适新月派，邓演达的社会民党，以及现在反党的右派"③ 等反革命的派别利用其在政治上的优势散发各种各样的反革命书籍、刊物来欺骗、蒙蔽群众的事实，并指出我党发行宣传工作的任务是揭露反革命的真面目，提高中国民众的政治觉悟，充分调动他们的革命情绪，使广大群众在中国共产党的政治、组织领导下来进行革命。石帆在《怎么样转变我们的宣传鼓动工作?》一文中，提出我们党要深入地与国民党改组派、人权派、国家主义派，托陈取消派和罗章龙右派等反动派别作斗争，要及时揭穿各种反动派别各种欺骗的面具。认为只有广大工人群众斗争起来，热烈参加运动，才能真正展开反帝、反国民党的斗争战线。总而言之，只有完成群众宣传鼓动工作的两大任务，动员更多工人群众起来革命，壮大革命队伍，我们的反帝、反国民党反动派的革命才能取得胜利。

在"如何转变宣传鼓动工作"的具体问题即群众宣传鼓动工作应当遵循的原则和方法问题上，《怎么样改变我们的宣传鼓动工作?》《规定口号的艺术》《谈谈工厂小报和群众报纸》《工人运动口号》《简直要不得的"小报"》以及《宣传鼓动工作的转变》都做出了明

---

① 《红旗周报》第 39 期，第 42 页，《红藏·红旗周报》④，湘潭大学出版社 2014 年版，第 482 页。

② 《红旗周报》第 11 期，第 28 页，《红藏·红旗周报》①，湘潭大学出版社 2014 年版，第 110 页。

③ 《红旗周报》第 8 期，第 3 页，《红藏·红旗周报》①，湘潭大学出版社 2014 年版，第 31 页。

确的回答。

石帆在《怎么样改变我们的宣传鼓动工作?》中谈及群众宣传鼓动工作的转变时认为，要开展宣传鼓动工作必须要遵循群众观，深入群众，一切从群众出发。针对使党的工作真正转向群众，走群众路线，实现工作的具体化的问题，他谈论道："我们在宣传鼓动上，还没有真正把一般政治口号与部分的群众切身利益要求切实联结起来并及时的转变。"① 这就使得一些譬如"打倒日本帝国主义""反对日本帝国主义占领东三省""反对日本帝国主义与国民党屠杀中国民众"等这样的单纯的政治口号只能激动一下工人群众的反帝情绪而未能使工人群众行动起来。这样的错误还体现在发动学生群众和进行纪念革命纪念节的工作中。针对这种错误，他提出："除政治口号之外，必须提出接近一般工人群众生活的，一直到最落后的工人阶层的经济要求，坚苦的去实行鼓动与宣传，不断的去提高工人群众的斗争情绪与政治觉悟，以发展群众革命运动。"② 其次，他针对以工厂支部为基础的宣传鼓动工作，还停留在上层组织或偏重在学生支部中，还没有真正建立起来的现状，明确提出要把工作重心转移到企业中去，并创办、改进"工厂小报读书班读报小组的工作"，同时，加紧"书报与口头宣传的工作"。总之，要实现宣传鼓动工作的真正的转变，除上面论述的群众性原则外，还需要转变党报的内容，增强文章的具体性，避免空洞，提高群众对文章的理解，充分调动群众的革命情绪。

范亢在《谈谈工厂小报和群众报纸》一文中明确提出工厂宣传小报和群众报纸的编辑用语问题应得到重视。针对工人大多不识字的现状，工厂小报"一定要用口头读出来普通工人可以懂得的话来写"③。其次，工厂小报应报道和工人切身实际利益相关的"新闻"，贴近广大群众，报道内容要真实即"工厂小报要根据党的政策，运用这些具体的事实，去动

---

① 《红旗周报》第25期，第33页，《红藏·红旗周报》②，湘潭大学出版社2014年版，第393页。

② 《红旗周报》第25期，第34页，《红藏·红旗周报》②，湘潭大学出版社2014年版，第394页。

③ 《红旗周报》第31期，第14页，《红藏·红旗周报》④，湘潭大学出版社2014年版，第16页。

员群众"，"去鼓动群众起来斗争"①。再次，在群众报纸和工厂小报中都
要发展通信员，密切联系群众，在群众观的指导下，"使他们逐渐的和公
开的群众发生直接的公开的联系"②。最后，他还在文中提到应在群众报
纸和工厂小报中组织读报会，使党的宣传口号能够更加广泛地传播到不识
字的劳动群众中去，进一步扩大党对广大群众的影响，并提高群众的革命
情绪，使其投身到革命中去。在《重庆又新丝厂罢工的教训》之《工人
运动口号》一文中提出，在反日、反帝工人罢工运动中，党的领导集中
体现在口号和行动提议上，譬如"此次又新罢工能够发动，主要是抓住
了保障工人生命安全的口号，同时在通过罢工时能够提出工人的经济要
求！而且提得非常具体中心，这不能不是罢工获得群众，获得胜利的重要
原因之一"③。由此可见，党在制定宣传鼓动的口号时，应当遵循群众观，
密切联系工人群众自身的生命安全和经济利益。当然，这是远远不够的。
除此之外，我们党还应当考虑把工人的经济要求与政治口号紧密联系起
来，遵循紧密联系群众的原则。在《简直要不得的"小报"》的开篇，
便明确指出在江苏省委出版的小报中"听不到一点反帝潮流的声息，也
找不到任何斗争的中心，更说不上有关于群众斗争路线的指示"。由此
提出党"应该利用具体的事件给以批评指出斗争的方向与出路"④，扩
大党对群众的领导，走群众路线，并"应该时时揭破一切欺骗群众的企
图"⑤，加强党的宣传鼓动工作，提高群众的革命情绪。并提出小报
"应该鼓动群众扩大罢工罢课罢操等斗争"，"应该通俗化"，"应该散发
到更广大的群众中去"⑥，扩大报纸的发行范围，扩大党对广大群众的
政治影响。

---

① 《红旗周报》第31期，第16页，《红藏·红旗周报》④，湘潭大学出版社2014年版，
第18页。

② 《红旗周报》第31期，第18页，《红藏·红旗周报》④，湘潭大学出版社2014年版，
第20页。

③ 《红旗周报》第33期，第36页，《红藏·红旗周报》④，湘潭大学出版社2014年版，
第146页。

④ 《红旗周报附刊》第1期，第13页，《红藏·红旗周报》①，湘潭大学出版社2014年
版，第408页。

⑤ 同上。

⑥ 同上。

群众宣传鼓动工作应当到群众中去，深入群众，密切联系群众，反对脱离群众、脱离实际的"党八股"。宣传内容借助报刊进行发行之时，报刊的编辑也应该遵循一定的原则。报刊内容应当具有及时性、具体性，应当报道与广大群众切身利益相关的新闻，把群众自身利益和党的革命口号联系起来，避免空洞。报刊所使用的语言更应通俗易懂，这样才能提高群众对革命形势的理解，从而更好地激发群众的革命热情和情绪，使更多群众参与到革命队伍中去。

群众宣传鼓动工作除了使用工厂小报、群众报纸这类新闻媒介之外，宣传口号这种口头宣传方式在宣传鼓动工作中也充当了重要角色。前文所论述的宣传鼓动工作应当遵循的原则，在宣传鼓动口号的运用上也同样适用。《规定口号的艺术》一文首先指出口号对于转变宣传鼓动工作，加强我们对群众斗争领导的重要性，"政治斗争之中，口号的作用尤其大，因为政治观及于几万万几千万各有各的要求和需要的人民"。其次，华岗还谈论了党规定宣传鼓动口号时应当谨记的五点要求：其一，口号的制定必须从群众斗争实际的总形势出发，明确职责和目的，不急进冒失，以防由此犯下"不但不能动员群众，而且脱离群众，断送群众斗争"[1] 恶果。其二，提出的口号要从无产阶级的观点出发，同小资产阶级划清界限，"应该保持自己工人阶级先锋的独立的政治面目"，"无论这个口号关及全国或部分群众，我们都必须严格的检别它的阶级性"[2]。其三，"具体的口号必须在具体的环境中提出来，而不应死死守着一些空洞的原则"[3]，尽量避免因采用空洞口号来空谈斗争的毛病。其四，抓住恰当的时机发出口号来领导群众与群众保持密切的联系。其五，厘清各种性质的口号，"口号的性质有宣传的口号，吹动的口号，行动的口号，最后就变成指令"，避

---

[1]　《红旗周报》第 31 期，第 7~8 页，《红藏·红旗周报》④，湘潭大学出版社 2014 年版，第 9~10 页。

[2]　《红旗周报》第 31 期，第 9 页，《红藏·红旗周报》④，湘潭大学出版社 2014 年版，第 11 页。

[3]　《红旗周报》第 31 期，第 10 页，《红藏·红旗周报》④，湘潭大学出版社 2014 年版，第 12 页。

免如"强迫群众斗争与落后,做尾巴的现象"①。并"坚决反对过去'立三路线'时代那种规定口号,联系口号的死板公式"②,掌握口号规定的灵活性,抓住宣传鼓动口号转变的契机。

　　群众宣传鼓动工作的方法多种多样,宣传队作为一种宣传鼓动组织方式,无疑是行之有效的。华岗在《宣传队的组织及其活动》的开篇便言明党"为什么"要组织宣传队。他说宣传队的活动"可以使党的影响更广泛深入群众,使党当前的政治口号能在群众中得到普遍的了解与传播,可以不断提高群众的觉悟,推动革命斗争向前发展"③。宣传队"不仅是党扩大宣传鼓动工作的重要武器"④,而且是组织群众和训练革命干部尤其是宣传鼓动工作中的干部的极好方式之一。宣传队以党内同志为核心,广泛吸收群众,具有广泛的群众基础,它"在党与团有影响或有组织的一切企业,农村,学校及群众组织(如工会,贫农团,反帝同盟,革命互济会,左翼文化团体等)中"⑤,都可以组建,其组织形式也很多变,如"演讲队,标语队,传单队,口号队,读报队,写信队,蓝衫队,说书队,小唱队等等"⑥。宣传队的工作方法之所以值得借鉴和大力发扬,是因为宣传队在活动时,会认清宣传对象的特点,把宣传内容和口号与宣传对象即被宣传的群众的实际生活关联起来,以达到最佳的宣传效果,而不是"只会机械的把对学生群众说的话移到工人群众中去背诵"⑦。其次,宣传队会"真正深入群众,灵敏的去感觉政治事变与群众生活脉搏的跳

---

① 《红旗周报》第 31 期,第 12 页,《红藏·红旗周报》④,湘潭大学出版社 2014 年版,第 14 页。

② 《红旗周报》第 31 期,第 13 页,《红藏·红旗周报》④,湘潭大学出版社 2014 年版,第 15 页。

③ 《红旗周报》第 33 期,第 41 页,《红藏·红旗周报》④,湘潭大学出版社 2014 年版,第 151 页。

④ 同上。

⑤ 《红旗周报》第 33 期,第 41~42 页,《红藏·红旗周报》④,湘潭大学出版社 2014 年版,第 151~152 页。

⑥ 《红旗周报》第 33 期,第 42 页,《红藏·红旗周报》④,湘潭大学出版社 2014 年版,第 152 页。

⑦ 《红旗周报》第 33 期,第 43 页,《红藏·红旗周报》④,湘潭大学出版社 2014 年版,第 153 页。

动"①，能根据群众的迫切需要提出与转变能够充分动员广大群众的口号。最后，宣传队在宣传工作中懂得如何获得群众的支持并有效利用群众的革命情绪来推动革命及自身发展。它在活动中不仅能完成宣传鼓动的任务，还能够抓紧群众的革命情绪来发展工作。譬如，"当我们宣传队出发宣传武装民众的时候，就必须抓紧群众要求武装的情绪来发展我们工纠及民众义勇军的组织。同时宣传队本身亦必须在自己工作过程中使之发展扩大起来"②。

石帆在《宣传鼓动工作的转变》中也对宣传鼓动工作方式的多样性进行了阐述。他要求省委要重视采用多种方式对工人群众进行宣传鼓动工作，如"立刻从党与青年团及工会的系统，采用车间会议小组会议各间代表会与其他各地工人群众会议，工厂小报，传单，标语，飞行集会等"③ 多种方式来发动广大群众起来斗争，加入到反帝、反国民党、反动派的斗争中去。并要求将宣传鼓动工作开展到公开活动中去，充分利用公开的活动，公开的团体如抗日救国会讲演队，组织各种公开的反帝团体，公开召集群众会议，公开散发传单标语④。此外更要根据斗争环境的变化，及时转变、更新斗争口号。

在《动员群众扩大反帝运动的决议》一文中，中央对全党深入群众进行反帝运动的具体工作，尤其是宣传内容和宣传方式的多样性方面做出了具体要求。《决议》特别强调宣传方式及宣传鼓动材料的多样性，将"印发有鼓动性的标语，口号，宣言，传单，书报，壁报，及小册子到各种群众中去散发"⑤ 以达到鼓动群众，揭穿国民党各种"反帝"假面具的目的。

---

① 《红旗周报》第 33 期，第 43 页，《红藏·红旗周报》④，湘潭大学出版社 2014 年版，第 153 页。

② 《红旗周报》第 33 期，第 45 页，《红藏·红旗周报》④，湘潭大学出版社 2014 年版，第 155 页。

③ 《红旗周报附刊》第 1 期，第 16 ~ 17 页，《红藏·红旗周报》①，湘潭大学出版社 2014 年版，第 411 ~ 412 页。

④ 《红旗周报附刊》第 1 期，第 17 页，《红藏·红旗周报》①，湘潭大学出版社 2014 年版，第 412 页。

⑤ 《红旗周报》第 11 期，第 6 页，《红藏·红旗周报》①，湘潭大学出版社 2014 年版，第 88 页。

可见，开展宣传鼓动工作的方式是多种多样的，既有工厂小报、群众报纸、传单、墙报、小册子这类书面纸质的宣传方式，又有如宣传口号这类的口头鼓动宣传方法，更有如宣传队这种特殊的群众宣传鼓动组织方式。

口头宣传方面，早在 1929 年 8 月，福建省委给永定县并转特委前委的信就强调，除文字上的宣传外，尤须注意口头宣传。在中央苏区时期，中共中央要求各县委要经常派宣传队出去召集群众大会，开游艺会等，或设法派秘密宣传员利用各种关系如朋友、亲戚关系作口头宣传。据国民党十九路军士兵回忆，有次深夜与红军作战时，忽然听见对面山上妇女的喊话声："白军中的士兵兄弟们，快来和红军联合起来！我们在这里有眷属，有土地，你们可以分享的"，"你们替长官打了这么久的仗，究竟得了些什么好处？""杀死自己的长官，携着枪到这里来吧！"① 这种口头宣传取得了很好的实际效果，许多国民党十九路军士兵正是被红军的这种喊话宣传所感动而积极投奔到红军的队伍。另外，我们还能从《红色中华》（第 32 期）对 1932 年 8 月 6 日兴国县欢送 500 余名红军新战士入伍的盛大欢送会的记录也能窥视口头宣传效果之一二。宽大的会场挤满了前来欢送的人群，由红军新战士和各团体发表演说，慷慨激昂，全场高呼"实行优待红军条例"等口号。另外，毛泽东在兴国长冈乡做调查时，也曾记录推销公债运动中各代表及宣传队对那些未买或买得少的人家，挨家挨户宣传的场景。当有些群众对推销公债不了解时，各代表各宣传队通过往年谷价与当时的公债两相比较比给他们听，详细解说合作社的利益，把敌人封锁与经济建设的意义讲给他们听。

传单宣传方面，如国民党十九路军士兵曾说："我们进入赤区中，看见满地都是共产党的传单。这些传单都用俗语写成，说得蛮有道理。"② 罗荣桓曾回忆说："对白军士兵的政治工作引起了注意，特别在文字方面有大的进步，一军团由邵武附近撤回时，一天工夫散发了一万七千多张《告白军士兵》传单。"③

---

① 《红旗周报》第 35 期，1932 年 4 月 8 日，第 54 页，《红藏·红旗周报》④，湘潭大学出版社 2014 年版，第 270 页。

② 同上。

③ 《罗荣桓军事文选》，解放军出版社 1997 年版，第 2 页。

旗子宣传方面，如《与十九路军士兵谈话的记录》一文中曾记录，国民党十九路军士兵称，红军撤退时，通常会在田野里插起许多小旗子，上面写着各种宣传语，如"劳苦的兄弟们！你们为什么到江西来攻打自己的兄弟——工人和农民的革命军"？"劳苦民众不打劳苦民众"，"士兵不打士兵"等。①

另外还有文艺宣传。组织山歌队进村，当山歌队唱到高潮时，其中一个宣传员便开始喊话，报告红军胜利，宣传大纲等；在各乡经常举行晚会，布置跳舞、唱山歌、讲故事等各种文娱节目，还在夜校开设文娱课，教唱《国际歌》《少先队队歌》《工农歌》《十送红军》等革命歌曲；还会编反映苏区军民的斗争和生活的各种舞蹈，如《工人舞》《农民舞》《村女舞》，反映红军生活的《海军舞》，反映团结战斗的《团结舞》《国际歌舞》等，还有反映民间茶灯、马灯、狮子灯、龙灯等传统灯彩歌舞等。中央苏区成立了"工农剧社""蓝衫团"等各种文艺机构，创作了《活捉张辉瓒》、京剧《龙岗擒》、活报剧《活捉张辉瓒》等，演出后受到群众的广大欢迎，推动了红军优抚工作。另外还在俱乐部设有游艺室等，提高群众文化娱乐水平等。

这些多样化的宣传方式推动了党的方针政策、路线的传播，调动了广大群众的革命情绪，在中国革命进程中起到了一定的推动作用，是中国共产党宣传思想史中的一笔宝贵财富。

---

① 《红旗周报》第 35 期，1932 年 4 月 8 日，第 54 页，《红藏·红旗周报》④，湘潭大学出版社 2014 年版，第 270 页。

第七章　血的教训:对"左"倾
路线扩大化的宣传

《红旗周报》和《斗争（苏区版）》刊载了大量反映"左"倾路线的政府工作报告及重要领导人的一些相关文章，反映了中共对历史发展主流的方向和对革命中心任务的偏离。而反面的教训，恰好用实践反证了中国究竟该向何处去，究竟该走哪条路的问题，为后来遵义会议的召开奠定了基础。

第一节　反"罗明路线"

在关于中国革命向何处去，中国革命究竟走什么道路的问题上，中国共产党在早期的摸索阶段，并非一帆风顺，而是以"血的代价"来证明中国革命的科学道路，这也是马克思主义中国化早期探索阶段的典型特征。这种"血的代价"在土地革命时期，以三大"左"倾错误为典型。大革命失败后，在纠正陈独秀右倾机会主义错误的同时，由于中国共产党对中国情况的复杂性和中国革命的长期性缺乏认识，党内开始滋生出一种"左"的急躁情绪。从1927年7月大革命失败到1935年1月遵义会议召开之前，"左"倾错误先后三次在党中央的领导机关取得了统治地位。第一次是1927年11月至1928年4月的瞿秋白"左"倾盲动错误；第二次是1930年6月至9月的李立三"左"倾冒险错误；第三次是1931年1月至1935年1月王明"左"倾教条主义错误。《布尔塞维克》《红旗周报》和《斗争（苏区版）》等该时期的期刊和报纸如实地记录了中共中央这一时期对马克思主义中国化探索

中的曲折过程。① 关于"左"倾问题的产生原因、发生过程、表现、后果
等方面，学术界探讨得颇多，在此略去。

我们透过这一时期的报刊，能真实地看到党内思想和路线的斗争。如
对瞿秋白的批判，1934 年 10 月 30 日，《红旗周报》第 61 期发表《白区
党在反对五次"围剿"中的战斗任务》社论，指出瞿秋白在党指出他的
错误以后仍然表示不愿意承认他的错误，而且加深了他的错误。各级党部
对于瞿秋白的机会主义错误，应在组织中开展最无情的斗争，来教育同
志。社论以高尔基的名言向全党发出号召："敌人不愿意解除武装，我们
就必须消灭他。"该期另有《粉碎五次"围剿"与反倾向斗争》一文，称
反对目前最危险的罗明路线和狄康同志的观点是顺利执行冲破五次"围
剿"的一切战斗任务的前提。11 月，《斗争》全文转载这篇长文，把对瞿
秋白的批判由白区推向苏区，在全党展开。临时中央组织力量整顿《斗
争》编辑部，严格审查发表过的所有文章，接着审查其他刊物。

《红旗周报》如实呈现了毛泽东被王明"左"倾集团罢黜军权的历
史。1932 年 4 月 25 日，上海临时中央的机关刊物《红旗周报》发表了题
为《在争取中国革命在一省与数省的首先胜利中中国共产党党内机会主
义的动摇》的社论，不点名地对毛泽东进行了无端的指责。社论指责：
"然而很明显的，中央（苏）区的同志在这里表现出了浓厚的等待主义，
等待敌人的进攻，等待新的胜利。他们始终没有能够利用客观上的顺利环
境去采取积极进攻的策略。他们把'巩固苏区根据地'当作符咒一样的
去念，把消灭'土围子'当作了巩固根据地的中心工作，以等待敌人的
新的进攻，新的'坚壁清野'，新的'诱敌深入'与新的胜利。这种观
点，实际上同样是对于反动统治的过分的估计所产生。"② 认为："然而目
前的主要危险，是对于国民党统治的过分估计，与对于革命力量的估计不
足的右倾机会主义！"③ 这篇社论矛头直指毛泽东在中央苏区所采取的一

---

① 参见刘志靖《布尔塞维克研究》（博士学位论文，湘潭大学，2011 年）第六章《〈布尔
塞维克〉与三次"左"倾错误》相关内容。

② 《红旗周报》第 37 期、第 38 期合刊，第 57 页，《红藏·红旗周报》④，湘潭大学出版
社 2014 年版，第 397 页。

③ 《红旗周报》第 37 期、第 38 期合刊，第 59 页，《红藏·红旗周报》④，湘潭大学出版
社 2014 年版，第 399 页。

切有效的、正确的路线和方针政策，包括土地政策，批驳毛泽东关于中国革命不平衡发展的理论为机会主义的观点。毛泽东被他们戴上了一顶不大不小的"右倾机会主义"的帽子。

中央的"左"倾机会主义者，在福建发动反对"罗明路线"，在江西开展了反对"邓、毛、谢、古"的斗争。

罗明，原名罗善培，广东大埔县人，1925 年加入中国共产党，1926 年任中共汕头地委书记，1927 年任中共闽西特委书记。1928 年 2 月任福建临时省委书记，并作为福建代表前往莫斯科出席党的"六大"，回国后，长期在闽西革命根据地从事建党与领导农民斗争的工作，熟悉本地情况。1932 年 3 月 14 日，中共闽粤赣省委在长汀召开第二次党代表大会。会议遵照中共苏区中央局决定，将中共闽粤赣省委改组为中共福建省委，罗明任代理书记。在进军漳州时，罗明腰部跌伤，伤口发炎，住进了长汀福音医院。1932 年冬，毛泽东在福建长汀福音医院治病。期间，罗明曾与毛泽东见面，两人对工作上的一些问题交换了意见，毛泽东关于闽赣两省开展广泛的游击战争等许多主张给了罗明很大启发。罗明拥护和贯彻毛泽东关于开展游击战争，集中优势兵力，各个击破敌人的战略方针。不久福建省委组成前敌委员会，罗明为书记，按照毛泽东的指示与谭震林、方方等到上杭、永定、龙岩地区开展游击战争，并取得了胜利，后将战争胜利的经验向连城、新泉、武平及其他一些地区的领导做了传达和介绍。新泉县委书记杨文仲接受了罗明的指示，紧急动员起来，打退了敌人的进攻。1933 年 1 月，罗明根据自己的经验，向省委递交了《对工作的几点意见》的报告。该报告不但完全赞同毛泽东的各项主张，认为闽西根据地边缘地区条件困难，党的政策应不同于巩固地区，而且把毛泽东和斯大林并称为"我们最好的领导"。中央得知后，不同意罗明的意见。1 月底，罗明又写了《关于杭永岩情况给闽粤赣省委的报告》，杨文仲也写信给省委，反映新泉游击区应当适应斗争形势，精简机关，合并群众组织，以便集中领导。

1933 年 2 月 15 日，中共苏区中央局公布《关于闽粤赣省委的决定》，指斥福建省委"形成了以罗明同志为首的机会主义路线"，宣布撤销罗明的省委代理书记及省委驻上杭、永定、龙岩全权代表的职务。5 天后，又公布了《中共苏区中央关于开展反罗明路线斗争的决定》，称罗明路线是

"反国际、反中央、反党的"，已公开走上取消党、取消群众团体的取消主义道路，新泉县委书记杨文仲给省委的信，便是取消主义的政纲。随后，罗明被苏区中央召到瑞金并被撤职批判。从 2 月开始，在福建开展了反对所谓"罗明路线"的斗争，福建省委代理书记罗明以及省苏维埃政府主席张鼎丞、省委常委、军区司令员谭震林等一批省级领导干部受到错误的批判斗争，被撤销职务。省委其他部门及县区领导干部，绝大多数也因此而受牵连，或被撤职，或被批判，或被调职。之后，罗明离开福建，被调任中央党校教育处长①。由此可见，反"罗明路线"其实质是临时中央在中央革命根据地全面推行王明的"左"倾错误，反对以毛泽东为代表的正确主张，排挤和打击坚决执行毛泽东正确主张的同志的一种表现。

1931 年 8 月，邓小平到上海向中央汇报红七军的工作后来到中央苏区：先担任瑞金县委书记，后担任会（昌）、寻（乌）、安（远）中共中心县委的书记。当时邓小平领导会昌、寻乌、安远军民努力创造革命的大好形势。他和毛泽东的弟弟，曾任苏区中央局秘书长、永丰中心县委书记的毛泽覃以及曾任赣西南特委委员、中共赣东特委书记、江西军区第二军分区司令员兼第五师师长的谢唯俊，曾任寻乌县委书记、县苏维埃政府主席、红一方面军前委秘书长的古柏一起，对王明"左"倾教条主义者进行坚决抵制。他们一致支持毛泽东的以下主张：一是反对"城市中心论"，主张向敌人力量薄弱的广大农村发展；二是反对军事冒险主义，主张诱敌深入；三是反对用削弱地方武装的办法来扩大主力红军，主张武装力量都要发展；四是反对"左"的土地分配政策，主张平均分配土地，"给富农以经济出路"。他们针对"左"倾教条主义者诬蔑毛泽东的理论和路线是"山沟沟里的东西"，用"洋房子先生"指斥王明"左"倾路线，称"大城市产生了立三路线，我们苏区的山上，却是马克思主义"，指责"洋房子里才不会出马列主义的"而"只会在洋房子里死背教条"②。

1932 年 11 月，广东军阀陈济棠趁红一方面军主力在北线发动建

①　以上见贾章旺《毛泽东从韶山到中南海》（上），中国文史出版社 2014 年版，第 319～320 页。

②　刘金田、张爱茹：《影响世界改变中国的邓小平中共党史非常时期的重大历史事件》，台湾出版社 2014 年版，第 26 页。

（宁）黎（川）泰（宁）战役，南部苏区力量空虚之机，突然向会、寻、安三县大举进攻。当时担任会、寻、安中心县委书记的邓小平，根据敌强我弱、敌我力量悬殊的情况，领导苏区人民以灵活的游击战术阻击敌人的进攻，并及时地组织退却。敌我力量悬殊之下，敌人占领了包括寻乌城在内的几乎整个寻乌县。这就是历史上所谓的"寻乌事件"。

1933 年 1 月，中共临时中央政治局被迫由上海迁入中央革命根据地瑞金，以王明为首的中共临时中央政府直接领导中央苏区的工作，全面推行王明的"左"倾错误主张。3 月，在江西开展了反对以邓（小平）、毛（泽覃）、谢（唯俊）、古（柏）为代表的所谓"江西罗明路线"的斗争。

3 月 12 日，中共江西省委根据苏区中央局的意图，向江西苏区全党公布了有关"会寻安"的指示文件，指责邓小平领导的会昌中心县委在敌人大举进攻面前"仓皇失措""退却逃跑"，"单纯防御的错误"，"是与罗明路线同一来源的机会主义"。

苏区中央局于 3 月下旬直接召开会昌、寻乌、安远三县党的积极分子代表会议，并根据临时中央代表的政治报告和结论，于 3 月 31 日作出了《会寻安三县党的积极份子会议决议》，刊发于《斗争（苏区版）》第 8 期。该决议指出："会寻安三县过去在以邓小平同志为首的中心县委的领导之下，执行了纯粹的防御路线。这一路线在敌人的大举进攻前面，完全表示悲观失望，对于群众的与党员同志的力量没有丝毫信心；以致一闻敌人进攻苏区的消息，立刻表示张皇失措，退却逃跑，甚至将整个寻乌县完全放弃交给广东军阀。这一路线显然同党的进攻路线丝毫没有相同的地方。这是在会寻安的罗明路线。说纯粹防御路线不是罗明路线的观点，是完全错误的。"① 决议还给他们加上反党派别小组织活动的罪名，要江西省各级党部开展反对以邓小平、毛泽覃、谢唯俊、古柏为代表的江西"罗明路线"的斗争，并要求将这一斗争深入到各支部。指出："要坚决打击以邓小平同志为首的机会主义的领导"，决定"加强和部分地改造中心县委与会寻安县委之常委"，"召集各级代表以及三县党各级领导保障三县工作的彻底转变，在中央局领导之下开展这一反机会主义路线的斗

---

① 《斗争（苏区版）》第 8 期，第 6~7 页，《红藏·斗争（苏区版）》①，湘潭大学出版社 2014 年版，第 118~119 页。

争，使这一斗争深入到支部中去"①。会议责令邓小平向中央局做《会寻安工作检查》。

而在邓小平、毛泽覃、谢唯俊、古柏4人写的声明中，批驳了临时中央对他们的各种污蔑，声明中称王明是教条主义。尤其是邓小平，他在《会寻安工作检查》中陈述了自己所坚持的观点和做法，在原则问题上没有作丝毫的让步，并对强加给他的污蔑、攻击和不实之辞进行辩解，坚持"防御路线"中的"诱敌深入"等，是正确的军事原则和方针，是为了更有效地消灭敌人的积极防御。

邓小平等人的态度引起了王明"左"倾临时中央局的强烈不满。苏区中央局的机关报《斗争》第8期刊登了罗迈题为《试看邓小平同志的自我批评》的文章。该文逐条地对邓小平的《会寻安工作检查》进行"批判"，指责它是"一大篇糊涂的哲学，用来掩盖问题的实质"，是"替自己的机会主义辩护"，并号召广大党员在中央局的号召下，集中火力"向着罗明路线，纯粹防御路线以及对这个路线的自由主义开火"。② 与此同时，张闻天也在《斗争（苏区版）》同一期上发表了《罗明路线在江西》的文章。张闻天指出："不论从那（哪——笔者注）一方面的工作看来，会寻安党的领导机关过去是执行了一条同党的进攻路线完全相反的退却逃跑的所谓单纯的防御路线。这一路线同福建杭永岩的罗明路线没有什么大的分别。"③ 称其为"会寻安的罗明路线"。文章最后要求："江西省委必须最清楚的明确的指出单纯防御路线的内容与实质，指出有些边区所犯的单纯防御路线，即是江西的罗明路线，把这一反对单纯防御的机会主义路线的斗争深入到群众中去，彻底改造各县，特别是边区各县党的与群众的工作，来执行党的进攻路线。"④

4月16日至22日，中共江西省委在中央局的指导下在宁都召开江西

---

① 《斗争（苏区版）》第8期，第7页，《红藏·斗争（苏区版）》①，湘潭大学出版社2014年版，第119页。

② 《斗争（苏区版）》第8期，第8～12页，《红藏·斗争（苏区版）》①，湘潭大学出版社2014年版，第120～124页。

③ 《斗争（苏区版）》第8期，第1页，《红藏·斗争（苏区版）》①，湘潭大学出版社2014年版，第113页。

④ 《斗争（苏区版）》第8期，第6页，《红藏·斗争（苏区版）》①，湘潭大学出版社2014年版，第118页。

党的三个月工作总结会议。会上，邓小平继续坚持原则，在革命道路、扩大红军、土地政策、财政政策、作战方针等问题上与"左"倾路线的代表进行了激烈的辩论。会议期间，"邓毛谢古"还两次被责令写申明书。为此，《斗争（苏区版）》第12期刊发了四篇文章，一是李富春的《江西党三个月工作总结会议的总结》，一是罗迈的《为党的路线而斗争》，还有中央局批准的《江西省委对邓小平毛泽覃谢唯俊古柏四同志二次申明书的决议》以及《工农红军学校党团员活动份子会议关于江西罗明路线的决议》。这些文章一致称"邓毛谢古"是"江西的罗明路线"，称其是"反党的派别和小组织"，称为"单纯防御路线"的"自由主义""机会主义"。

　　如李富春的《江西党三个月工作总结会议的总结》一文认为，"在开展两条路线斗争中，要集中火力克复江西党内最主要的右倾危险"。并判断其错误表现在："对于党和群众力量的估计不足，在实际工作中忽视职工运动的领导，不注意反帝运动，不以大力加强边区新区工作……只有严厉克复这些罗明路线的倾向，才真正可以粉碎在江西的罗明路线！"①

　　5月4日，临时中央代表到工农红军学校召开党团员活动分子会议，并作出《关于江西罗明路线的决议》，于1933年5月20日刊发于《斗争（苏区版）》第12期。该决议列举了以邓、毛、谢、古为首的"江西罗明路线"的所谓错误，提出邓、毛、谢、古四人是"小资产阶级出身的同志"，"执行了与党完全不同的路线"，而且根据其政纲及其派别的观念，"形成了小组织的活动"，污蔑"他们竟有以流氓为革命的动力"，认为他们对革命力量的估计是不足的，是悲观失望的，他们对群众也是消极的，既不相信群众的力量，又对于群众工作是采取消极怠工的态度的。他们"反对向中心城市发展主张转移到穷乡僻壤的区域"，认为"这是有系统的机会主义的政纲，是与国际的指示及党的策略完全相反的"。决议认为他们"根据这一机会主义政纲，形成了反党反国际的小组织的活动"。认为这种机会主义的小组织活动，是有它的历史根源的。"在四中全会后，他们对于反'立三路线'的斗争，就始终以两面派的态度来敷衍，从未揭发自己在执行'立三路线'时的错误。他们对于四中全会后的新的中

---

① 《斗争（苏区版）》第12期，第7页，《红藏·斗争（苏区版）》①，湘潭大学出版社2014年版，第187页。

央领导表示极端的不信任，甚至以'洋房子先生'相呼，党大会以后虽经党与之斗争，仍没有什么转变。"决议指出："这些同志如果再不彻底纠正其错误，我们建议中央局把他们洗刷出布尔塞维克的队伍。"①

5月5日，中央局批准了《江西省委对邓小平毛泽覃谢唯俊古柏四同志二次申明书的决议》。江西省委认为，"邓毛谢古"四人的第二次申明书与第一次申明书的内容没有任何不同，"他们对省委的决议和谈话，只是以外交方式来接受，他们反党的机会主义政纲和小组织的活动并没有在党的布尔塞维克火力前面解除武装，只是在党内残酷思想斗争中不得不暂时偃旗息鼓，而并没有根本放弃其小组织的机会主义路线"②。因此，江西省委责成他们做第三次申明书。决议指出："邓小平同志对他自己机会主义路线和派别观念甚至派别行动的全部始终是隐藏的"，"实际上已成为谢、毛、古等小组织活动的一员"。决议要求："邓小平同志，必须无保留地揭发他由第七军工作时起经过党大会经过会寻安工作直到写第二次申明书止，一贯的机会主义错误和派别观念，以至派别活动，再不容许有任何掩藏。"③

5月6日，中央代表罗迈（即李维汉，下同）作《为党的路线而斗争——要肃清在江西的罗明路线，粉碎反党的派别和小组织！》一文。该文首先概括了"江西机会主义的政纲"，称："江西的罗明路线，是一条反共产国际的路线，是一条与党的进攻路线没有丝毫相同而完全相反的路线。这条路线根本不相信党的力量，不相信群众的力量，因而对于中国苏维埃运动，走上了悲观失望的取消主义的道路。"④ 认为："江西罗明路线的创造者，不仅创造了和执行了一条机会主义路线，并且已经根据他们的机会主义政纲，而组成了一个反党的派别和小组织，这是

---

① 《斗争（苏区版）》第12期，第16页，《红藏·斗争（苏区版）》①，湘潭大学出版社2014年版，第196页。

② 同上。

③ 《斗争（苏区版）》第12期，第15～16页，《红藏·斗争（苏区版）》①，湘潭大学出版社2014年版，第195～196页。

④ 《斗争（苏区版）》第12期，第8页，《红藏·斗争（苏区版）》①，湘潭大学出版社2014年版，第188页。

一切顽强的机会主义者必然要走的道路。"① 通过对四人第二次声明书的解读，罗迈主张从七个方面开展对"邓毛谢古"的斗争，主张："在思想上和实际上进行真正的两条战线斗争，集中火力反对主要的右倾危险，把两条战线斗争，变成党的指导和行动的基础，这是江西党彻底实行工作转变的主要前提。"②

　　我们从以上可知，所谓反福建的"罗明路线"和反"江西的罗明路线"，其实质不过在于以王明为代表的共产国际"左"倾路线与以毛泽东为代表的正确路线之间的斗争，王明对罗明及"邓毛谢古"等人的批判，不过在于进一步推翻毛泽东的正确路线及其正确领导。正如李维汉在《回忆与研究》之《在中央苏区》中所指出的："罗明、邓小平、毛泽覃、谢唯俊、古柏等从实际出发，曾分别发表过一些正确的意见，抵制'左'的做法。如主张在红军弱小的情况下应向农村发展，不赞成向中心城市和交通要道发展；主张'诱敌深入'，然后集中力量各个歼灭，不赞成硬拼；主张中央红军、地方部队、群众武装都应发展，互相配合，不赞成用削弱地方武装和群众武装的办法来扩大红军；认为根据地的中心区和边界区的工作应加以区别，不能采取同样的办法；主张健全根据地的革命群众团体；坚持正确的土地革命路线和政策；主张根据地的行政、扩大红军、地方武装等工作都由政府负责，不应由党代替政府工作。结果，这些正确主张被'左'倾领导者指责为对革命悲观失望的右倾机会主义的退却逃跑路线，被称为'罗明路线'。"③ 李维汉指出，事实上，毛泽东、朱德总结出来的游击战争十六字诀——"敌进我退，敌驻我扰，敌疲我打，敌退我追"，是红军最早的战略战术。解放战争时期，毛泽东又把它发展为十大军事原则。故反"罗明路线"的实质就是反对游击战的根本战术，再进一步，其实质就在于反对毛泽东的正确路线，教条般地执行共产国际所谓的"进攻路线"，"城市中心论"，"一省或数省的首先胜利"，集中火力反右倾的政策。事实以"血的教训"证明了以王明为首的"洋房子

---

　　① 《斗争（苏区版）》第12期，第11页，《红藏·斗争（苏区版）》①，湘潭大学出版社2014年版，第191页。

　　② 《斗争（苏区版）》第12期，第15页，《红藏·斗争（苏区版）》①，湘潭大学出版社2014年版，第195页。

　　③ 李维汉：《回忆与研究》（上册），中共党史出版社1986年版，第336页。

里死背教条"的教条主义者对革命形势做了夸大估计，严重脱离了中国革命的实际。这种"左"倾冒险主义的路线不能带领中国取得革命胜利，从反面证明了毛泽东路线的正确性。这笔以血的代价换来的教训为之后的遵义会议中国革命路线的抉择积累了宝贵的财富。

第二节　"关门主义"错误

当时以王明为首的"左"倾路线控制的中共中央，犯了严重的"关门主义"错误。[①]

首先，就对日问题而言，由于认识的局限和对中国国情的缺乏了解，在共产国际的指导下，做出了不少偏离真正革命目的和方向的决策。一是表现为关于对日本帝国主义武装占领中国东北的错误看法。1931 年 9 月 22 日，中共中央制定了《关于日本帝国主义强占满洲事变的决议》，该决议于 1931 年 10 月 18 日刊发于《红旗周报》第 19 期。该决议认为日本武装占领我国东北的原因在于：（1）为了摆脱经济危机，"企图在新的帝国主义战争之中来找得经济危机的出路"；（2）加紧进行反苏战争，是"反苏联战争的序幕"，是反苏战争的"一个主要步骤"；（3）为了便利于"调动大量军队镇压中国的土地革命、苏维埃运动和游击战争"，以此"准备直接武装干涉中国革命"。由此得出结论，认为中国无产阶级及劳苦群众的"伟大的历史任务"是武装保卫苏联，打倒一切帝国主义，消灭国民党政府（包括在野的"反动派"），实行反帝国主义的土地革命，求得"民族的与无产阶级劳动群众的彻底解放"。[②] 这一决议中所得出的结论，并没有抓住真正的革命目标，没有认识到民族危机日益占据主要矛盾之时的主要革命目标是日本帝国主义，而把非主要目标和可以联合的政治力量如国民党来作为主要的打倒对象。如此完全离开了当时迫在眉睫的政治形势，离开了中国革命的中心任务，从而对"九一八"事变等作出了错误的估计和判断，错失了国共合作一致对外的良好时机，最终不得不

---

① 参见白寿彝总主编，王桧林、郭大钧、鲁振祥主编《中国通史》第 12 卷《近代后编 (1919—1949)》上册第 2 版，上海人民出版社 2013 年版，第 178～182 页。

② 《红旗周报》第 19 期，第 1～4 页，《红藏·红旗周报》②，湘潭大学出版社 2014 年版，第 61～64 页。

面对持续八年之久的抗日战争。

二是在对日问题上，把"对日宣战"与把"民众自动武装起来驱逐日本帝国主义"完全对立起来，在"左"倾指导之下，坚持用后者反对前者。如《是对日宣战？还是民众自动武装起来驱逐日本帝国主义？》一文指出，这次反日运动开展时，一开始明显地有两个根本不同的中心口号。一个口号由南京国民党中央提出的"对日宣战"，这一口号被一切反革命派别：从国家主义到托陈取消派、罗章龙右派拥护；另一个由中国共产党中央提出的"民众自动武装起来驱逐日本帝国主义"，这一口号得到全国工农兵贫民及革命学生所拥护。当时由"左"倾路线控制的中共中央把这两个口号对立起来，认为"对日宣战"是反革命的口号。① 这一判断是极端错误的，是脱离当时中国的实际情况的。尽管文章分析了国民党反日的真实目的，但总体上认为国民党"对日宣战"的提法是与当时的事实相违背的，国民党政府在本质是反对宣战的。

三是把国防政府与苏维埃政府对立，认为国防政府是从买办地主到小资产阶级共同主张的反革命政权。如 1931 年 11 月 20 日出版的《红旗周报》第 23 期刊发了两篇关于国防政府的文章。一篇是何史文的《国防政府还是苏维埃政府》，该文批评了国家主义派、人权主义派、"社会与教育"派、国民党"左派"以及托陈取消派等先后起来主张要国防政府的做法。认为他们主张的详细具体办法虽然各不相同，但根本原则却是一致的，即另外换个形式来组织地主资本家的政府，其根本目的也是一样的，企图使民众相信国防政府能够"救国"，能够实现"民治"。② 一篇是张闻天（思美）的《满洲事变中各个反动派别怎样拥护着国民党的统治？》，该文分析了满洲事变中，"杀身成仁，舍生取义"的国家主义派、绝交救国论的社会与教育派、"左"倾反革命的托陈取消派等派别的各自主张，分析了各派别为什么把"宣战"与"国防政府"作为他们的中心口号以及国民党怎样接受了各反革命派的救国方案。该文认为反革命势力要镇压革命，必须要有一个新的政府的形式，来团结反革命力量，这一新的政府

---

① 参见《红旗周报》第 21 期，第 1～6 页，《红藏·红旗周报》②，湘潭大学出版社 2014 年版，第 139～144 页。

② 《红旗周报》第 23 期，第 16～21 页，《红藏·红旗周报》②，湘潭大学出版社 2014 年版，第 212～217 页。

形式，就是各反革命派别所宣传的国防政府。张闻天强调，中国的政权只能是工农民主专政，即只能是苏维埃政权。[①]

其次，关于中国革命性质、阶段问题的判断有失偏颇。如博古曾提出"中国革命是反帝国主义的民族［革命］与土地革命两巨潮的汇合"的说法。1932 年 1 月 25 日出版的《红旗周报》第 29 期刊登了《论民众革命与民众政权的口号》与《取消派内部关于政权问题的争论与我们的主张》等文，对所谓的"民众政权"主张作了分析，揭露取消派的真实面貌。但不能否认其中包含的一些错误。如博古的《论民众革命与民众政权的口号》一文认为，中国革命当前阶段的特点，是在两个伟大的革命潮流的汇合，反对帝国主义的民族解放运动与推翻地主资产阶级统治的土地革命。由此认为，反对帝国主义的土地革命是中国革命现阶段的主要内容。这一反帝国主义的土地革命正在苏维埃的旗帜之下开展着。[②] 博古的这一论断存在不少的基本错误。我们说中国的民族革命与土地革命的汇合（结合）问题，从革命整体上说两者是不能分离、互相促进的。但在具体的阶段上，自然有先后、轻重、主次之别。当民族矛盾居于主要矛盾时，我们为了抗日、抗帝国主义，可以暂缓土地革命，这时把反帝与土地革命分开解决未必不可。而当时的"左"倾教条主义者机械地照搬共产国际的决议，认为两者只能同时进行。对于博古所谓"反对帝国主义的土地革命"问题，需要说明的是，土地革命的直接目标是反封建，是反对国内的反动阶级、反动制度，是中国内部矛盾的一种表现方式，它只是间接地反对帝国主义，而没有直接反帝的性质。而"左"倾路线强调了中国革命的反世界资本主义性质，直接称"反对帝国主义的土地革命"，这是"左"倾理论的基本观点之一。就土地革命是"推翻地主资产阶级的土地革命"问题而言，也是值得商榷的。土地革命是反对封建地主阶级的，并不是反对资产阶级的。"左"倾理论将地主阶级与资产阶级同等看待，混淆了土地革命的对象、性质。而将资产阶级与地主一同推翻，也是"左"倾的基本观点之一，而且在苏区时期的查田运动中有经典表现。就

---

① 《红旗周报》第 23 期，第 22～44 页，《红藏·红旗周报》②，湘潭大学出版社 2014 年版，第 218～240 页。

② 参见《红旗周报》第 29 期，第 11～18 页，《红藏·红旗周报》③，湘潭大学出版社 2014 年版，第 333～340 页。

查田运动中，在农村阶级成分的划分方面，党内有很多同志并不明了富农、中农、雇农和贫农尤其是富农在革命中特别是查田运动中的伟大领导作用，而实行"关门主义"。

其"民众革命推翻国民党是反帝国主义的民族革命战争的先决条件"的提法，明显犯了逻辑错误。1931 年 4 月 14 日，中共在《为反对帝国主义进攻苏联瓜分中国给各苏区党部信》中指出："每一个苏维埃区的政权应该成为环绕着他的国民党区域的群众争斗的领导的政治中心。""号召，组织与领导无产阶级与农民来消灭出卖中国，污辱中国的反革命的国民党政权，消灭这个反革命的投降帝国主义的政权，建立民众的苏维埃政权是民族革命战争胜利的先决条件。"① 从这一论断中是可以如此推断：打倒国民党（包括其中的各个派别）是民族解放的前提，"倒蒋"是抗日的前提。而革命逻辑的发展恰好相反，反帝（集中为抗日）是倒蒋的前提。

最后，实行"下层统一战线"，打倒一切中间派别的决策也是"关门主义"的一大表现。1931 年 5 月 1 日，在《中央关于全国组织报告的决议》中说："对于国民党改组派、取消派和右派等组织影响下的群众，必须应用下层统一战线的策略，分化和夺取他们到我们的领导下面。"1933 年 7 月 24 日，中共中央《关于帝国主义国民党五次"围剿"与我们党的任务的决议》（《红旗》第 60 期）中指出："集中党的注意力，在最受资本进攻威胁的企业中去进行艰苦的群众工作，组织工人阶级的反抗，采取下层统一战线的策略，以孤立反革命派，与增强我们与群众的联系。必须具体的开始建立群众的赤色工会与争取国民党工会工人的工作。"② 认为下层统一战线的运用主要表现在以下三方面：一是争取黄色工会及落后的工人群众，去消灭黄色工会，反对黄色工会的首领。二是争取中间派影响下的群众，把这些派别打倒。三是在军队中组织士兵反对军官，把指挥权夺取过来。

在"左"倾路线占据中共中央的期间，中共中央不仅不去主动寻求一切可以联合的力量来共同抗日，而且还拒绝主动与中共寻求合作的中间

---

① 《红旗周报》第 39 期，第 5、7 页，《红藏·红旗周报》④，湘潭大学出版社 2014 年版，第 445、447 页。

② 《红旗周报》第 60 期，第 15～16 页，《红藏·红旗周报》⑧，湘潭大学出版社 2014 年版，第 17～18 页。

力量。1933 年 11 月，十九路军发动"福建事变"，成立"福建人民政府"，提出"反蒋抗日"的口号，主动寻求与中共联合。中共不仅拒绝合作，而且还对其进行揭露与批判，错失联合时机。认为："它不会同任何国民党的反革命政府有什么区别，那它的一切行动，将不过是一些过去反革命的国民党领袖们与政客们企图利用新的方法欺骗民众的把戏，他们的目的不是为了要推翻帝国主义与中国地主资产阶级的统治，而正是为了要维持这一统治。""所以，中间的道路是没有的，一切想在革命与反革命中间找取第三条道路的份子必然遭到惨酷的失败，而变为反革命进攻革命的辅助工具。"①

我们从毛泽东的《查田运动的初步总结》一文中，就能看出当时流行的错误的农村阶级划分中的关门主义错误。就中农而言，如踏迳区和博生县的某些乡实行插牌子遍查的方法等，导致侵犯中农利益，甚至没收中农的土地财产，将中农错划为富农实行批斗等，引起中农恐慌；就贫雇农而言，毛泽东认为"贫农团的关门主义与忽视雇农的领导作用是错误的"，如"八县贫农团代表大会已经指出过去贫农团的关门主义倾向是错误的，应该废除介绍制，向贫农工人打开大门，一切男女老少的贫农工人均可报名加入。但是，许多地方仍然沿着旧办法不改，仍然非有介绍不能进贫农团。甚至在瑞金踏迳区当着尚未入会的贫农群众跑来参加贫农团会议的时候，贫农团负责人拒绝他们参加。博生的竹岈岋区，七月一个月中贫农团没有发展一人"②。

正是基于"关门主义"的蔓延，张闻天以其敏锐觉察到了这一问题的严重。1931 年 12 月 5 日，张闻天同志在一篇检查"九一八"事变后两个多月党的工作的文章《为中国民族的独立与解放而斗争》中，突出地指出党内对群众抗日要求存在着"关门主义"。文章指出："我们对于抵制日货的运动，完全采取了关门主义，以致这一运动，完全为民族资产阶级所利用。"③"无疑的，共产党在这一反帝斗争中，是扩大了它的政治影

---

① 《中共党史教学参考资料》（一），人民出版社 1979 年版，第 569 页。

② 《斗争（苏区版）》第 24 期，第 8 页，《红藏·斗争（苏区版）》①，湘潭大学出版社 2014 年版，第 388 页。

③ 《红旗周报》第 26 期，第 5 页，《红藏·红旗周报》③，湘潭大学出版社 2014 年版，第 9 页。

响，然而还有广大的群众，总还觉得共产党的主张是远水救不得近火，还觉得共产党没有能灵敏的满足他们的民族的要求。甚至以为共产党是根本反对'爱国运动'、'抵货运动'与'民族运动'的。"① 文章接着说："当然民众这种感觉，是有它的真实根据的。这一根据，就是本党在反帝国主义斗争中的深沉的关门主义。"② 文章还指出党内存在的一种观念上的偏向，存在国民党民族主义的恐惧症，"我们甚至惧怕民族两字，恐怕一谈民族，就会堕落到国民党民族主义的泥坑中去似的"③。可见，我们在广大的民族革命运动上，所犯的关门主义错误，以至于我党在当时"不能很顺利的揭破各反革命派别民族主义的欺骗宣传，使他们还能利用民族主义来欺骗一部分民众，尤其是一部分小资产阶级"④。

---

① 《斗争（苏区版）》第 26 期，第 6 页，《红藏·红旗周报》③，湘潭大学出版社 2014 年版，第 10 页。

② 同上。

③ 《红旗周报》第 26 期，第 5 页，《红藏·红旗周报》③，湘潭大学出版社 2014 年版，第 9 页。

④ 《红旗周报》第 26 期，第 5～6 页，《红藏·红旗周报》③，湘潭大学出版社 2014 年版，第 9～10 页。

结　语

　　中国革命是在不断地艰难探索中蹒跚学步，不断前行的。而在这个艰苦跋涉的长途中付出了惨重的代价。苏区时期经典地给我们呈现了中国共产党早期探索过程中的曲折性与前进性并存的历史，《红旗周报》和《斗争（苏区版）》又真实地记录了这一画卷。由于我们对于规律的认识和把握不是一蹴而就的，中国共产党对于中国革命规律的探索也不可能一帆风顺。正如毛泽东在1962年的扩大的中央工作会议上探讨中国共产党如何认识中国革命规律时所指出的："如果有人说，有哪一位同志，比如说中央的任何同志，比如说我自己，对于中国革命的规律，在一开始的时候就完全认识了，那是吹牛，你们切记不要信，没有那回事。过去，特别是开始时期，我们只是一股劲儿要革命，至于怎么革法，革些什么，哪些先革，哪些后革，哪些要到下一阶段才革，在一个相当长的时间内，都没有弄清楚，或者说没有完全弄清楚。"[①] 正如列宁对认识过程的概括所指出的一样，中国共产党对于中国革命规律尤其是中国革命道路的探索也是经历了从不知到知，从不确切的知识到确切的知识的过程。而《红旗周报》和《斗争（苏区版）》正是对这一过程的呈现。革命历史的经验告诉我们，对规律的认识既有正面的经验，又有反面的经验。就中国而言，由于其农业人口占绝大多数的特殊国情，而中国共产党早期的领导集体人员大都是出身于城市的青年学生，大都有留苏学习经历，他们对城市的生产与生活有切身的感受和真实的了解，但对中国的广大农村和占全国人口80%的农民，尤其是对像闽粤赣等偏远苏区根据地的农民则缺乏必要的接触和深刻的了解。因此，基于他们城市化教育、经验、体验和苏联马克思

---

① 《毛泽东文集》第8卷，人民出版社1999年版，第300页。

主义理论熏陶的这一特殊的前理解世界，自然他们对于中国革命规律的认识和把握，呈现出的效果历史，不免会带有教条主义的特征，自然会经历失败与胜利的多次反复的比较，其中由于违背革命规律而带来的错误、挫折和损失，使我们倍感认识和把握规律的重要性和必要性，也更使我们在认识和把握规律方面得到深刻的教益。我们正是在不断总结经验的过程中，加以继承发展；又深刻而全面地总结以往犯错误的经验，吸取教训，纠正错误，得出正确的方针、政策和路线。以毛泽东为主要代表的中国共产党人在长期、艰苦、复杂、曲折的斗争过程中，总结出调查研究、实事求是的科学态度，总结出从群众中来、到群众中去的工作方法，独立自主地思考中国革命的问题，逐步地把马克思列宁主义同中国实际结合起来，形成了一整套适合中国国情的路线、方针和政策。而《红旗周报》《斗争》周刊对苏区时期"新的领导方式""群众化"的群众路线工作方式等方面的探索，无疑为毛泽东思想积累了宝贵的财富，而对"查田运动"、反"罗明路线"等历史事件的记载，从反面经验的角度肯定了毛泽东路线的合理性。毛泽东思想是在艰难曲折的革命道路进程中，将马克思列宁主义的基本原理同中国革命的具体实践相结合的产物，是马克思列宁主义在中国的运用和发展。苏区时期两刊对王明"左"倾错误路线的记载，是从反面教训的角度，用血的代价证明了毛泽东道路是关于中国革命的正确理论原则和经验总结。正是有了这一特殊时期的反面教训，才凸显了遵义会议的历史价值。这是中国共产党历史上一个生死攸关的转折点。这次会议开始确立以毛泽东为代表的马克思主义的正确路线在中共中央的领导地位，标志着中国共产党从幼稚走向了成熟。因此，仅从这一角度，我们不能忽视两刊的历史价值。

总体上，我们透过两刊的研究，可以从侧面真实地把握苏区时期的党史、经济史、政治史和战争史等相关的内容，可以详细地了解和还原苏区时期经济建设、政治建设、军事建设和文化建设方面的画卷，这些都有益于我们对马克思主义中国化早期探索历程中前进性与曲折性的理解和把握。

参考文献

［1］《红旗周报》（1931.3.9～1934.3.1），第 1～64 期（缺第 5 期）、附刊第 1～13 期、临时附刊 1 期，收录于《红藏·红旗周报》（①～⑧），湘潭大学出版社 2014 年影印本。

［2］《斗争（苏区版）》（1933.2.4～1934.9.30），第 1～73 期，收录于《红藏·斗争（苏区版）》（①～②），湘潭大学出版社 2014 年影印本。

［3］《斗争（上海版）》（1932.1.21～1935.7.5），第 1～78 期（缺第 4 期），收录于《红藏·斗争（苏区版）》（①～⑥），湘潭大学出版社 2014 年影印本。

［4］《红色中华》（1931.12.11～1941.5.15），第 1～474 期，收录于《红藏·红色中华》（①～④），湘潭大学出版社 2014 年影印本。

［5］《中央革命根据地史料选编》（上、中、下），江西人民出版社 1982 年版。

［6］江西省文化厅革命文化史料征集工作委员会等编：《中央苏区革命文化史资料汇编》，江西人民出版社 1994 年版。

［7］《闽浙赣革命根据地史料选编》，江西人民出版社 1987 年版。

［8］中央档案馆、江西省档案馆编：《江西革命历史文件汇集》（1930 年卷 1），内部发行，1988 年版。

［9］中央档案馆、江西省档案馆：《江西革命历史文件汇集》（1932 年卷 1），内部发行，1992 年版。

［10］江西省档案馆、中共江西省委党校党史教研室编：《中央革命根据地史料选编》（中），江西人民出版社 1982 年版。

［11］江西省档案馆、中共江西省委党校党史教研室编：《中央革命根据地史料选编》（下），江西人民出版社 1982 年版。

［12］中国人民解放军政治学院党史教研室编：《中共党史参考资料》（第 1～11 册），内部发行，1979 年版。

［13］中国人民解放军政治学院党史教研室编：《中共党史教学参考资料》（第 12～18 册），1985 年版、1986 年版。

［14］中共中央党校党史教研室选编：《中共党史参考资料》（第 1～8 册），人民出版社 1980 年版。

［15］中共中央书记处主编：《六大以前——党的历史材料》，人民出版社 1980 年版。

［16］中共中央书记处主编：《六大以来——党内秘密文件》（上、下），人民出版社 1981 年版。

［17］中国社会科学院新闻研究所编：《中国共产党新闻工作文件汇编》（上、中、下），新华出版社 1980 年版。

［18］中共中央党校党史教研室资料组编：《中国共产党历次重要会议集》，上海人民出版社 1982 年版。

［19］高军编：《中国社会性质问题论战资料选辑》，人民出版社 1984 年版。

［20］蔡尚思主编：《中国现代思想史资料简编》，浙江人民出版社 1982 年版。

［21］中共中央文献研究室编：《关于建国以来党的若干历史问题的决议（注释本）》，人民出版社 1983 年版。

［22］姜华宣、张蔚萍、肖甡主编：《中国共产党重要会议纪事》（1921～2001），中央文献出版社 2001 年版。

［23］中共中央党史资料征集委员会、中央档案馆编：《八七会议》，中共党史资料出版社 1986 年版。

［24］中国第二历史档案馆编：《中华民国史档案资料汇编》第三辑《外交》，江苏古籍出版社 1991 年版。

［25］中国第二历史档案馆编：《中华民国史档案资料汇编》第五辑第一编《文化》，江苏古籍出版社 1994 年版。

［26］中央档案馆编：《中共中央文件选集》（第 1～18 册），中共中央党校出版社 1989～1992 年版。

［27］中共中央党史研究室第一研究部编：《共产国际、联共（布）

与中国革命档案资料丛书》（第 1～6 卷），北京图书馆出版社 1997 年版、1998 年版。

［28］中共中央组织部、中共中央党史研究室、中央档案馆编：《中国共产党组织史资料》（第 1～19 卷），中共党史出版社 2000 年版。

［29］中共中央党史研究室第一研究部编：《共产国际、联共（布）与中国革命文献资料选辑》（1927～1931），北京图书馆出版社 2002 年版。

［30］中共中央党史研究室第一研究部译：《联共（布）、共产国际与中国苏维埃运动》（1927～1931），中央文献出版社 2002 年版。

［31］中国社会科学院近代史所编：《共产国际有关中国革命的文献资料》（第 1～2 辑），中国社会科学院出版社 1981 年版、1982 年版。

［32］安徽大学苏联问题研究、四川省中共党史研究会编译：《苏联〈真理报〉有关中国革命文献资料选编》（1927～1937），四川省社会科学院出版社 1986 年版。

［33］张静庐辑注：《中国近现代出版史料》（第 1～8 册），上海书店出版社 2003 年版。

［34］王煦华、朱一冰合辑：《1927～1949 禁书史料汇编》（第 2 册），北京图书馆出版社 2007 年版。

［35］黄林：《近代湖南出版史料》（第 2 册），湖南教育出版社 2012 年版。

［36］中央编译局编译：《马克思恩格斯文集》，人民出版社 2009 年版。

［37］《马克思恩格斯选集》（第 1～4 卷），人民出版社 1995 年版。

［38］中央编译局编译：《列宁专题文集》，人民出版社 2009 年版。

［39］《列宁全集》（第 1～60 卷），人民出版社 1984～1990 年版。

［40］《毛泽东书信选集》，人民出版社 1983 年版。

［41］《毛泽东选集》（第 1～4 卷），人民出版社 1991 年版。

［42］《毛泽东文集》（第 1～8 卷），人民出版社 1993～1999 年版。

［43］《毛泽东农村调查文集》，人民出版社 1982 年版。

［44］中共中央文献研究室编：《毛泽东传（1893～1949）》（上、下），中央文献出版社 2003 年版。

［45］中央文献研究室编：《毛泽东年谱》（1893～1949），中央文献出版社 1993 年版。

［46］《张闻天选集》，人民出版社 1985 年版。

［47］《张闻天文集》（1919～1935），中共党史出版社 1995 年版。

［48］程中原：《张闻天传》，当代中国出版社 2006 年版。

［49］张培森主编，中共中央党史研究室张闻天选集传记组编：《张闻天年谱》（1900—1976），中共党史出版社 2010 年版。

［50］徐则浩：《张稼祥年谱》，中央文献出版社 2001 年版。

［51］《周恩来选集》（上、下），人民出版社 1980 年版、1984 年版。

［52］中央文献研究室编：《周恩来年谱》（1898～1949），中央文献出版社 2007 年版。

［53］《蔡和森文集》，人民出版社 1980 年版。

［54］李永春编著：《蔡和森年谱》，湘潭大学出版社 2008 年版。

［55］《刘少奇选集》（上、下），人民出版社 1985 年版。

［56］中央文献研究室编：《刘少奇年谱》，中央文献出版社 1996 年版。

［57］《瞿秋白文集》，人民出版社 1987 年版。

［58］李维汉：《回忆与研究》，中共党史资料出版社 1986 年版。

［59］陈玉堂：《中国近现代人物名号大辞典》（全编增订本），浙江古籍出版社 2005 年版。

［60］《王观澜文集》，人民出版社 1994 年版。

［61］李志英：《博古传》，当代中国出版社 1994 年版。

［62］李永璞、林治理编：《中国共产党历史报刊名录》，山东人民出版社 1991 年版。

［63］方汉奇等：《中国新闻事业通史》（第一、二、三卷），中国人民大学出版社 1992 年版、1996 年版、1999 年版。

［64］方汉奇：《中国新闻事业图史》，福建人民出版社 2006 年版。

［65］方汉奇主编：《中国新闻传播史》，中国人民大学出版社 2002 年版。

［66］蔡铭泽：《中国国民党党报历史研究》，团结出版社 1998 年版。

［67］方克主编：《中共中央党刊史稿》（上、下），红旗出版社 1999 年版。

［68］丁淦林：《中国新闻事业史》，高等教育出版社 2007 年版。

［69］丁淦林：《中国新闻图史》，南方日报出版社 2002 年版。

［70］李焱胜：《中国报刊图史》，湖北人民出版社 2005 年版。

［71］高信成：《中国图书发行史》，复旦大学出版社 2005 年版。

［72］程沄等编：《江西苏区新闻史》，江西人民出版社 1994 年版。

［73］倪延年、吴强：《中国现代报刊发展史》，南京大学出版社 1993 年版。

［74］宋应离主编：《中国期刊发展史》，河南大学出版社 2000 年版。

［75］郑士德：《中国图书发行史》，高等教育出版社 2000 年版。

［76］王晓岚：《中国共产党报刊发行史》，中国社会科学出版社 2009 年版。

［77］福建省地方志编纂委员会编：《中华人民共和国地方志·福建省志·新闻志》，2002 年版。

［78］福建省档案馆：《老新闻图像福建晚清民国报纸刊头集萃》，2010 年版。

［79］王健英：《中共中央机关历史演变考实》，中共党史出版社 2005 年版。

［80］王健英：《中国共产党组织史大事纪实》（二、三），广东人民出版社 2003 年版。

［81］中央苏区工运史征编协作小组：《中央革命根据地工人运动史》，改革出版社 1989 年版。

［82］戴向青、余伯流等：《中央革命根据地史稿》，上海人民出版社 1986 年版。

［83］廖正本、余伯流：《中央苏区简史》，江西高校出版社 1999 年版。

［84］中共江西省委党史研究室等：《中央苏区政权建设研究》，江西人民出版社 1991 年版。

［85］陈荣华、何友良：《中央苏区史略》，上海社会科学院出版社 1992 年版。

［86］张惟：《中央苏区演义》，文化艺术出版社 1994 年版。

［87］中共赣州市委党史办编：《中央苏区人物志》，中央党史出版社 2004 年版。

［88］孔永松主编，曹敏华：《中央苏区军事史》，厦门大学出版社 1999 年版。

［89］舒龙、凌步机：《中华苏维埃共和国史》，江苏人民出版社 1999 年版。

［90］何友良：《中华苏维埃区域社会变革史》，当代中国出版社 1991 年版。

［91］黄道弦：《张力与限界：中央苏区的革命（1933～1934）》，社会科学文献出版社 2011 年版。

［92］中共中央党史研究室：《中国共产党历史》（第 1 卷），中共党史出版社 2011 年版。

［93］李志英：《秦邦宪博古文件》，中共党史出版社 2007 年版。

［94］杨奎松编著：《中间地带的革命——中国革命策略在国际背景下的演变》，中央党校出版社 1992 年版。

［95］易劳逸：《1927～1937 年国民党统治下的中国：流产的革命》，中国青年出版社 1992 年版。

［96］刘健清、王家典、徐梁伯主编：《中国国民党史》，江苏古籍出版社 1992 年版。

［97］朱开铨：《毛泽东同志带领我们开展查田运动·革命回忆录（五）》，人民出版社 1982 年版。

［98］陈晋：《毛泽东阅读史》，生活·读书·新知三联书店 2014 年版。

［99］贾章旺：《毛泽东从韶山到中南海》（上），中国文史出版社 2014 年版。

［100］邱少明：《文本与主义：民国马克思主义经典著作翻译史（1912～1949）》，南京大学出版社 2014 年版。

［101］汲广运、徐东升、李纪岩等：《马克思主义群众观研究》，山东人民出版社 2014 年版。

［102］宋文瑄、展西亮：《中国巡察制度概览》，红旗出版社 2014 年版。

［103］《宋应离出版文丛》，河南大学出版社 2012 年版。

［104］熊月之：《上海通史》，上海人民出版社 1999 年版。

［105］中共上海市委党史研究室：《中国共产党上海史（1920～1949）》，上海人民出版社 1999 年版。

［106］《上海党史大事记（上、下）》，上海人民出版社 1999 年版。

［107］彭继红：《传播与选择：马克思主义中国化的历程（1899～1921 年)》，湖南师范大学出版社 2001 年版。

［108］刘金田、张爱茹：《影响世界改变中国的邓小平中共党史非常时期的重大历史事件》，台湾出版社 2014 年版。

［109］《查禁红旗周报布尔塞维克两种反动刊物》，《广东省政府公报》1932 年第 197 期。

［110］中国国民党中央组织部调查科编：《中国共产党之透视》，文海出版社 1982 年版。

［111］［美］费正清：《剑桥中华民国史：1912～1949》，中国社会科学出版社 1994 年版。

［112］［日］峰屋亮子：《〈红旗周报〉解题·总目录·索引》，东京不二出版社 1985 年版。

期刊论文：

［1］唐正芒：《〈红旗周报〉的封面伪装》，《新闻与传播资料》1990 年第 2 期。

［2］徐有威：《中国共产党人眼中的法西斯主义——上海时期的〈红旗周报〉》，《上海党史研究》2000 年第 3 期。

［3］杨永兴、焦佩：《从〈红旗周报〉看张闻天编辑党报之经验》，《黄海学术论坛》2014 年第 1 期。

［4］郭丽萍：《〈斗争（苏区版）〉与马克思主义中国化》，《江西社会科学》2013 年第 1 期。

［5］万振凡、李雪：《苏区中央局机关报——〈斗争〉初探》，《江西师范大学学报》（哲学社会科学版）2012 年第 4 期。

［6］李雪：《〈斗争〉与党内思想、路线斗争研究》，《前沿》2010 年第 14 期。

［7］王晓园、樊志成：《张闻天与〈斗争〉周刊（苏区版）》，《文史博览（理论）》2015 年第 6 期。

［8］卢文斌：《中共中央机关报历史沿革（1922.9.13～1949.8.1）》《中国报业》2011 年第 11 期。

［9］施光耀：《李立三最早提出群众路线的概念》，《毛泽东思想研究》1991 年第 4 期。

［10］王德木：《周恩来最早提出"群众路线"的概念》，《毛泽东思想研究》1992 年第 2 期。

［11］李禄俊：《毛泽东与翟（瞿：笔者注）秋白、李立三在武装斗争问题上的分歧》，《毛泽东思想研究》1994 年第 2 期。

［12］朱少伟：《张闻天在上海办党报》，《党的建设》2010 年第 7 期。

［13］杨建民：《非常时期红色书刊的伪装》，《党史纵览》2005 年第 7 期。

［14］刘琰：《我国近现代新闻检查制度综述》，《青年记者》2009 年第 6 期。

［15］无名：《解放前在上海出版的党报党刊》，《解放军报通讯》1984 年第 2 期。

［16］向芬：《大陆时期国民党新闻传播制度评析（1927～1949）》，《新闻与传播研究》2009 年第 6 期。

［17］蔡铭泽：《三十年代国民党新闻政策的演变》，《新闻与传播研究》1996 年第 2 期。

［18］黄霞：《简述国家图书馆藏革命历史文献中的伪装本》，《文献季刊》2003 年第 4 期。

［19］柯愈春：《革命根据地的报纸增刊》，《新闻战线》1993 年第 7 期。

学位论文：

［1］张雪：《1931 年国民会议述论》，博士学位论文，吉林大学，2014 年。

［2］刘志靖：《〈布尔塞维克〉研究》，博士学位论文，湘潭大学，2011 年。

［3］王占仁：《共产国际、联共（布）与马克思主义中国化研究（1919—1943）》，博士学位论文，东北师范大学，2009年。

［4］向芬：《国民党新闻传播制度研究》，博士学位论文，中国社会科学院研究生院，2009年。

［5］仲远风：《〈红旗周报〉与苏区武装斗争研究》，硕士学位论文，南京师范大学，2015年。

［6］曹钦：《媒介功能视角下的〈红旗周报〉研究》，硕士学位论文，陕西师范大学，2014年。

［7］潘昕言：《〈布尔塞维克〉与马克思主义传播》，硕士学位论文，江西师范大学，2014年。

［8］樊志成：《张闻天与〈斗争〉周刊（苏区版）》，硕士学位论文，湘潭大学，2014年。

［9］张静：《中央苏区马克思主义大众化路径研究》，硕士学位论文，江西师范大学，2013年。

［10］杨柳：《论南京国民政府的新闻审查制度（1927—1927）》，硕士学位论文，吉林大学，2012年。

［11］韩云：《中央苏区时期〈红色中华〉报研究》，硕士学位论文，陕西师范大学，2011年。

［12］李霞：《〈斗争〉与苏维埃革命》，硕士学位论文，赣南师范学院，2010年。

［13］廖勇勇：《〈红色中华〉报的战时舆论宣传探析》，硕士学位论文，南昌大学，2007年。

［14］熊婧婧：《〈红色中华〉报的舆论监督探析》，硕士学位论文，南昌大学，2010年。

［15］邹艳媚：《〈红色中华〉研究》，硕士学位论文，江西师范大学，2010年。

［16］吴锦顺：《文化传播视野下的中央苏区文化建设》，硕士学位论文，江西财经大学，2009年。

［17］张文秀：《论1931年国民会议代表的选举与产生》，硕士学位论文，吉林大学，2009年。

附录 A:《红旗》与《斗争(苏区版)》
刊载的毛泽东的著作

序号	篇　名	作者	刊卷	刊发时间
1	查田运动是广大区域内的中心重大任务（1933 年 6 月）	毛泽东	《红旗》第 59 期	1933. 8
2	粉碎五次"围剿"与苏维埃经济建设的任务——在南部十七县经济建设大会上的报告（1933 年 8 月）	毛泽东	《红旗》第 62 期	1933. 11. 20
3	查田运动的初步总结（1933 年 8 月）	毛泽东	《斗争》第 24 期　《红旗》第 61 期	1933. 8. 29　1933. 10. 30
4	查田运动的群众工作（1933 年 10 月 28 日）	毛泽东	《斗争》第 32 期　《红旗》第 63 期	1933. 10. 28　1934. 1. 1
5	兴国长冈乡的苏维埃工作（1933 年 12 月 15 日）	毛泽东	《斗争》第 42 期、43 期、44 期	1934. 1. 12 ～ 1. 26
6	上杭才溪乡的苏维埃工作（1934 年）	毛泽东	《斗争》第 45 期、46 期、48 期	1934. 2. 2 ～ 2. 23

附录 B:《红旗》与《斗争（苏区版）》刊载的 1931～1934 年党的会议和党的文献

序号	篇　名	期刊/卷	刊发时间
1	中共中央关于建立全国发行工作决议案（1931年3月5日）	《红旗周报》第7期	1931.5.25
2	为举行革命工作竞赛告全省党团同志书——执行国际路线的竞赛（1931年3月6日）江苏省委	《红旗周报》第3期	1931.3.30
3	江苏省委关于上海"二七"工作的总结与目前上海工作的决议	《红旗周报》第2期	1931.3.16
4	中共中央给酒泉总工作人员信（3月28日）	《红旗周报》第3期	1931.3.30
5	江苏省委关于党报的决议	《红旗周报》第3期	1931.3.30
6	关于目前政治形势及中共党的紧急任务决议案（1931年5月9日中央政治局通过）	《红旗周报》第8期	1931.5.27
7	鄂豫皖中央分局通告第二号——关于举行粮食运动周的事（5月29日）	《红旗周报》第45期	1932.7.10
8	鄂豫皖中央分局通告联字第一号——关于春耕运动的事（6月4日）	《红旗周报》第45期	1932.7.10
9	中央关于王克全声明书的决议案（1931年6月1日中央局通过）	《红旗周报》第12期	1931.7.1
10	中央关于江苏省委宣传部干事张高生同志错误的决议	《红旗周报》第11期	1931.6.27

序号	篇　名	期刊/卷	刊发时间
11	动员群众扩大反帝运动的决议（1931 年 6 月 5 日中央政治局通过）	《红旗周报》第 11 期	1931.6.27
12	为万宝山事件告中日韩三国劳苦民众（1931 年 7 月 15 日）中国共产党中央委员会、日本共产党中央委员会、朝鲜共产党中央委员会	《红旗周报》第 13 期	1931.8.1
13	关于全国灾荒与我们的策略的决议（1931 年 7 月 30 日）中央	《红旗周报》第 17 期	1931.9.15
14	鄂豫皖中央分局党团联宇通告第二号——加紧赤区秋收秋耕运动	《红旗周报》第 45 期	1932.7.10
15	中央关于江苏省委夏之西同志错误的决议（1931 年 8 月 15 日）	《红旗周报》第 18 期	1931.10.13
16	省委接受中央对于省委宣传部负责同志错误的决议（1931 年 8 月 27 日）	《红旗周报》第 18 期	1931.10.13
17	中央关于干部问题的决议（8 月 27 日）	《红旗周报》第 18 期	1931.10.13
18	中央关于叛徒罗绮园廖划平潘问友等的决议（1931 年 8 月 28 日）	《红旗周报》第 17 期	1931.9.15
19	中央关于全国互济会工作报告的决议（8 月 28 日）	《红旗周报》第 17 期	1931.9.15
20	中国共产党日本共产党为日本强占东三省宣言（1931 年 9 月 20 日）	《红旗周报》第 19 期	1931.10.18
21	中国共产党为日本帝国主义强暴占领东三省事件宣言（1931 年 9 月 20 日）	《红旗周报》第 19 期	1931.10.18
22	中央关于日本帝国主义强占满洲事变的决议（1931 年 9 月 22 日）	《红旗周报》第 19 期	1931.10.18
23	中国共产党为日本帝国主义强占东三省第二次宣言（1931 年 9 月 30 日）	《红旗周报》第 19 期	1931.10.18
24	中国共产党为反抗帝国主义国民党一致压迫与屠杀中国革命民众宣言（1931 年 10 月 12 日）	《红旗周报》第 22 期	1931.10.30

序号	篇　名	期刊/卷	刊发时间
25	中国共产党为第一次全国苏维埃代表大会告全国工农劳苦民众（10 月 20 日）	《红旗周报》第 23 期	1931.11.20
26	中央苏区党大会来电（1931 年 11 月 1 日）	《红旗周报》第 25 期	1931.12
27	中国共产党中国共产主义青年团中央致苏大会贺信（1931 年 11 月 1 日）	《红旗周报》第 23 期	1931.11.20
28	中央为土地问题致中央苏区中央局信（1931 年 11 月 10 日）	《红旗周报》第 26 期	1931.12
29	为发行工作致江苏省委信（11 月 27 日）中央发行科	《红旗周报》第 27 期	1931.12.17
30	湘鄂西省委对邓中夏同志的决议（1931 年 12 月 9 日）	《红旗周报》第 29 期	1932.1.25
31	中国共产党中央委员会为目前时局告同志书（1931 年 12 月 11 日）	《红旗周报》第 27 期	1931.12.17
32	关于"平分一切土地"口号的决议（1931 年 12 月 24 日）	《红旗周报》第 28 期	1932.1.18
33	湘赣苏区省委报告（1932 年 1 月 12 日）中共湘赣苏区省委	《红旗周报》第 31 期	1932.3.11
34	湘鄂西省苏维埃的工作（2 月 25 日）湘鄂西省委	《红旗周报》第 40 期	1932.5.14
35	中央为反帝问题致鄂豫皖中央分局的信（1932 年 3 月 6 日）	《红旗周报》第 35 期	1932.4.8
36	中央给江苏省委的信（1932 年 3 月 18 日）	《红旗周报》第 35 期	1932.4.8
37	以民族的革命战争反对帝国主义进攻苏联与瓜分中国告民众书（4 月 5 日）中国共产党中央委员会	《红旗周报》第 36 期	1932.4.15
38	为反对帝国主义进攻苏联瓜分中国给各苏区党部信（1932 年 4 月 14 日）中共	《红旗周报》第 39 期	1932.5.2

序号	篇　名	期刊/卷	刊发时间
39	为"五四"纪念宣言（1932 年 5 月 30 日）中国共产党中央委员会	《红旗周报》第 42 期	1932.5.30
40	中央关于帝国主义国民党四次"围剿"与我们的任务的决议（1932 年 6 月 21 日）	《红旗周报》第 45 期	1932.7.10
41	告全国民众书（1933 年 1 月 7 日）中国共产党共产青年团中央委员会	《红旗周报》第 55、56 期	1933.1.10
42	中国共产党共产青年团中央委员会为日本帝国主义占领山海关和进攻华北告全国民众书（1933 年 1 月 7 日）	《红旗周报临时附刊》	1931.1.28
43	给上海工厂支部的一封信（1933 年 1 月 27 日）中共中央委员会江苏省委员会	《红旗周报》第 57 期	1933.1.31
44	中央关于"三八"妇女节工作的决定（1933 年 2 月 7 日）	《红旗周报》第 58 期	1933.3.8
45	关于在粉碎敌人四次"围剿"的决战前面党的紧急任务（2 月 8 日）中共中央局	《斗争》第 2 期	1933.2.4
46	关于"三八"国际妇女节的决议（2 月 10 日）中央局	《斗争》第 2 期	1933.2.4
47	中央局关于闽粤赣省委的决定（2 月 15 日）	《斗争》第 3 期	1933.2.22
48	中央关于马克思逝世五十周年纪念的决议（1933 年 2 月 17 日）	《红旗周报》第 58 期	1933.3.8
49	为巴黎公社六十二周年和北京惨案七周年纪念宣言（1933 年 2 月 17 日）中国共产党中央委员会	《红旗周报》第 58 期	1933.3.8
50	关于巴黎公社六十二周年与北京"三一八"惨案七周年纪念的决定（1933 年 2 月 17 日）	《红旗周报》第 58 期	1933.3.8
51	为马克思逝世五十周年纪念告民众书（1933 年 2 月 18 日）中国共产党中央委员会	《红旗周报》第 58 期	1933.3.8

序号	篇　名	期刊/卷	刊发时间
52	布尔塞维克的闽粤赣省临时代表大会	《斗争》第 5 期	1933. 3. 15
53	闽粤赣省临时代表大会上的革命竞赛条约	《斗争》第 5 期	1933. 3. 15
54	会寻安三县党积极分子会议决议（3 月 31 日）	《斗争》第 8 期	1933. 4. 15
55	关于"五一"劳动节的决定（4 月 7 日）中央局	《斗争》第 9 期	1933. 4. 25
56	为"五一"节征收党员运动告苏区民众书（5 月 1 日）中国共产党苏区中央局	《斗争》第 10 期	1933. 5. 1
57	江西省委对邓小平、毛泽东、谢唯俊、古柏四同志二次申明书的决议（中央局批准）（5 月 5 日）	《斗争》第 12 期	1933. 5. 20
58	为拥护苏联及反对帝国主义国民党的新的挑衅告全党同志和一切劳苦群众书（1933 年 5 月 15 日）中国共产党中央委员会	《斗争》第 16 期	1933. 6. 25
59	江西党三个月工作总结会议的总结	《斗争》第 12 期	1933. 5. 20
60	中国共产党苏区中央局为"五四"八周年纪念宣言（5 月 30 日）	《斗争》第 13 期	1933. 5. 30
61	关于扩大红军的决议（6 月 6 日）中共中央局	《斗争》第 19 期	1933. 7. 25
62	中央致各级党部及全体同志的信——论反帝运动中的统一战线（1933 年 6 月 8 日）	《斗争》第 21、22 期	1933. 8. 12、8. 15
63	中央给满洲各级党部及全体党员的信——论满洲的状况和我们党的任务（1933 年 6 月 9 日）	《斗争》第 18～20 期	1933. 7. 15～8. 5
64	建宁中心县委扩大会议的成功	《斗争》第 15 期	1933. 6. 15
65	关于收集粮食运动中的任务与动员工作（7 月 22 日）中共中央组织局	《斗争》第 20 期	1933. 8. 5

序号	篇　名	期刊/卷	刊发时间
66	中共中央关于帝国主义国民党五次"围剿"与我们党的任务的决议（7 月 24 日）	《斗争》第 21 期 《红旗》第 60 期	1933. 8. 12 1933. 9. 30
67	中国共产党中央委员会为"八一反帝战争"与红军纪念日告全体红色战士（1933 年 8 月 1 日）	《斗争》第 19 期	1933. 7. 25
68	为帝国主义瓜分中国与国民党的五次"围剿"告全国民众书（1933 年 8 月 5 日）中国共产党中央委员会	《红旗》第 60 期	1933. 9. 30
69	苏维埃第二次全国代表大会宣传大纲（1933 年 8 月 10 日）中央宣传部	《红旗》第 59 期	1933. 8
70	中央关于召集苏大会的通知（8 月 13 日）	《红旗》第 59 期	1933. 8
71	致德国共产党中央委员会的信中国共产党中央委员会	《斗争》第 22 期	1933. 8. 15
72	中央组织局给苏区各级党部的指示信——关于健全地方支部组织生活问题（1933 年 8 月 19 日）	《斗争》第 25 期	1933. 9. 5
73	关于中国法西斯蒂的提纲（1933 年 9 月 1 日）中央宣传部	《红旗》第 60 期 《斗争》第 30 期	1933. 9. 30 1933. 10. 14
74	中央局关于健全赤少队与今年举行野营演习的决议（1933 年 9 月 18 日）	《斗争》第 28 期	1933. 9. 30
75	关于十月革命十六周年纪念节及中华苏维埃临时中央政府成立两周年纪念的决定（9 月 22 日）中央局	《斗争》第 29 期	1933. 10. 7
76	献给江西省第二次党代表大会	《斗争》第 27 期	1933. 9. 25
77	关于江西"全省各县代表大会的总结"	《斗争》第 27 期	1933. 9. 25
78	中央给闽浙赣省委信（1933 年 10 月 3 日）	《斗争》第 30 期	1933. 10. 14

序号	篇　名	期刊/卷	刊发时间
79	中央给闽浙赣省委信（1933 年 10 月 3 日）	《斗争》第 31 期	1933.10.21
80	五次"围剿"决战前面江西省的代表大会	《斗争》第 31 期	1933.10.21
81	寻邬安远二县活动分子会议总结	《斗争》第 31 期	1933.10.21
82	在粤赣省第一次党代表会议的前面	《斗争》第 34 期	1933.11.12
83	关于国民党油盐公卖致各县委及白区工作部的信（10 月 19 日） 中央局白区工作委员会	《斗争》第 35 期	1933.11.19
84	中国共产党中央委员会为福建事变告全国民众（1933 年 12 月 5 日）	《斗争》第 38 期	1933.12.12
85	扩大红军与具体领导——江西省委给兴国县委信（12 月 12 日）	《斗争》第 40 期	1933.12.26
86	中共中央局关于扩大红军突击运动给各突击队长和各省委县委指示信（12 月 15 日）	《斗争》第 40 期	1933.12.26
87	中央关于突击月总结的决定（1934 年 1 月 5 日）	《斗争》第 43 期	1934.1.19
88	关于优待红军家属的决定（1934 年 1 月 8 日）中国共产党中央委员会、中华苏维埃共和国人民委员会	《斗争》第 43 期	1934.1.19
89	优待红军家属礼拜六条例（1934 年 1 月 10 日）中国共产党中央委员会、中华苏维埃共和国人民委员会	《斗争》第 44 期	1934.1.26
90	关于完成推销公债征收土地税收集粮食保障红军给养的突击运动的决定（1934 年 1 月 23 日）第二次全苏代表大会主席团、中国共产党中央委员会	《斗争》第 45 期	1934.2.2

续表

序号	篇　名	期刊/卷	刊发时间
91	中国共产党中央委员会为福建事变第二次宣言（1934 年 1 月 26 日）	《斗争》第 45 期	1934.2.2
92	目前的形势与党的任务决议（1934 年 1 月 18 日中国共产党五中全会通过）	《斗争》第 47 期	1934.2.16
93	五中全会给二次全苏大会党团的指令（1 月）	《斗争》第 47 期	1934.2.16
94	中国共产党中央政治局通知（2 月 10 日）	《斗争》第 47 期	1934.2.16
95	中国共产党中央委员会第五次全会总结博古	《斗争》第 48 期	1934.2.23
96	五中全会关于白色区域中经济斗争与工会工作的决议（1 月）	《斗争》第 50 期	1934.3.11
97	满洲反日战争中党的目前任务——中央给满洲省委信（1934 年 2 月 22 日）	《斗争》第 60 期	1934.5.19
98	关于中央苏区赤少队突击运动的决定（1934 年 2 月 23 日）中央革命军事委员会、中共中央组织局	《斗争》第 49 期	1934.3.2
99	苏区党团组织与工作条例（3 月 15 日）中央组织局	《斗争》第 52 期	1934.3.24
100	关于赤少队突击运动给各级党部的指示（3 月 26 日）中央组织局	《斗争》第 54 期	1934.4.7
101	中国共产党中央委员会为日本帝国主义占领华北并吞中共告全国民众书（1934 年 4 月 10 日）	《斗争》第 59 期	1934.5.15
102	关于国际十三次全会提纲的决定（4 月 12 日）	《斗争》第 56 期	1934.4.21
103	中央党务委员会关于陆定一同志党籍的决定（1934 年 4 月 13 日）	《斗争》第 56 期	1934.4.21
104	中共中央与中央人民委员会给战地党和苏维埃的指示信（1934 年 4 月 24 日）	《斗争》第 58 期	1934.5.5

序号	篇　名	期刊/卷	刊发时间
105	党团中央为声讨国民党南京政府告全国劳动群众书（1934 年 5 月 5 日）	《斗争》第 62 期	1934.6.2
106	中共中央给各级党部党团和东院机关的信——为三个月超过五万新的红军而斗争（1934 年 5 月 12 日）	《斗争》第 60 期	1934.5.19
107	中央组织局给西线各县负责同志各县委动员机关和突击队的信（1934 年 5 月 25 日）	《斗争》第 62 期	1934.6.2
108	中央给福建省委各县委各突击队的信（1934 年 6 月 5 日）	《斗争》第 64 期	1934.6.16
109	中央给各级党部和突击队指示信——继续红五月的胜利，为争取三个月计划在六月内完成与超过而斗争（6 月 6 日）	《斗争》第 64 期	1934.6.16
110	关于敌人远近后方党的工作——给苏区附近的游击区域及苏区各级党部信（6 月 7 日）中共中央白区工作部	《斗争》第 64 期	1934.6.16
111	中央给闽赣战委信（6 月 12 日）	《斗争》第 65 期	1934.6.23
112	中共中央关于苏区纪念"八一"的决定（1934 年 7 月 4 日）	《斗争》第 67 期	1934.7.10

附录 C:《红旗》与《斗争(苏区版)》刊载的关于革命根据地的建立和发展的文章

序号	篇　名	作者	期刊卷	刊发时间
1	鄂豫边苏区的实况	苏区通讯	《红旗周报》第 4 期	1931.4.6
2	湘鄂西政治形势与青年运动概况	湘鄂西通讯	《红旗周报》第 9 期	1931.5.31
3	鄂豫皖边界苏区概况	鄂豫皖通讯	《红旗周报》第 10 期	1931.6.20
4	湘鄂西与闽西苏区通讯		《红旗周报》第 14 期	1931.9.1
5	鄂豫皖边苏区劳苦群众的奋斗		《红旗周报》第 15 期	1931.9.7
6	湘鄂西苏区通讯		《红旗周报》第 17 期	1931.9.15
7	江西的中央苏区（特约通讯）		《红旗周报》第 24 期	1931.11.27
8	江西中央苏区中国共产党代表大会来电		《红旗周报》第 24 期	1931.11.27
9	鄂豫皖苏区的巩固与发展		《红旗周报》第 25 期	1931.12
10	赣东北苏区的现状	马洛	《红旗周报》第 26 期	1931.12
11	鄂豫皖苏维埃的建设鄂豫皖苏维埃政府		《红旗周报》第 27 期	1931.12.17
12	赣东北苏区的印象	望晨	《红旗周报》第 28 期	1932.1.18
13	湘鄂赣边苏区通讯	平生	《红旗周报》第 30 期	1932.2.15
14	湘赣苏区省委报告（1932 年 1 月 12 日）	中共湘赣苏区省委	《红旗周报》第 31 期	1932.3.11
15	为创建北方的苏区而斗争	楚均	《红旗周报》第 36 期	1932.4.15

续表

序号	篇 名	作者	期刊卷	刊发时间
16	中央苏区通讯		《红旗周报》第 52 期	1932.11.15
17	赣东北苏区通讯		《红旗周报》第 52 期	1932.11.15
18	"……是刘湘统一四川，还是红军来建立四川苏维埃？"	怀冰	《红旗周报》第 63 期 《斗争》第 44 期	1934.1.1 1934.1.26
19	反动记者口中的鄂豫皖苏区和湘鄂西苏区		《斗争》第 16 期	1933.6.25
20	为新区边区工作的布尔什维克的转变而斗争	罗迈	《斗争》第 23 期	1933.8.22
21	为新区边区工作的布尔什维克的转变而斗争	罗迈	《红旗》第 63 期	1934.1.1
22	关于新区边区工作的意见	作霖	《斗争》第 46 期	1934.2.9
23	在西北燃烧着苏维埃烽火（陕西通讯）	拓夫	《斗争》第 46 期	1934.2.9
24	关于敌人远近后方党的工作——给苏区附近的游击区域及苏区各级党部信（1934 年 6 月 7 日）	中共中央白区工作部	《斗争》第 64 期	1934.6.16
25	川陕苏区与红四方面军的惊人的胜利（川陕苏区通）	信江鸟	《斗争》第 66 期	1934.6.30
26	闽赣党目前的中心任务——张闻天同志在闽浙赣战地委员会扩大会上政治报告的最后一节	张闻天	《斗争》第 71 期	1934.9.7

附录 D:《红旗》与《斗争（苏区版）》刊载的
关于军事斗争和军事建设的文章

序号	篇　名	作者	期刊卷	刊发时间
1	击破国民党进攻红军的新计划	吴真	《红旗周报》第 1 期	1931.3.9
2	高汉路上红军的胜利		《红旗周报》第 6 期	1931.4.18
3	蒋介石第二次"围剿"计划的失败	洛夫	《红旗周报》第 10 期	1931.6.20
4	拥护红军的胜利与反对军阀战争	思美	《红旗周报》第 13 期	1931.8.1
5	红军的新胜利与我们的任务		《红旗周报》第 16 期	1931.9.10
6	国民党第三次进攻红军又惨败		《红旗周报》第 18 期	1931.10.13
7	工农红军冲破第三次"围剿"与每个革命战士的当前任务	知机	《红旗周报》第 20 期	1931.10.21
8	一年来的漳属游击队	怒潮	《红旗周报》第 24 期	1931.11.27
9	四九师独立团在山城兵变的意义与教训		《红旗周报》第 24 期	1931.11.27
10	二十六路军兵变的意义	欧比	《红旗周报》第 28 期	1932.1.18
11	二十六路军革命士兵委员会敬告全国士兵兄弟书		《红旗周报》第 29 期	1932.1.25

序号	篇　　名	作者	期刊卷	刊发时间
12	湘鄂西红军击破敌人四次"围剿"中第一步进攻的教训		《红旗周报》第 37、38 期	1932. 4. 25
13	中国工农红军在进攻中的胜利	洛甫	《红旗周报》第 40 期	1932. 5. 15
14	一年来汹涌澎湃的游击运动		《红旗周报》第 43 期	1932. 6. 1
15	红军的胜利与敌人的新进攻	洛甫	《红旗周报》第 44 期	1932. 6. 8
16	中央关于帝国主义国民党四次"围剿"与我们的任务的决议（1932 年 6 月 21 日）		《红旗周报》第 45 期	1932. 7. 10
17	第四次"围剿"中各反革命派别的悲哀	丁九	《红旗周报》第 46 期	1932. 7
18	四次"围剿"中国民党的"开源节流"	周津	《红旗周报》第 48 期	1932. 9. 1
19	在走向粉碎四次"围剿"的路上	歌特	《红旗周报》第 53 期	1932. 12. 10
20	百战百胜的铁的中国工农红军第四方面军——从肃反胜利后到第四次"围剿"红色战士	良木	《红旗周报》第 55、56 期	1933. 1. 31
21	粉碎国民党的"剿赤"年	罗谿	《红旗周报》第 58 期	1933. 3. 8
22	红军捷报	怀冰	《红旗周报》第 58 期	1933. 3. 8
23	为帝国主义瓜分中国与国民党的五次"围剿"告全国民众书（1933 年 8 月 5 日）	中国共产党中央委员会	《红旗》第 60 期	1933. 9. 30

续表

序号	篇　名	作者	期刊卷	刊发时间
24	冲破五次"围剿"与革命的职工运动的任务	樵	《红旗》第 61 期	1933. 10. 30
25	立即把反对五次"围剿"的运动开展起来		《红旗》第 62 期	1933. 11. 20
26	粉碎四次"围剿"中工农红军之伟大胜利！——南昌在我们红军直接威胁之下		《红旗周报临时附刊》	1933. 1. 28
27	关于在粉碎敌人四次"围剿"的决战前面党的紧急任务（2 月 8 日）	中共中央局	《斗争》第 2 期	1933. 2. 4
28	工农红军第一方面军师以上党团员积极分子会议		《斗争》第 8 期	1933. 4. 15
29	纪念五一论红军建设中当前的几个重要问题	亮平	《斗争》第 10 期	1933. 5. 1
30	中国共产党中央委员会为"八一反帝战争"与红军纪念日告全体红色战士（1933 年 8 月 1 日）		《斗争》第 19 期	1933. 7. 25
31	中共中央关于帝国主义国民党五次"围剿"与我们党的任务的决议（7 月 24 日）		《斗争》第 21 期	1933. 8. 12
32	关于帝国主义国民党五次"围剿"与我们党的任务的决议（1933 年 7 月 24 日）		《红旗》第 60 期	1933. 9. 30
33	粉碎敌人五次"围剿"中共中央红军的紧急任务——周恩来同志在方面军政治干部会议上报告的第五部分	周恩来	《斗争》第 24 期	1933. 8. 29
34	论帝国主义瓜分中国与国民党的五次"围剿"	洛甫	《斗争》第 25 期	1933. 9. 5

序号	篇　名	作者	期刊卷	刊发时间
35	为保证红军在思想上的绝对一致而斗争	王稼穑	《斗争》第 28 期 《红旗》第 62 期	1933.9.30 1933.11.20
36	粉碎五次"围剿"面前临近苏区的白区工作	陈云	《斗争》 第 37、38 期	1933.12.5 12.12
37	关于加强游击战争的领导问题	刘伯承	《斗争》第 42 期	1934.1.12
38	关于游击队工作（一月五日总政治部训令）		《斗争》第 42 期	1934.1.12
39	拥护苏维埃的中国反对帝国主义的干涉		《斗争》第 44 期	1934.1.26
40	红军全国政治工作会议	贺昌	《斗争》第 46 期	1934.2.9
41	粉碎五次"围剿"与白军士兵工作	拓夫	《斗争》第 53 期	1934.3.31
42	中共中央与中央人民委员会给战地党和苏维埃的指示信（1934 年 4 月 24 日）		《斗争》第 58 期	1934.5.5
43	五次战役第二步的决战关头和我们的任务		《斗争》第 58 期	1934.5.5
44	现在游击队要解答的问题	刘伯承	《斗争》第 59 期	1934.5.15
45	使红军抗日先遣队的出动成为真正的广大的武装民众民族革命战争的开始		《斗争》第 70 期	1934.8.16
46	游击区域（被敌人占领的区域）的工作方式与组织方式	陈云	《斗争》第 72 期	1934.9.23

附录 E:《红旗》与《斗争（苏区版）》刊载的关于扩大红军运动的文章

序号	篇　名	作者	期刊卷	刊发时间
1	为创造一百万铁的红军而斗争	颖超	《斗争》第 7 期	1933.4.5
2	长汀最近扩大红军所得的经验	滴人	《斗争》第 7 期	1933.4.5
3	最光荣的模范——兴国模范师全体加入红军		《斗争》第 14 期	1933.6.5
4	关于扩大红军的决议（6 月 6 日）	中共中央局	《斗争》第 19 期	1933.7.25
5	江西党二次大会代表踊跃加入红军——给中央局代表的号召以布尔什维克的回答	江西省委通讯	《斗争》第 29 期	1933.10.7
6	八月份宁化党扩大红军的转变	宁化县委通讯	《斗争》第 29 期	1933.10.7
7	兴国扩大红军的模范——兴国谢名仁同志在江西党大会发言的记录		《斗争》第 32 期	1933.10.28
8	紧急动员——为扩大红军二万五千人而斗争	穑蔷	《斗争》第 37 期	1933.12.5
9	把扩大红军运动的突击到群众中去！	富春	《斗争》第 38 期	1933.12.12
10	中共中央局关于扩大红军突击运动给各突击队长和各省委县委指示信（12 月 15 日）		《斗争》第 40 期	1933.12.26

序号	篇　名	作者	期刊卷	刊发时间
11	扩大红军与具体领导——江西省委给兴国县委信		《斗争》第 40 期	1933.12.26
12	反对扩大红军突击运动中的机会主义动摇	刘少奇	《斗争》第 41 期	1934.1.5
13	中央关于突击月总结的决定（1934年 1 月 5 日）		《斗争》第 43 期	1934.1.19
14	胜利的瑞金突击月	瑞金县委通讯	《斗争》第 43 期	1934.1.19
15	中共中央给各级党部党团和动员机关的信——为三个月超过五万新的红军而斗争（1934 年 5 月 12 日）		《斗争》第 60 期	1934.5.19
16	争取决战面前扩大突击的胜利	社论	《斗争》第 60 期	1934.5.19
17	前进！向着扩红突击的伟大胜利！	社论	《斗争》第 62 期	1934.6.2
18	中央组织局给西线各县负责同志各县委动员机关和突击队的信（1934年 5 月 25 日）		《斗争》第 62 期	1934.6.2
19	博古同志给李富春同志的信（5 月26 日）		《斗争》第 63 期	1934.6.9
20	中央给各级党部和突击队指示信——继续红五月的胜利，为争取三个月计划在六月内完成与超过而斗争（6 月 6 日）		《斗争》第 64 期	1934.6.16
21	中央给福建省委、各县委各突击队的信（1934 年 6 月 5 日）		《斗争》第 64 期	1934.6.16
22	瑞金党的道路，是全国苏区党的道路	瑞金通讯	《斗争》第 73 期	1934.9.30

附录 F:《红旗》与《斗争(苏区版)》刊载的关于政权建设的文章

序号	篇　名	作者	期刊卷	刊发时间
1	红五月运动与苏维埃	忠发	《红旗周报》第 4 期	1931.4.6
2	中华苏维埃共和国中央工农革命委员会宣言（1931 年 9 月 20 日）		《红旗周报》第 19 期	1931.10.18
3	中国各地苏维埃政府为日本帝国主义强占东三省告全国民众书（1931 年 9 月 25 日）		《红旗周报》第 19 期	1931.10.18
4	苏维埃政府和满洲事变	何史文	《红旗周报》第 23 期	1931.11.20
5	中华苏维埃共和国临时政府对外宣言（1931 年 11 月 7 日）		《红旗周报》第 24 期	1931.11.27
6	苏维埃临时中央政府人民委员会通令——为通缉革命叛徒顾顺章事（1932 年 12 月 10 日）		《红旗周报》第 27 期	1931.12.17
7	鄂豫皖区苏维埃政府通令第七号（8 月 10 日）		《红旗周报》第 27 期	1931.12.17
8	中华苏维埃共和国临时中央政府通电（1931 年 12 月 1 日）		《红旗周报》第 29 期	1932.1.25
9	活了的赣州与死了的锦州		《红旗周报》第 29 期	1932.1.25
10	论民众革命与民众政权的口号	博古	《红旗周报》第 29 期	1932.1.25

序号	篇　名	作者	期刊卷	刊发时间
11	论苏维埃政权与民众政权	洛甫	《红旗周报》第30期	1932.2.15
12	中华苏维埃共和国临时中央政府为对日宣战告全世界无产阶级及被压迫民族通电（1932年4月20日）		《红旗周报》第40期	1932.5.15
13	湘鄂西省苏维埃的工作（2月25日）	湘鄂西省委	《红旗周报》第40期	1932.5.15
14	中华苏维埃共和国临时中央政府对日宣战通电（1932年4月20日）		《红旗周报》第40期	1932.5.15
15	论中国革命的工农民主专政	洛甫	《红旗周报》第40期、41期、47期	1932.5.15、5.20、8.10
16	中华苏维埃共和国临时中央政府反对国民党出卖淞沪协定通电（5月9日）		《红旗周报》第41期	1932.5.20
17	鄂豫皖区苏政府外交委员会给汉口领事馆一封公开的信（1931年11月10日）		《红旗周报》第43期	1932.6.1
18	中华苏维埃共和国临时中央政府关于动员对日宣战的训令（1932年4月15日）		《红旗周报》第50期	1932.9.10
19	两年来苏维埃政权的巩固与发展		《红旗》第63期	1934.1.1
20	中国苏维埃临时政府工农红军革命军事委员会宣言（1933年1月10日）		《红旗周报临时附刊》《红旗周报》第55、56期	1933.1.28、1.31
21	苏维埃政权下的阶级斗争	洛甫	《斗争》第14期、15期《红旗》第60期	1933.6.5、6.15 1933.9.30

序号	篇　名	作者	期刊卷	刊发时间
22	关于十月革命十六周年纪念节及中华苏维埃临时中央政府成立两周年纪念的决定（9月22日）	中央局	《斗争》第29期	1933.10.7
23	苏维埃工作的改善与工农检察委员会	洛甫	《斗争》第37期	1933.12.5
24	万泰工作的转变在哪里？（万泰通讯）	陈寿昌	《斗争》第39期	1933.12.19
25	按照新的生活着，按照新的工作着——提高劳动纪律与反对危害苏维埃害虫的斗争	凯丰	《斗争》第39期	1933.12.19
26	把革命的警觉性更加提高起来	洛甫	《斗争》第41期	1934.1.5
27	民众的敌人	凯丰	《斗争》第41期	1934.1.5
28	怎样使苏维埃成为更有力的动员群众的政权机关	亮平	《斗争》第44期	1934.1.26
29	无情的去对付我们的阶级敌人	洛甫	《斗争》第49期	1934.3.2
30	雩都事件的教训	张闻天	《斗争》第53期	1934.3.31
31	把检举运动更广大的开展起来	董必武	《斗争》第61期	1934.5.26
32	两个政权，两个收成	定一	《斗争》第72期	1934.9.23

附录 G:《红旗》与《斗争(苏区版)》刊载的
关于苏维埃会议及文件的文章

序号	篇 名	作者	期刊卷	刊发时间
1	中国苏维埃第一次全国代表大会的法令草案		《红旗周报》第 1 期	1931.3.9
2	苏维埃第一次全国代表大会的劳动法令草案（1931 年 2 月 1 日）		《红旗周报》第 1 期	1931.3.9
3	苏维埃第一次全国代表大会土地法令草案		《红旗周报》第 1 期	1931.3.9
4	苏维埃第一次全国代表大会经济政策草案		《红旗周报》第 1 期	1931.3.9
5	中国工农兵苏维埃第一次全国代表大会关于中国境内少数民族问题的决议案		《红旗周报》第 15 期	1931.9.7
6	庆祝苏维埃第一次全国代表大会	思美	《红旗周报》第 22 期	1931.10.30
7	中国共产党中国共产青年团中央致苏大会贺信（11 月 1 日）		《红旗周报》第 23 期	1931.11.20
8	中国共产党为第一次全国苏维埃代表大会告全国工农劳苦民众（10 月 20 日）		《红旗周报》第 23 期	1931.11.20

续表

序号	篇　名	作者	期刊卷	刊发时间
9	中华苏维埃第一次全国代表大会告全国工农劳动群众书（1931 年 11 月 9 日）		《红旗周报》第 24 期	1931.11.27
10	中华苏维埃共和国宪法大纲（1931 年 11 月 7 日中华苏维埃第一次全国代表大会通过）		《红旗周报》第 25 期	1931.12
11	中华苏维埃代表大会给中共中央电（1931 年 11 月 7 日）		《红旗周报》第 25 期	1931.12
12	鄂豫皖区第二次苏维埃（工农兵）代表大会开幕通电		《红旗周报》第 25 期	1931.12
13	鄂豫皖区第二次苏维埃代表大会宣言		《红旗周报》第 25 期	1931.12
14	中华苏维埃第一次全国代表大会通电（1931 年 11 月 10 日）		《红旗周报》第 26 期	1931.12
15	鄂豫皖区第二次苏维埃代表大会文件之四——外交政策		《红旗周报》第 43 期	1932.6.1
16	鄂豫皖区第二次苏维埃代表大会文件之六——文化教育政策		《红旗周报》第 43 期	1932.6.1
17	鄂豫皖区第二次苏维埃代表大会文件之十一——红色战士伤亡抚恤条例（1931 年 9 月 1 日）		《红旗周报》第 43 期	1932.6.1
18	中华苏维埃共和国临时中央政府召集第二次全国苏维埃代表大会宣言（1933 年 8 月 1 日）		《红旗》第 59 期	1933.8

序号	篇　名	作者	期刊卷	刊发时间
19	苏维埃中央执行委员会关于召集第二次全苏大会的决议（1933 年 6 月 17 日）		《红旗》第 59 期	1933.8
20	苏维埃第二次全国代表大会宣传大纲（1933 年 8 月 10 日）	中央宣传部	《红旗》第 59 期	1933.8
21	中央关于召集苏大会的通知（8 月 13 日）		《红旗》第 59 期	1933.8
22	中华苏维埃共和国第二次全国代表大会宣言（1934 年 1 月）		《红旗》第 64 期	1934.3.1
23	二次苏大会的改造运动与苏维埃的德谟克拉西	洛甫	《斗争》第 21 期 《红旗》第 60 期	1933.8.12 1933.9.30
24	献给第二次全国苏维埃代表大会	洪易	《斗争》第 44 期	1934.1.26
25	二次全苏大会的开幕与福建"人民"政府的破产	凯丰	《斗争》第 45 期	1934.2.2
26	五中全会给二次全苏大会党团的指令		《斗争》第 47 期	1934.2.16

附录 H：《红旗》与《斗争（苏区版）》刊载的关于肃反运动的文章

序号	篇　名	作者	期刊卷	刊发时间
1	肃反运动与两条战线的斗争——肃反与两条战线斗争的联系		《红旗周报》第 28 期	1932.1.18
2	红四军中肃反运动的伟大胜利	昌浩	《红旗周报》第 28 期	1932.1.18
3	AB 团活动的经过及其肃清	赣生	《红旗周报》第 28 期	1932.1.18
4	中国工农红军第四方面军政委陈昌浩同志关于此次肃反详情之报告——在鄂豫皖苏区彭杨军事政治学校		《红旗周报》第 28 期	1932.1.18
5	鄂豫皖苏区的肃反材料——肃反专刊第一期：发刊词	列宁编辑委员会	《红旗周报》第 28 期	1932.1.18
6	鄂豫皖苏区的肃反材料——肃反专刊第一期：许继慎与蒋介石勾结的一封信		《红旗周报》第 28 期	1932.1.18
7	肃反专刊第二期：蒋介石派来勾结许继慎之代表的供词（十一月六日白鹤园临时革命法庭审判记录）	中国工农红军第四方面军临时革命法庭	《红旗周报》第 28 期	1932.1.18
8	目前肃反工作中的战斗任务	葛耀山	《斗争》第 7 期	1933.4.5
9	论新区与边区的肃反工作		《斗争》第 17 期	1933.7.5

附录 I:《红旗》与《斗争(苏区版)》刊载的关于文教建设的文章

序号	篇　名	作者	期刊卷	刊发时间
1	转变我们的宣传鼓动工作	尚昆	《斗争》第 2 期	1933.2.4
2	宣传队应该如何工作的一个实际例子	昆	《斗争》第 16 期	1933.6.25
3	论苏维埃政权的文化教育政策	洛甫	《斗争》第 26 期《红旗》第 61 期	1933.9.15 1933.10.30
4	在全苏区教育大会的面前	凯丰	《斗争》第 31 期	1933.10.21
5	怎样做墙报工作	年	《斗争》第 33 期	1933.11.5
6	论消灭文盲运动	阿伪	《斗争》第 36 期	1933.11.26
7	关于我们的报纸	洛甫	《斗争》第 38 期	1933.12.12
8	阶级战争中的教育——论教育系统的检举运动	瞿秋白	《斗争》第 62 期	1934.6.2

后　记

　　本书的展开最初开始于 2010 年，感谢好友刘志靖博士给予的启发。当时刘博士正在做《布尔塞维克研究》的博士学位论文，我因为工作需求要转向马克思主义的研究，当时正为没有一个比较合适的选题作为长期研究的对象而苦恼。从刘博士处获知湘潭大学出版社正在筹备《红藏》的出版事宜，同时《红旗周报》和《斗争》周刊在当时学术界几乎没有引起学人的聚焦，通过翻阅人民出版社影印版的《红旗周报》和《斗争》，发现其文献因为印刷技术的原因非常模糊难以整理，而通过对文献目录的大体了解，感觉《红旗周报》和《斗争》又具有一定的理论价值，在土地政策、领导方式、群众路线、宣传工作等方面都有颇多用笔，能真实反映当时党内路线之争的客观历史，是遵义会议扭转乾坤的前夜。基于其特殊的历史阶段及其特殊的理论价值，素来喜欢挑硬骨头来挑战自己的板凳功夫的我就选定了这两个期刊，结果一啃就是六年。

　　2014 年 2 月，我有幸进入湘潭大学哲学系博士后流动站，并选定此课题作为开题报告。在此，我要衷心感谢亦师亦父的王向清教授的谆谆教诲。恩师酷爱美酒，常称"人生不喝酒，枉在世上走"。恩师于美酒中凝练人品，彰显智慧。美酒之陈酿，年岁越久越清香纯正，醇厚甘冽，回味悠长。我与恩师的感情犹如陈酿之美酒，深厚浓郁而"不上头"。恩师对我的关爱亦如陈酿的美酒，越发黏稠厚重。恩师不仅于我，而且对于每一位他的学生，总能给予父亲般的关爱和引导。在恩师那，学问如酒，人生如酒，情感亦如酒。一杯醇香浓烈的酒，慢慢品味就能品出其中滋味，领会其中精髓，从而体会其中智慧。恩师时常教导：用心做人，用爱待人，福德满满，方为善人。这也是我的人生准则。本课题从选题到完稿，无不凝聚恩师的点滴关爱，严谨学风，高尚人格，这些足够我学用一生。正是有了恩师的扶掖，才使我能在风雨中大胆前行，用心前行。有了恩师的这份厚重的父爱，师母在我心里自然如同慈母。人生的不少感悟，也来自与师母的交往。导师和师母的恩情常让我铭感五内！

同时，该课题于 2014 年 9 月荣获第 56 批中国博士后科学基金面上资助二等资助，衷心感谢中国博士后科学基金会的大力支持。另湖南省普通高校重点学科湘潭大学哲学学科、教育部高校人文社科重点研究基地湘潭大学毛泽东思想研究中心等为本书的出版提供了经费资助。中国社会科学出版社的韩国茹女士等人为本书的出版不吝赐教，并进行了精心的审阅。感谢徐有威教授热情帮我搜集日本方面的相关研究资料。同时也要感谢湘潭大学哲学系博士后流动站的老师们给予的精神鼓励和学术指导，感谢哲学系所有关心我的同事们。特别感谢亦徒亦友亦妹的谢红博士的陪伴和学生唐琦露琴、马瑞的支持。当然还要感谢我的家人们的默默付出，尤其是曾昱文小朋友和先生曾伯秋给我的支持，暖男儿子纯真的关爱和体贴是我前行的强劲动力，儿子是我的世界，作为幸福的母亲，有他我方能驱赶孤独，排解寂寞，过滤浮躁，剔除枯燥，沉淀静心，专心著作。同时，谨以此书纪念家母逝世两周年，为"老顽童"的七十岁大寿献礼！值此书稿付梓之际，对所有支持过我、帮助过我、关心过我的所有爱我的人和我爱的人一并表示诚挚感谢！怀感恩之心做人，以宽容之心待人，以责任之心做事，成就人生智慧哲学。

张衡称：人生在勤，不索何获？我也坚信：奋斗是我的生存之本，虽然我生资甚拙，但我敢于做时间的追逐者。耐心、毅力、勤奋和时间的混合物，是我人生之旅的魔法剂。我坚信"学问勤中得"，智慧勤中化！从学之路漫漫，我定上下求索！

谨记于清源斋

2016 年 6 月 18 日